KB192935

구속사의 관점에서 본

구약성경 파노라마

소선지서·II

(요엘 · 오바댜 · 요나 · 미가 · 나훔)

개정판

구속사의 관점에서 본

소선지서·II 파노라마(개정판)

요엘 · 오바댜 · 요나 · 미가 · 나훔

Copyright © 머릿돌 2022

초　판 2003년 3월 24일
개 정 판 2022년 7월 15일

지 은 이 유도순
펴 낸 이 유효성
펴 낸 곳 머릿돌

등록번호 제17-240호
등록일자 1997년 5월 20일
주　소 경기도 성남시 분당구 성남대로 30, 501호
Mobile 010-9472-8327
http://cafe.daum.net/gusoksa
E-mail yoodosun@hanmail.net/ yoohs516@hanmail.net,

총　판 기독교출판유통
주　소 경기도 파주시 월동면 통일로 620번길128 (031-906-9191)

ISBN 978-89-87600-95-6

디 자 인 참디자인(02-3216-1085)

이 책의 내용은 저작권법에 의해 보호를 받는 저작물이므로
출판사 또는 저자와의 협의 없이 무단 전재와 복제를 엄격히 금합니다.

책값은 뒤표지에 있습니다.

잘못된 책은 교환하여 드립니다.

구속사의 관점에서 본

구약성경 파노라마

유도순 지음

26

소선지서 · II

요엘 · 오바댜 · 요나 · 미가 · 나훔

개정판

머리말

선지서를 상고하면서 놓쳐서는 안 될 중요한 요점이 있습니다. 그것은 "심판 · 멸망"의 경고와 함께 "회복 · 구원"을 말씀하고 있다는 점입니다. 심판과 멸망"은 인간이 행한 죄의 삯입니다. 그러나 "회복과 구원"은 하나님께서 행해주실 전적인 은혜입니다.

"심판과 멸망"에 대한 경고는 우리를 좌절하게 합니다. 그러나 "회복과 구원"을 약속하시기에 소망이 있는 것입니다. 이러한 패턴이 한두 번 나오는 것이 아니라 반복되고 있는 것입니다. 이 패턴을 통해서 무엇을 말씀하고 강조하고 있는가? 자력구원의 불가능성입니다.

그렇다면 "회복과 구원"은 어떻게 가능하여지는가? 성경은 증언합니다. "이 복음은 하나님이 선지자들을 통하여 그의 아들에 관하여 성경에 미리 약속하신 것이라"(롬 1:2).

주님은 말씀하십니다.

"미련하고 선지자들이 말한 모든 것을 마음에 더디 믿는 자들이여 그리스도가 이런 고난을 받고 자기의 영광에 들어가야 할 것이 아니냐"(눅 24:25).

오직 그리스도를 통해서 뿐입니다.

미가서는 마지막 부분에 이르러,

"주와 같은 신이 어디 있으리이까"(7:18)하고 감격해 합니다.

이는 율법으로 주어지는 감격이 아닙니다.

교훈으로 주어지는 것도 아닙니다.

복음을 받은 자들의 감격이요, 환희요, 고백이요, 찬양입니다.

저는 그리스도를 증언하고 복음을 전하기 위해서 이 책을 썼습니다. 그리고 이것은 제가 처음 부르심을 받았을 때 주님과의 약속입니다.

우리교회

원로목사 유도순

Contents

요엘서 파노라마

오바댜서 파노라마

요나서 파노라마

미가서 파노라마

나훔서 파노라마

요엘

The Book of Joel

요엘서 파노라마

주제 : 마음을 다하여 내게로 돌아오라

요엘 선지자 당시 전대미문의 메뚜기 재앙을 만났습니다. 사람들은 발등에 떨어진 문제만을 보지만, 선지자란 그 재앙의 의미를 생각하면서 직면한 재앙 너머로 더 큰 재앙이 다가오고 있는 것을 원시(遠視)하면서 경고하는 것입니다. 그러므로 요엘서의 핵심적인 낱말은 "여호와의 날"입니다. 이를 파악하는 것이 요엘서를 해석하는 열쇠가 됩니다. 짧은 요엘서에 모두 다섯 번(1:15, 2:1,11,31, 3:14)이나 등장합니다. 그렇다면 "여호와의 날"이란 어떤 날인가?

요엘서는 세 장에 불과하지만 해석상 단순하지 않습니다. 왜냐하면 양파처럼 "여호와의 날"이 몇 겹으로 겹쳐있기 때문입니다.

발등에 떨어진 "여호와의 날"은 "팥종이가 남긴 것을 메뚜기가 먹고 메뚜기가 남긴 것을 느치가 먹고 느치가 남긴 것을 황충이 먹었도다"(1:4) 한 메뚜기 재앙입니다. 그런데 선지자란 당면한 메뚜기 재앙만을 보는 근시안(近視眼)이 아닙니다. 메뚜기 재앙 너머로 "나라들로 그들을 관할(管轄)하지 못하게 하옵소서, 나라들 가운데에서 욕을 당하지 않게 할 것이며"(2:17, 19)를 통해서 알 수 있듯이, 앗수르나 바벨론의 침략을 내다보고 있는 것입니다. 이는 가까운 미래에 있을 "여호와의 날"입니다. 그러므로 "너희는 옷을 찢지 말고 마음을 찢고 너희 하나님 여호와께로 돌아올지어다"(2:13)하고 회개를 촉구합니다.

그런데 요엘서가 지향하고 있는 궁극적인 "여호와의 날"은 "여호와의 크고 두려운 날이 이르기 전에 해가 어두워지고 달이 핏빛같이 변하려니와"(2:31)한 종말론적인 "여호와의 날"입니다. 이는 주님께서 "이날은 온 지구상에 거하는 모든 사람에게 임하리라"(눅 21:35) 하신 최후심판의 날입니다. 이를 내다보았기에 "사람이 많음이여 심판의 골짜기에 사람이 많음이여, 심판의 골짜기에 여호와의 날이 가까움이로다"(3:14)라고 최후심판을 경고하고 있는 것입니다. 이처럼 요엘서에는 근경(近景) · 중경(中景) · 원경(遠景)의 세 장면이 겹쳐있습니다.

이를 내다보는 선지자는 "슬프다 그날이여 여호와의 날이 가까웠나니 곧 멸망같이 전능자에게로부터 이르리로다"(1:15)고 경고합니다. 그렇다면 요엘서에 나타난 당시의 죄가 무엇인가 하는 점입니다. "사로잡힌 자를 돌아오게 할 그 때라"한 3:1절을 통해

짐작하게 됩니다. 심판을 당해 포로로 끌려가게 된 상황인 것입니다. 또한 3:5절에서는 "나의 진기한 보물을 너희 신전으로 가져갔으며"라고 말씀합니다. 어찌하여 이런 심판을 당하게 되었는가? 2:11절에서는 "여호와께서 그의 군대 앞에서 소리를 지르시고", 즉 하나님께서 바벨론 군대를 이끌고 예루살렘을 치시러 오신다는 놀라운 말씀을 대하게 되는데 이는 그들이 메시아언약을 반역했기 때문인 것입니다.

그래서 선지자는 "너희는 금식일을 정하고 성회를 소집하여 장로들과 이 땅의 모든 주민들을 너희 하나님 여호와의 성전으로 모으고 여호와께 부르짖을지어다"(1:14) 합니다. 2:1절에서도 "시온에서 나팔을 불며 나의 거룩한 산에서 경고의 소리를 질러 이 땅 주민들로 다 떨게 할지니 이는 여호와의 날이 이르게 됨이니라 이제 임박하였으니"라고 긴급하다 합니다. 중요한 점은 이처럼 "여호와의 날"이 삼중(三重)으로 임하게 되는 것은 요엘 당시만 그러한 것은 아닙니다. 그러므로 요엘서가 시공을 초월하여 선포하고 있는 핵심적인 경고는 "이제라도 금식하고 울며 애통하고 마음을 다하여 내게로 돌아오라. 너희는 옷을 찢지 말고 마음을 찢고 너희 하나님 여호와께로 돌아올지어다"(2:12-13)하는 회개의 촉구입니다.

삼중(三重)적인 적용

그런데 "여호와의 날"은 두 가지 양상으로 임한다는 사실입니다. 그것은 "구원과 멸망"입니다. 노아 당시에 임한 "여호와의 날" 곧 홍수심판이 불신자들에게는 멸망의 날이었으나, 노아의 여덟 식구에게는 "구원의 날"이었던 것입니다. 이는 소돔에 임한 "여호와의 날"과 여리고 성에 임한 "여호와의 날"에도 그러했습니다. 신구약 성경의 요절이라고 말하는 요한복음 3:16절은 "하나님이 세상을 이처럼 사랑하사 독생자를 주셨으니 이는 그를 믿는 자마다 멸망하지 않고 영생을 얻게 하려 하심이라"고 영생과 멸망이라는 양면성이 있음을 말씀합니다. 그렇습니다. 다가오는 "여호와의 날" 곧 주님의 재임의 날은 심판의 날임과 동시에 구원의 날인 것입니다.

그러므로 요엘 선지자도 심판과 멸망만을 경고하고 있는 것이 아니라, "회복과 구원과 소망"을 선포하고 있습니다. "땅이여 두려워하지 말고 기뻐하며 즐거워할지어다 여호와께서 큰일을 행하셨음이로다"(2:21) 합니다. 이점을 2:26절에서는 "놀라운 일을 행하신 너희 하나님 여호와"라고 말씀합니다. 성경 상 하나님이 행해주신 "큰일, 놀라운 일", 그리하여 모든 족속이 기뻐하며 즐거워할 일이 무엇인가? 성경은 두 가지를 들고 있는데, 첫째로 행하신 "큰일"은 자기 아들을 이 땅에 보내셔서(눅 1:49) 대속제물로 내어주신 일입니다. 그러므로 선지자는 "누구든지 여호와의 이름을 부르는 자(믿는 자)는 구원을 얻으리라(2:32), 여호와의 전에서 샘이 흘러나온다"(3:18)고 말씀합니다. "샘이 흘러 나와서"라는 언급을 구속사의 맥락에서 바라본다면 이는 반석 되시는 그리스도가 치심(슥 13:1,7)을 당하심으로만이 가능해지는 것입니다.

둘째로 행해주신 "큰일, 놀라운 일"은 "그 후에 내가 내 영을 만민에게 부어주리니"(2:28) 하신 성령강림(행 2:11)입니다. 이를 당연시하거나 예사로 여겨서는 안 됩니다. 왜냐하면 "나의 영이 영원히 사람과 함께 하지 아니하리니 이는 그들이 육신이가 됨이라"(창 6:3)고, 하나님과의 관계가 단절되었던 것이 회복될 것임을 가리키기 때문입니다.

구약시대에도 성령의 역사는 있었습니다. 그러나 특별한 사람에게 특별한 경우로 제한적(制限的)이었습니다. 그런데 "만민"에게 부어주신다고 말씀합니다. "자녀 · 늙은이 · 젊은이"들이 이 은혜에 참여하게 될 것을 말씀합니다. 더욱 놀라운 것은 "남종과 여종에게 부어줄 것이라"(2:28-29)는 말씀입니다. 종이란 요즘 말하는 주의 종을 가리키는 말이 아니라, 가장 비천한 노예를 일컫는 말입니다. 이런 세상이란 모든 벽이 무너지고, 아무런 차별이 없음을 뜻합니다. 한 가지 차별은 오직 "누구든지 여호와의 이름을 부르는 자는 구원을 얻으리니"(2:32) 한 여호와의 이름을 부르느냐 거부하느냐, 즉 믿느냐 믿지 않느냐의 차별만이 있게 될 것이라 합니다.

이 점에서 주목할 점은 "그 후에 내가 내 영을 만민에게 부어주리니"하고 "그 후"라고 말씀한다는 점입니다. "그 후"를 구속사라는 지평에서 보게 되면 이는 주님께서 말씀하신바 "내가 너희에게 실상을 말하노니 내가 떠나가는 것(죽으심)이 너희에게 유익이라 내가 떠나가지 아니하면 보혜사(성령)가 너희에게로 오시지 아니할 것이요 가면 내가 그를 너희에게로 보내리니"(요 16:7) 하신 "그 후"가 되는 것입니다. 왜냐하면 성령강림의 사명은 주님께서 "다 이루었다" 하신 복음을 증언하는 사명이기 때문입니다. 그러므로 만일 주님께서 십자가를 담당하시지 않는다면 성령은 오실 이유도 필요도 없는 것입니다. 그래서 "내가 떠나가는 것이 너희에게 유익이라" 하신 것입니다. 그러므로 구원도 성령 강림도 주님의 죽으시고 다시 살아나심을 통해서만 가능하여지는 "큰일"인 것입니다. 요엘 선지자는 약 7-8백년 후에 성취될 말씀을 대언하면서 얼마나 놀라워했을 것인가!

하나님이 행해주신 두 가지 큰 일

요엘서를 요약하면, 1장에 묘사된 광경은 분명히 역사적으로 일어난 메뚜기 재앙입니다. 그런데 2장에 묘사된 광경(1-11)은 계속 메뚜기 재앙에 대한 언급인지 아니면 외적(外敵)의 침략을 다루고 있는지 분간하기 어렵습니다. 그것은 메뚜기 떼가 엄습하는 그림과 북방으로부터 군대가 침략하는 두 그림이 겹쳐져 있기 때문입니다. 이것을 계시의 복합성(複合性)이라고 말하는데 궁극적으로 보여주시고자 하는 것은 메뚜기의 재앙도, 앗수르나 바벨론의 침략이 아닙니다. 궁극적인 계시는 이 메뚜기 재앙과 대적에 의한 심판 너머로 최후의 심판이 다가오고 있다는 사실입니다.

그러므로 3장에 묘사된 광경들은 종말에 있을 장면들입니다. "사람이 많음이여, 심판의 골짜기에 사람이 많음이여, 심판의 골짜기에 여호와의 날이 가까움이로다"(3:14)는 말씀은, "또 내가 보니 죽은 자들이 큰 자나 작은 자나 그 보좌 앞에 서 있는데 책들이 펴있고 또 다른 책이 펴졌으니 곧 생명책이라 죽은 자들이 자기 행위를 따라 책들에 기록된 대로 심판을 받으니"(계 20:12) 하신 말씀으로 인도해줍니다.

재앙이란 그것이 홍수이든지, 불이든지, 메뚜기이든지, 적군이든지 간에 궁극적으로는 최후심판에 대한 경고라는 사실입니다. 그런 의미에서 계시에는 점진성(漸進性)이 있습니다. 1장의 메뚜기 재앙이, 2장에서는 외적의 침입으로, 3장에서는 최후의 심판으로 발전하고 있는 것이 요엘서의 패턴입니다. 심판이란 인간이 범한 죄에 대한 하나님의 공의(公義)의 발로입니다. "주께서는 눈이 정결하시므로 악을 차마 보지 못하신다"(합 1:13)고 말씀합니다. 그런데 구원이란 무가치한 자들에게 베푸시는 하나님의 은혜요, 사랑의 발로입니다.

우리가 명심해야 할 점은 "여호와의 날"이란 다가오고 있는 "한 날"만이 아니라는 사실입니다. 매일매일이 여호와의 날이라는 각성이 필요합니다. 왜냐하면 점(點)들이 모여서 선(線)이 되기 때문입니다. 메뚜기의 재앙이 전국을 휩쓸던 날도 "여호와의 날"이었습니다. 바벨론의 군대가 예루살렘을 불사르던 날도 분명 여호와의 날이었습니다. 쓰나미가 덮치던 날도 여호와의 날이요, 미국의 국제무역센터가 주저앉던 날도 여호와의 날이요, 성수대교가 붕괴되던 날도 여호와의 날이요, 당신이 교통사고를 당하던 날도 "여호와의 날"이라는 고백이 있어야만 한다는 말씀입니다. 다가오고 있는 "크고 심히 두려운 여호와의 한 날"(2:11)을 부인하는 자들이 있습니다. 그런가 하면 미래에 있을 여호와의 날을 믿는다고 말하면서도 매일매일이 여호와의 날임을 망각하고 살아가는 사람들이 있습니다.

여호와의 날

요엘 선지자가 “그 후에”(2:28)라고 말씀하고 있는 것을, 베드로는 “말세에”(행 2:16)라고 고쳐서 부르고 있는 것을 보게 됩니다. 이는 요엘 선지자가 예언하던 “여호와의 날”이 이미 임하였음을 의미합니다. 그렇습니다. “말세”란 계시사적인 말세 즉 마지막 계시가 임하였다는 뜻입니다. 예수 그리스도의 강림은 구약의 계시를 포괄적으로 성취하신 마지막 계시이기 때문입니다. 그러므로 성경이 말씀하고 있는 말세란 그리스도의 초림으로부터 재림까지의 전 기간을 의미합니다. 바로 우리는 “말세에 고통하는 때, 사람들이 자기를 사랑하며 돈을 사랑하며… 쾌락을 사랑하기를 하나님 사랑하는 것보다 더하는”(딤후 3:1-4) 시기를 살아가고 있는 것입니다.

요엘서의 중심부는 2:12-32절입니다.

㉠ “여호와의 말씀에 너희는 이제라도 금식하고 울며 애통하고 마음을 다하여 내게로 돌아오라, 너희는 옷을 찢지 말고 마음을 찢고 너희 하나님 여호와께로 돌아올지어다”(2:12-13상) 합니다.

㉡ 하나님, “그는 은혜로우시며 자비로우시며 노하기를 더디 하시며 인애가 크시사 뜻을 돌이켜 재앙을 내리지 아니 하시나니”(13하) 합니다.

이 중심부분(2:12-32)이 놓여있는 위치가 어디인지 주목하시기 바랍니다. 역사적인 사건(메뚜기 재앙)과 역사의 종말에 있을 최후심판을 경고하는 사이에 놓여있습니다. 이 기간(期間)은 “보라 지금은 은혜받을 만한 때요 보라 지금은 구원의 날이로다”(고후

6:2) 한 회개할 기회가 남아있는 때입니다. 그러므로 요엘서는 오늘도 우리를 향해서 "너희가 이제라도 마음을 찢으며 하나님께로 돌아오면 구원을 얻으려니와 끝내 거절하면 심판을 당하게 된다"고 외치고 있는 것입니다. 우리는 지금 이 기간을 살아가고 있는 것입니다.

더욱 넘치는 하나님의 은혜

요엘서의 전체 구도(構圖)도 다른 선지서와 마찬가지로 "절망과 소망"이 교차하고 있습니다. 먼저 1:1-2:17절까지는 심판을 경고하는 내용입니다. 그런 후에 2:18-32절까지에서 긍휼과 은혜의 단비가 부어집니다. 3:1-16절 상반절까지는 다시 심판의 경고입니다. 그러나 요엘서는 심판과 절망으로 끝나는 것이 아니라 "그러나 나 여호와께서 그의 백성의 피난처, 이스라엘 자손의 산성이 되시리로다, 이제는 갚아 주리니 이는 여호와께서 시온에 거하심이니라"(3:16상, 21)하는 위로와 회복하여 주시겠다는 소망으로 마치고 있습니다. 어느 시대나 인간의 행위로는 죄로 인한 심판과 절망이지만 하나님의 긍휼과 은혜 밖에는 기대할 것이 없다는 것이 성경의 불변의 진리입니다.

이상의 말씀을 요약하면 심판의 경고가 두려운 만큼 그보다 더욱 축복과 구원과 은혜가 풍성하게 약속되어 있습니다. "여호와께서 큰 일을 행하셨다"(2:21)고 말씀하는데,

㉠ 1차적으로는 "너희를 위하여 비를 내리시되 이른 비를 너희에게 적당하게 주시리니 이른 비와 늦은 비가 예전과 같을 것이라"(2:23)

합니다.

㉡ 궁극적으로 이른 비와 늦은 비란 "내 영을 만민에게 부어주리니"(2:28) 하신 폭포수와 같은 은혜로 발전하고 있습니다.

그리하여 "누구든지 여호와의 이름을 부르는 자(믿는 자)는 구원을 얻으리니"(2:32) 합니다. 이는 행함으로 얻을 수 있는 것이 아니라, 오직 믿는 자에게 값없이 거저 주시는 풍성하고도 넘치는 은혜요 복음입니다. 요엘서의 핵심적인 메시지도 인간의 행위로는 심판이요 멸망이요 절망일 수밖에 없으나, 하나님의 무조건적인 사랑과 은혜로 구원하여주신다는 예수 그리스도와 복음을 증언하고 있는 것입니다.

요엘 1장 개관도표
주제 : 메뚜기 재앙과 여호와의 날

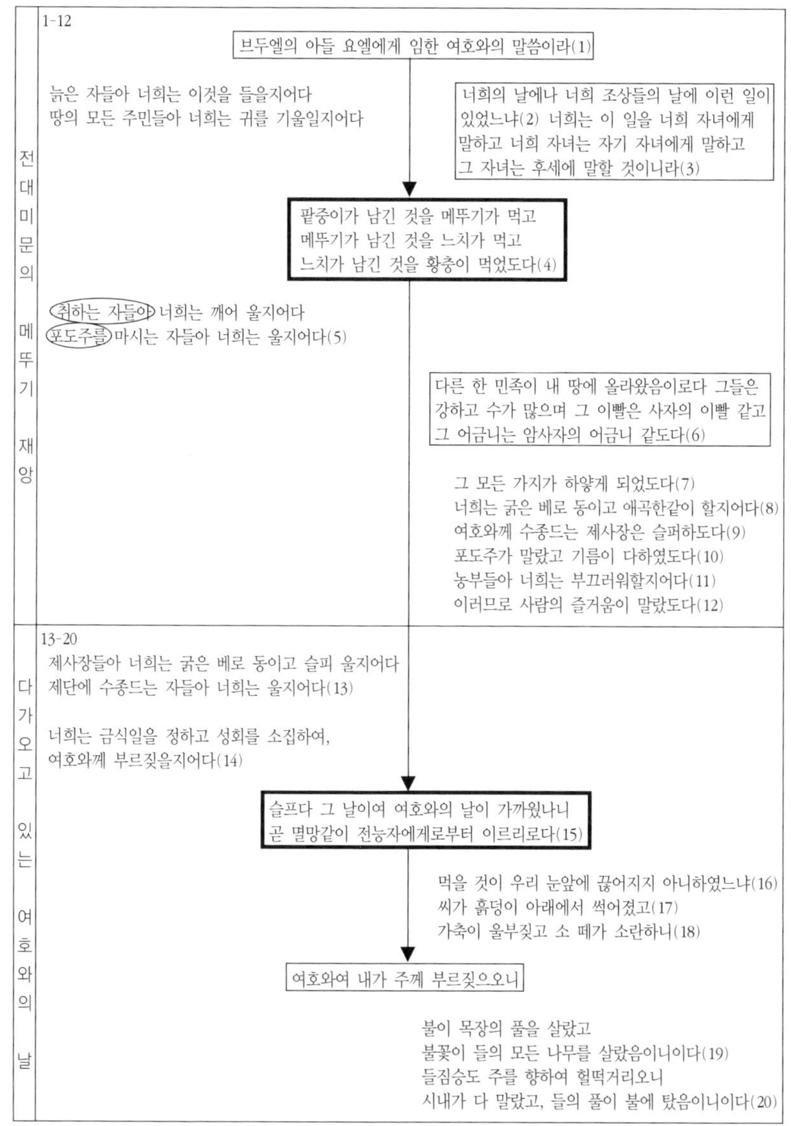

1장

메뚜기 재앙과 여호와의 날

[15] 슬프다 그 날이여 여호와의 날이 가까웠나니 곧 멸망 같이 전능자에게로부터 이르리로다

1장의 내용은 도표에서 보시는 바대로 당면(當面)한 전대미문의 메뚜기 재앙(4)에 관한 언급입니다. 그런데 선지자는 메뚜기 재앙을 단순한 자연의 재해(災害)로 여기는 것이 아니라 "여호와의 날이 가까웠나니 곧 멸망같이 전능자에게로부터 이르리로다"(15) 하고 회개를 촉구하는 하나님의 섭리로 여기고 있다는 것이 우리와 다른 점입니다. 1:1-2:17절까지는 여호와의 날을 경고하면서 회개를 촉구하는 문맥임을 놓치지 마시기 바랍니다. 요엘 당시 전대미문의 메뚜기 재앙은 이미 임했습니다. 문제는 앞으로

더 큰 재앙이 다가오고 있다는 경고입니다. 선지자(先知者)란 당면한 재앙만을 보고 있는 근시안(近視眼)이 아닙니다. 이를 통해서 "슬프다 그 날이여 여호와의 날이 가까웠나니"(15) 하고 다가오고 있는 더 큰 재앙을 원시(遠視)하며 경고하는 자입니다. 가까운 장래에 닥칠 재앙은 앗수르나 바벨론과 같은 외적(外敵)일 수도 있으나, 선지자가 내다보고 있는 "여호와의 날"은 더 멀리 그리스도의 초림으로 시작하여 재림으로 완성될 역사의 종말을 지향(指向)하고 있는 것입니다. 이를 두 단원으로 나누어 상고하겠습니다.

첫째 단원(1–12) **전대미문의 메뚜기 재앙**
둘째 단원(13–20) **다가오고 있는 여호와의 날**

첫째 단원(1–12) 전대미문의 메뚜기 재앙

"팥중이가 남긴 것을 메뚜기가 먹고 메뚜기가 남긴 것을 느치가 먹고 느치가 남긴 것을 황충이 먹었도다"(4).

① "늙은 자들아 너희는 이것을 들을지어다 땅의 모든 주민들아 너희는 귀를 기울일지어다 너희의 날에나 너희 조상들의 날에 이런 일이 있었느냐"(2)고 묻습니다. 이들이 당면한 메뚜기 재앙은 전대미문(前代未聞)의 재앙이었던 것입니다.

② "팥중이가 남긴 것을 메뚜기가 먹고 메뚜기가 남긴 것을 느치가 먹고 느치가 남긴 것을 황충이 먹었도다"라는 묘사는 하나

도 남김이 없이 먹어버린 상황을 나타냅니다.

㉠ 그 참상이 "그들이 내 포도나무를 멸하며 내 무화과나무를 긁어 말갛게 벗겨서 버리니 그 모든 가지가 하얗게 되었도다"(7) 한데서 나타납니다. 그런데 본문을 관찰해보면 메뚜기 재앙만이 아니라

㉡ "들짐승도 주를 향하여 헐떡거리오니 시내가 다 말랐고 들의 풀이 불에 탔음이니이다"(20) 한 부르짖음으로 보아 큰 가뭄도 겹쳤음을 알게 됩니다. 그리하여 12절에서는 "포도나무가 시들었고 무화과나무가 말랐으며 석류나무와 대추나무와 사과나무와 밭의 모든 나무가 다 시들었으니 이러므로 사람의 즐거움이 말랐도다" 합니다.

③ 그렇다면 이토록 철두철미한 재앙을 허용하신 하나님의 의도가 무엇인가 하는 점입니다. 이에 대한 답이 2:12절이라 할 수 있는데 "여호와의 말씀에 너희는 이제라도 금식하고 울며 애통하고 마음을 다하여 내게로 돌아오라" 하신 "회개"입니다. 아모스 4장을 보면 "…하였으나 너희가 내게로 돌아오지 아니하였느니라 여호와의 말씀이니라"(암 4:6-9)는 언급이 다섯 번이나 반복하고 있습니다. 모든 재난은 "여호와께로 돌아오라"는 경고인 것입니다. 그러므로 요엘서가 촉구하는 바는 "이제라도 금식하고 울며 애통하고 마음을 다하여 내게로 돌아오라"(2:12)는 것입니다.

④ 이처럼 돌아오기를 기다리시는 하나님의 마음이 "팥중이가 남긴 것을, 메뚜기가 남긴 것을, 느치가 남긴 것을"(4) 이라는 점진적(漸進的)인 묘사에서도 드러납니다. 하나님은 돌아오기를 기다리시나 돌아오지를 않음으로 그 강도를 더하여 갔음을 나타내는 묘사이기 때문입니다. "팥중이가 남긴 것"이 있었을 때 돌아왔더라면 얼마나 좋았겠습니까?

무릇 취하는 자들아

① "취하는 자들아 너희는 깨어 울지어다"(5상) 합니다. "취하는 자"란 무슨 뜻인가? 실제로 술에 취한 자일수도 있습니다. 그런데 "술"이란 각성제(覺醒劑)가 아니라 정신을 혼미하게 하는 마취제(痲醉劑)와 같은 것입니다. 그들은 누구인가에 의하여 마취를 당한 자들처럼 혼미한 가운데 있었던 것입니다. 그러므로 술을 입에 한방울도 대지 않으면서도 취한 사람처럼 살아가고 있는 자들이 더 많은 것입니다. 그래서 "너희는 깨어 울지어다"라고 각성을 촉구하는 것입니다. "포도주를 마시는 자들아 너희는 울지어다"(5하) 합니다. 1차적으로 "포도주를 마시는 자들"이란 세상 열락에 도취되어 있는 자들을 가리키는 묘사입니다. 그런데 이사야 28:7절에서는 제사장과 선지자들을 가리켜 "이들은 포도주로 말미암아 옆걸음치며 독주로 말미암아 비틀거리며, 독주로 말미암아 비틀거리며 환상을 잘못 풀며 재판할 때에 실수하나니"라고 말씀하고 있으니 지도자의 책임을 절감하게 합니다.

② 그들을 향해서

㉠ "울지어다(5), 너희는 굵은 베로 동이고 애곡함 같이 할지어다"(8) 합니다. 13절에서는 "제사장들아 너희는 굵은 베로 동이고 슬피 울지어다 제단에 수종드는 자들아 너희는 울지어다"(13) 합니다. 이는 단순히 메뚜기 재앙을 물리쳐달라고 슬피 울라는 뜻이 아닙니다. 메뚜기 재앙에는 의미가 있다는 것입니다. 이를 통해서 촉구하시는 하나님의 메시지가 있다는 말씀입니다. "오늘날 그 음성 듣기를 원하노라"(시 95:7)는 것입니다. 그 음성이 무엇인가? "여호와의 말씀에 너희는 이제라도 금식하고 울며 애통하고 마음을 다하여 내게로 돌

아오라"(2:12)는 말씀입니다. 서론에서 언급한 대로 예루살렘의 상황은 멸망하고 백성들은 포로가 될(3:1,5) 긴급한 상황인 것입니다. 그러므로 그들을 향해 울지어다 하는 것은

㉡ "오라 우리가 여호와께로 돌아가자 여호와께서 우리를 찢으셨으나 도로 낫게 하실 것이요 우리를 치셨으나 싸매어 주실 것"(호 6:1)이라는 그런 뜻입니다.

둘째 단원(13–20) 다가오고 있는 여호와의 날

"슬프다 그 날이여 여호와의 날이 가까웠나니 곧 멸망같이 전능자에게로부터 이르리로다"(15).

① 둘째 단원의 중심점은 요엘서에 다섯 번(1:15, 2:1,11,31, 3:14,18)이나 등장하는 "여호와의 날"이 처음 등장하는 데 있습니다.

㉠ "가까웠나니" 합니다. 그러니까 여호와의 날이 다가오고 있다는 것입니다.

㉡ "곧 멸망같이 전능자에게로부터 이르리로다"고 그 날은 심판의 날임을 말씀합니다.

② 그들은 현재 전대미문의 메뚜기 재앙을 당하고 있는 것입니다. 그런데 문제는 메뚜기 재앙이 아니라 "슬프다 그 날이여 여호와의 날이 가까웠나니 곧 멸망같이 전능자에게로부터 이르리로다"고, 더 큰 심판이 다가오고 있음을 경고하고 있는 것입니다. 그러니까 메뚜기 재앙은 더 큰 심판의 전주곡(前奏曲)과 같은 것이라는 말씀입니다. 그렇다면 "제사장들아 너희는 굵은 베로 동

이고 슬피 울지어다 제단에 수종드는 자들아 너희는 울지어다 내 하나님께 수종드는 자들아 너희는 와서 굵은 베 옷을 입고 밤이 새도록 누울지어다"(13) 한 것은 메뚜기 재앙만을 인해서가 아님을 알게 됩니다.

③ "너희는 금식일을 정하고 성회를 소집하여 장로들과 이 땅의 모든 주민들을 너희 하나님 여호와의 성전으로 모으고 여호와께 부르짖을지어다"(14) 합니다. 2:1절에서도 "이는 여호와의 날이 이르게 됨이니라 이제 임박하였으니" 합니다. 그렇다면 여호와의 날을 대비하여 부르짖어야 할 근본적인 문제가 무엇이란 말인가? 메뚜기 재앙이 물러가게 해달라는 표면적인 문제가 아니라 "이제라도 금식하며 울며 애통하고 마음을 다하여 내게로 돌아오라, 너희는 옷을 찢지 말고 마음을 찢고 너희 하나님 여호와께로 돌아올지어다" 하신 "하나님께로 돌아감"이라는 점을 명심하십시다.

④ "먹을 것이 우리 눈앞에 끊어지지 아니하였느냐 기쁨과 즐거움이 우리 하나님의 성전에서 끊어지지 아니하였느냐 씨가 흙덩이 아래에서 썩어졌고 창고가 비었고 곳간이 무너졌으니 이는 곡식이 시들었음이로다"(16-17) 합니다. "말랐고, 없어졌고, 다 하였도다, 끊어지지 아니하였느냐"(10-20)는 묘사가 여러 번 반복적으로 나오는데 일차적으로는 메뚜기와 한발로 인한 기근(饑饉)을 의미한다고 하여도, 본질적인 문제는 "기쁨과 즐거움이 우리 하나님의 성전에서 끊어지지 아니하였느냐"(16)에서 구할 수 있습니다. 그들이 잃어버린 것은 하나님의 전에서 맛보던 "기쁨과 즐거움"이었던 것입니다. 그들의 은혜의 창고는 텅텅 비었고 생수

의 시내가 말라버렸던 것입니다.

⑤ 이를 알았기에 아모스 선지자는,

㉠ "주 여호와의 말씀이니라 보라 날이 이를지라 내가 기근을 땅에 보내리니 양식이 없어 주림이 아니며 물이 없어 갈함이 아니요 여호와의 말씀을 듣지 못한 기갈이라"(암 8:11)고 외쳤던 것입니다. 그들이 애통하며 부르짖어야 할 것은 육신의 양식이 아니라 생명의 말씀이었던 것입니다. 그러므로 호세아 선지자도 "이스라엘아 네 하나님 여호와께로 돌아오라, 너는 말씀을 가지고 여호와께로 돌아오라"(호 14:1-2)고 호소했던 것입니다. 이는 그들만의 문제가 아니라 모든 시대, 모든 심령의 문제인 것입니다. 만일 본문이 말씀하고자 하는 문제가 메뚜기 재앙에 머문다면 요엘서가 우리와는 상관이 없는 책이 되고 말 것입니다. 형제는 말씀에 굶주려 있지 아니합니까? 생수에 목말라 하지 않습니까? 성경은 말씀합니다.

㉡ "너희 모든 목마른 자들아 물로 나아오라 돈 없는 자도 오라 너희는 와서 사 먹되 돈 없이 값없이 와서 포도주와 젖을 사라 너희가 어찌하여 양식이 아닌 것을 위하여 은을 달아 주며 배부르게 못할 것을 위하여 수고하느냐 내게 듣고 들을지어다 그리하면 너희가 좋은 것을 먹을 것이며 너희 자신들이 기름진 것으로 즐거움을 얻으리라"(사 55:1-2). 그러므로 요엘서에서도 "여호와의 성전에서 샘이 흘러나오리라"(3:18)고 말씀합니다. 왜냐하면 이것이 근본적인 해답이기 때문입니다.

⑥ 그러므로 최우선적인 문제는 "기쁨과 즐거움이 우리 하나님 전에 끊어지지 아니하였느냐"한 잃었던 "기쁨과 즐거움"을 회복하는 일입니다. 하나님 전으로부터 다시 말하면 강단에서 선포되는 말씀을 통해서 "기쁨과 즐거움"만 맛볼 수 있다면 우리는 하박국 선지자같이 "비록 무화과나무가 무성하지 못하며 포도나무

에 열매가 없으며 감람나무에 소출이 없으며 밭에 먹을 것이 없으며 우리에 양이 없으며 외양간에 소가 없을지라도 나는 여호와로 말미암아 즐거워하며 나의 구원의 하나님으로 말미암아 기뻐하리로다"(합 3:17-18)고 찬양할 수 있는 것입니다. 반대로 "기쁨과 즐거움이 우리 하나님 성전에서 끊어"졌다면, "내 곳간을 헐고 더 크게 짓고 내 모든 곡식과 물건을 거기 쌓아 두루리"(눅 12:18) 한들 무슨 소용이 있겠습니까? 그렇다면 "기쁨과 즐거움"은 어디서 구할 수 있는가? 이를 2:21-32절에 가서 찾게 될 것입니다.

⑦ 1장을 마치기 전에 3절 말씀을 묵상해보아야 하겠습니다. "너희는 이 일을 너희 자녀에게 말하고 너희 자녀는 자기 자녀에게 말하고 그 자녀는 후세에 말할 것이니라"(3) 하십니다. 망각하지 않도록 이처럼 자손 대대로 전해주라는 하나님의 명하신 바가 무엇입니까? 그것은 메뚜기가 아닙니다. 양식이 아닙니다. 성경의 넓은 문맥을 통해서 보시기 바랍니다. "이 후에 너희의 자녀가 묻기를 이 예식이 무슨 뜻이냐 하거든 이는 여호와의 유월절 제사라"(출 12:26-27)한 "유월절 어린 양" 곧 하나님의 독생자가 우리 죄를 위하여 대신 죽어주셨다는 복음입니다. 현대교회가 잃어버린 "기쁨과 즐거움"은 오직 복음 안에서만이 회복할 수 있다는 불변의 진리입니다.

요엘서 2:1-17절 개관도표

주제 : 회개하라, 여호와의 날이 가까웠느니라

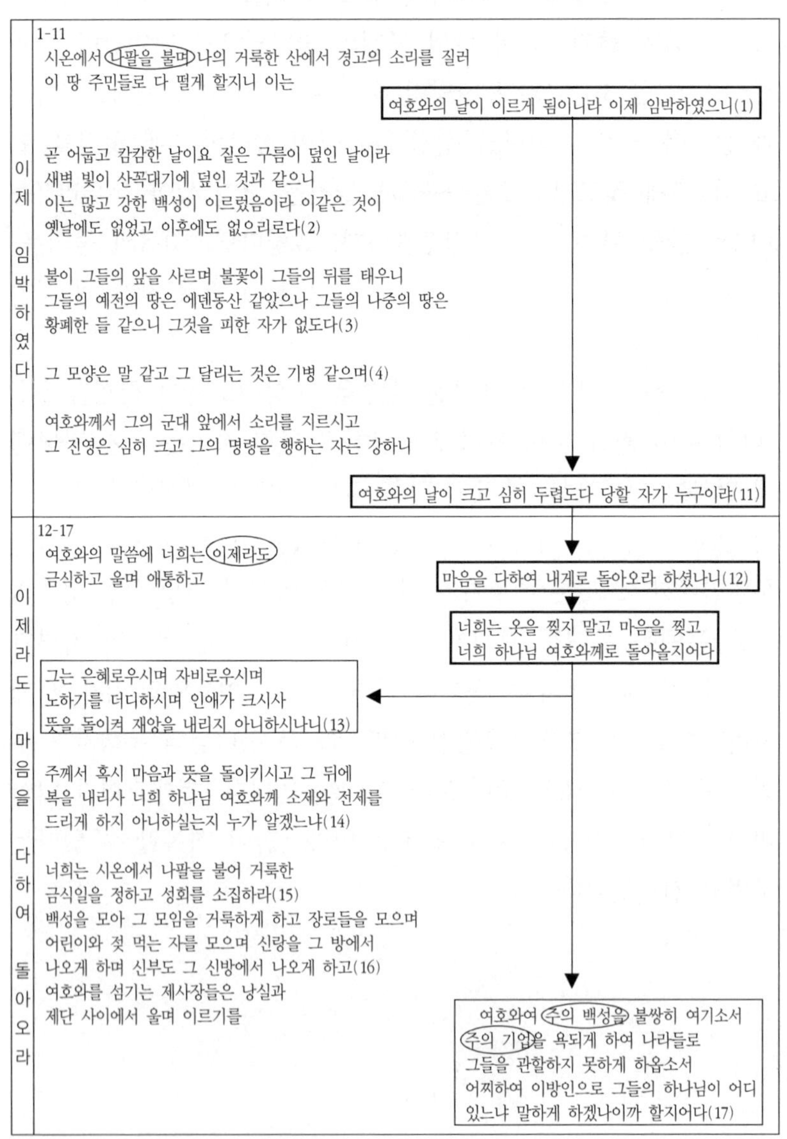

2:1-17절

회개하라, 여호와의 날이 가까왔느니라

[13] 너희는 옷을 찢지 말고 마음을 찢고 너희 하나님 여호와께로 돌아올지어다 그는 은혜로우시며 자비로우시며 노하기를 더디하시며 인애가 크시사 뜻을 돌이켜 재앙을 내리지 아니하시나니

2장은 내용의 중요성으로 인해 두 부분으로 나누어 관찰하도록 하겠습니다. 앞부분(1-17)은 1장의 계속으로 임박한 "여호와의 날"에 대한 경고입니다. 본문에는 "여호와의 날"이 두 번(1,12) 등장합니다. 메뚜기 재앙은 이미 당했습니다. 그런데 "여호와의 날이 이르게 된다, 이제 임박하였다"(첫째 단원)고 임박한 여호와의 날을 경고합니다. 메뚜기 재앙도 전대미문의 재앙인데 임박한

"여호와의 날이 크고 심히 두렵도다"(11)고 메뚜기 재앙에 비할 바가 아닌 더 큰 재앙이 다가오고 있다는 경고입니다. 그러므로 "나팔을 불라, 경고의 소리를 지르라"(1) 합니다. 이를 통해서 촉구하는 바는 "너희는 이제라도 금식하고 울며 애통하고 마음을 다하여 내게로 돌아오라"(둘째 단원, 12)는 회개입니다. 13절에서도 "너희는 옷을 찢지 말고 마음을 찢고 너희 하나님 여호와께로 돌아올지어다"고 재차 촉구합니다. 이를 신약적으로 말한다면 "회개하라 천국이 가까왔느니라"(마 3:2, 4:17)가 될 것입니다. 이를 두 단원으로 나누어 상고하겠습니다.

첫째 단원(1-11) **여호와의 날이 임박하였다**
둘째 단원(12-17) **이제라도 마음을 다하여 돌아오라**

첫째 단원(1-11) 여호와의 날이 임박하였다

"곧 어둡고 캄캄한 날이요 짙은 구름이 덮인 날이라 새벽빛이 산꼭대기에 덮인 것과 같으니 이는 많고 강한 백성이 이르렀음이라 이와 같은 것이 옛날에도 없었고 이후에도 대대에 없으리로다"(2).

① "여호와의 날이, 임박하였다"(1), 그러므로 "시온에서 나팔을 불며 나의 거룩한 산에서 경고의 소리를 질러 이 땅 주민들로 다 떨게 할지니"(1상) 합니다. "나팔을 부는" 것은 여러 경우가 있는데 "두 나팔을 불면" 소집하는 나팔이요, 하나만 불 때에는 천부장 족장들을 소집하는 신호인데 전쟁의 경보는 나팔을 울려

불라(민 10:1-9)고 말씀합니다. 본문의 나팔은 임박한 "여호와의 날"로 인하여 비상소집의 나팔입니다. 15절에서도 "너희는 시온에서 나팔을 불어 거룩한 금식일을 정하고 성회를 소집하라"고 말씀합니다. 그렇다면 요엘이 비상사태를 선포하는 "여호와의 날"이란 어느 날을 가리키는가?

② 2-11절의 묘사를 표면적으로만 보면 메뚜기 재앙을 가리키는 것으로 여길 수 있습니다. 그러나 메뚜기 재앙은 이미 당한 것인데,

㉠ "여호와의 날"이 다가오고 있다는 것입니다.

㉡ 유념할 점은 "여호와의 날"이 다가오고 있다는 경고는 모든 선지자의 공통적인 경고라는 점입니다.

이사야 선지자는 "대저 만군의 여호와의 날이 모든 교만한 자와 자고한 자에게 임하리니 그들로 낮아지게"(사 2:12)할 것이라고 말씀합니다. "너희는 애곡할지어다 여호와의 날이 가까왔으니 전능자에게서 멸망이 임할 것임이로다, 여호와의 날 곧 잔혹히 분냄과 맹렬히 노하는 날이 이르러 땅을 황폐하게 하며 그 중에서 죄인들을 멸하리니"(사 13:6,9) 합니다. 아모스 선지자도 "화 있을진저 여호와의 날을 사모하는 자여 너희가 어찌하여 여호와의 날을 사모하느냐 그 날은 어둠이요 빛이 아니라"(암 5:18)고 경고합니다. 스바냐 선지자도, "주 여호와 앞에서 잠잠할지어다 이는 여호와의 날이 가까웠으므로, 여호와의 큰 날이 가깝도다 가깝고도 빠르도다 여호와의 날의 소리로다 용사가 거기서 심히 슬피우는도다"(습 1:7,14) 합니다. 스가랴 선지자도 "여호와께서 아시는 한 날이 있으리니 낮도 아니요 밤도 아니라 어두워 갈 때

에 빛이 있으리로다"(슥 14:7)고 "여호와의 날을, 여호와가 아시는 한 날"이라고 경고합니다.

③ 이처럼 선지자들이 공통적으로 경고하고 있는 "여호와의 날"은 어느 날을 의미하는가? 여기에는 세 가지 측면이 있다 하겠습니다.

㉠ 첫째는 선지자 당시입니다. 요엘 당시에 당면한 "여호와의 날"은 메뚜기 재앙과 앗수르나 바벨론의 침입으로 임하였습니다.

㉡ 둘째는 주님의 초림으로 시작되는 "여호와의 날"입니다. 초림의 길 예비자 세례 요한의 제 일성은 "회개하라 천국이 가까이 왔느니라" 였습니다. 그리고 "이미 도끼가 나무뿌리에 놓였다"(마 3:2,10)고 "여호와의 날"이 임박했음을 외쳤습니다.

㉢ 셋째는 주님의 재림으로 완성이 되는 종말적인 "여호와의 날"입니다. 주님께서는 "이날은 온 지구상에 거하는 모든 사람에게 임하리라 이러므로 너희는 장차 올 이 모든 일을 능히 피하고 인자 앞에 서도록 항상 기도하며 깨어 있으라"(눅 21:35-36)고 말씀하셨습니다.

이처럼 "여호와의 날"이라는 경고에는 세 방면이 겹쳐져 있는 것입니다. 지금 우리는 주님의 초림으로 시작하여 다가오는 종말적인 "여호와의 날" 동안을 살아가고 있는 것입니다.

④ 11절은 첫째 단원의 결론이라 할 수 있는데, "여호와께서 그의 군대 앞에서 소리를 지르시고 그의 진영은 심히 크고 그의 명령을 행하는 자는 강하니 여호와의 날이 크고 심히 두렵도다 당할 자가 누구이랴"(11)고 마치고 있습니다. 이는 놀랍고도 두려운 선언인데 첫째로 놀라운 것은,

㉠ "여호와께서 그의 군대 앞에서"(11상) 진두지휘(陣頭指揮)하신다는 대목입니다. 이는 하나님의 군대를 가리키는 것이 아니라 대적, 즉 예루살렘을 치시기 위해서 바벨론의 군대를 진두지휘하시면서 소리

를 지르신다는 뜻이니 얼마나 두렵고 놀라운 말씀인가? 본래는 "여호와께서 그들(이스라엘) 앞에서 가시며 낮에는 구름 기둥으로 그들의 길을 인도하시고 밤에는 불기둥을 그들에게 비추사 낮이나 밤이나 진행하게"(출 13:21) 하신 하나님이십니다. 그런데 지금은 대적(對敵)의 선봉에 서셔서 이스라엘을 치실 것이라는 경고인 것입니다.

⑤ 둘째로 놀라운 것은

ⓛ "크고 심히 두렵도다 당할 자가 누구이랴"는 말씀입니다. 이는 적용구(適用句)로는 요엘서에서 가장 두려운 말씀입니다. 왜냐하면 "당할 자가 누구이랴"의 뜻이 "여호와의 날"에 구원 얻을 자가 누구냐? 그의 앞에 설 자가 누구냐? 라는 의미이기 때문입니다. 이 말씀은 우리를 계시록 6:15-17절로 인도합니다. "땅의 임금들과 왕족들과 장군들과 부자들과 강한 자들과 모든 종과 자유인이 굴과 산들의 바위 틈에 숨어 산들과 바위에게 말하되 우리 위에 떨어져 보좌에 앉으신 이의 얼굴에서와 그 어린 양의 진노에서 우리를 가리라 그들의 진노의 큰 날이 이르렀으니 누가 능히 서리요 하더라"고 같은 문제를 제기하고 있기 때문입니다. 선지자는 가공할 만한 메뚜기의 내습을 통해서 이보다 더 큰 재앙 곧 강한 군대가 공격해오는 광경인 "여호와의 날"을 바라보고 있는 것입니다.

⑥ 첫째 단원을 마치기 전에 한 말씀 부언할 것은 역사적인 "여호와의 날"만이 있는 것이 아니라 "개인적"인 여호와의 날, 개인적인 종말도 있다는 점입니다. 이점을 우리에게 지혜를 말씀하는 전도서에서는 "너는 청년의 때에 너의 창조자를 기억하라 곧 곤고한 날이 이르기 전에, 나는 아무 낙이 없다고 할 해들이 가깝기 전에"(전 12:1)라고 말씀합니다. 그리고 결론은 "일의 결국을 다 들었으니 하나님을 경외하고 그의 명령들을 지킬지어다 이것이 모든 사람의 본분이니라 하나님은 모든 행위와 모든 은밀한

일을 선악 간에 심판하시리라"(전 12:13-14)고 마치고 있는데 요엘 선지자의 경고도 그러합니다.

둘째 단원(12–17) 이제라도 마음을 다하여 돌아오라

"여호와의 말씀에 너희는 이제라도 금식하며 울며 애통하고 마음을 다하여 내게로 돌아오라 하셨나니"(12).

① 둘째 단원의 중심주제는 "돌아오라"는 회개를 촉구하는 내용입니다. "시온에서 나팔을 불라"(1)로 시작되는 첫째 단원을 한마디로 요약한다면 비상소집(非常召集)이라 할 수 있는데, 둘째 단원의 중심점은 "너희는 이제라도 금식하며 울며 애통하고 마음을 다하여 내게로 돌아오라"(12)는 "회개입니다. 13절에서도 거듭 "너희는 옷을 찢지 말고 마음을 찢고 너희 하나님 여호와께로 돌아올지어다" 하십니다.

② 요엘서에는 이상하다 싶은 점이 있는데, 전대미문의 재앙을 만났고 그리하여 어느 선지자보다 회개하라는 목소리를 높이면서도 그들이 범한 죄악들을 지적하는 구체적인 언급이 없다는 점입니다. 오직 하나 "마음을 다하여 내게로 돌아오라"고 말씀하고 있을 뿐입니다. 그러므로 "여호와께로 돌아오라"는 이점을 좀 더 심도(深度)있게 살펴보아야 합니다. "돌아오라"는 촉구는 요엘 선지자만이 외친 것은 아닙니다. 호세아 선지자도 "이스라엘아 네 하나님 여호와께로 돌아오라, 너는 말씀을 가지고 여호와께로 돌아오라"(호 14:1-2)고 호소합니다. 갈멜산 상의 엘리야의 기도도

"이 백성에게 주 여호와는 하나님이신 것과 주는 그들의 마음으로 돌이키게 하시는 것을 알게 하옵소서"(왕상 18:37)하고, 그들의 "마음"이 돌아오기를 기다리시는 하나님의 마음을 호소했습니다. 그럼에도 불구하고 아모스서에는 "너희가 내게로 돌아오지 아니하였느니라 이는 여호와의 말씀이니라" 하고 그들이 돌아오지 않았음을 무려 다섯 번(암 4:6,8,9,10,11)이나 반복적으로 말씀하고 있는 것을 보게 됩니다.

③ 첫째로 추적해야 할 점은 "여호와께로 돌아오라" 하시는데 그러면 선민 이스라엘이 여호와를 떠났다는 것이 무엇을 의미하는가 하는 점입니다. 그것은 분명합니다. 메시아언약을 우상과 바꿔치기 했다는 것입니다. 둘째는 어찌하여 돌아오지 않는가 하는 점인데 어느 시대를 막론하고 우매무지한 인간은 자신들이 하나님의 길에서 이탈했음에도 떠난 줄을 모르고 있다는 점입니다. 도리어 "언제 우리가 하나님을 떠났나이까"(말 1:6)하고 항변하는 것입니다.

지금 무엇을 깨닫기를 원하는지 아십니까? "여호와께로 돌아오라" 하시는데 자신이 여호와를 떠난 줄을 모르고 있다는 점과 돌아가야 할 장본인이 자신임을 깨닫지를 못한다는 점입니다. 그러니까 본문을 대할 때에 요엘 선지자 때의 이야기 또는 남의 경우로 생각하고 있다는 말씀입니다. 12-13절을 다시 한번 음미해보십시오. "너희는 옷을 찢지 말고 마음을 찢고 너희 하나님 여호와께로 돌아올지어다" 합니다.

㉠ "옷을 찢지 말라" 하심은 의식(儀式)적이고 형식적(形式的)인 행위를 가리킵니다. 이점을 이사야 선지자를 통해서는 "주께서 이르시되 이

백성이 입으로는 나를 가까이하며 입술로는 나를 존경하나 그들의 마음은 내게서 멀리 떠났나니 그들이 나를 경외함은 사람의 계명으로 가르침을 받았을 뿐이라"(사 29:13) 합니다. 주님은 이를 인용하셔서 당시의 의식적(儀式的)이고 외식적(外飾的)인 신앙에 안주하고 있는 자들을 책망하셨습니다. 어찌하여 하나님 떠난 줄을 깨닫지를 못하는가? "입으로는 나를 가까이하며 입술로는 나를 존경"하는 형식적인 신앙은 갖고 있기 때문입니다. "옷을 찢는" 것과 같은 종교적인 의식은 부지런히 행하고 있기 때문입니다. 주일을 성수하고 십일조를 드리고, 때로는 금식하며 철야기도를 드리고 있기 때문입니다. 시편에서는 "나는 네 제물 때문에 너를 책망하지는 아니하리니 네 번제가 항상 내 앞에 있음이로다", 부지런히 제물을 드렸다는 것입니다. 하나님은 그들을 향해 "하나님을 잊어버린 너희여"(시 50:8, 22-23) 하십니다. 아시겠습니까?

ⓛ (너희는 옷을 찢지 말고) "마음을 찢고 너희 하나님 여호와께로 돌아올지어다" 하시는데 신앙의 좌소(座所)는 마음입니다. 하나님이 요구하시는 회개란 금식하는 것도 아닙니다. 애통하는 것도 아닙니다. 그러면 "마음을 찢는다"는 것이 무엇을 의미하는가? "마음에 할례"를 받았는가? 그리하여 "마음을 다하고 뜻을 다하여 하나님을 사랑하고 있느냐"에 있는 것입니다. 하나님은, "내 아들아 네 마음을 내게 주며"(잠 23:26)하고 "마음"을 요구하십니다.

④ 여기 문제가 있는데 "옷을 찢는 것"은 겉으로 나타나는데 "마음을 찢는 것"은 볼 수 없다는 점입니다. 백성들은 제사장들과 서기관들의 외모는 볼 수 있어도 "마음"은 볼 수 없는 것입니다. 그래서 그들은 점점 외식하는 지도자들로 변해 갔던 것입니다. 그런데 하나님은 외모를 보시는 것이 아니라 중심을 보신다는 것입니다. 그리고 "만물보다 거짓 되고 심히 부패한 것은 마

음이라 누가 능히 이를 알리요 마는 나 여호와는 심장을 살피며 폐부를 시험하고 각각 그 행위와 그의 행실대로 보응하나니"(렘 17:9-10)라고 말씀하십니다.

⑤ 그런데 볼 수 없는 마음의 상태를 나타내는 시금석(試金石)이 있는데, 그것은 "그들의 열매로 그들을 알지니"(마 7:15) 하신 "열매" 즉 행실을 보아 알 수 있다는 것입니다. 자기중심적인 신앙은 하나님을 떠난 신앙입니다. 그것은 우상숭배일 수 있습니다. 복음을 바로 전했다면, 그리하여 바로 믿는다면 자기중심적이고 기복적인 신앙인이 양산될 수는 없는 것입니다. 하나님은 "극상품 포도를 심어 좋은 포도"를 기대하십니다.

마음을 찢으라

① "그는 은혜로우시며 자비로우시며 노하기를 더디하시며 인애가 크시사 뜻을 돌이켜 재앙을 내리지 아니하시나니"(13하) 합니다. 이 말씀은 구약성경을 떠받치고 있는 기둥과 같은 중요한 하나님의 자기계시(自己啓示)입니다. 하나님께서는 "원하건대 주의 영광을 내게 보이소서"(출 33:18)하고 요구하는 모세에게 "여호와라 여호와라 자비롭고 은혜롭고 노하기를 더디하고 인자와 진실이 많은 하나님이로라"(출 34:6)고 자신을 계시하여주셨습니다. 이후로 하나님의 자기계시는 구약시대 내내 이어져 내려오고 있는데 다윗은

㉠ "주는 긍휼히 여기시며 은혜를 베푸시며 노하기를 더디 하시며 인자와 진실이 풍성하신 하나님이시오니"(시 86:15)라고 고백하고, 포로

에서 귀환한 후에도

ⓛ "주께서는 용서하시는 하나님이시라 은혜로우시며 긍휼히 여기시며 더디 노하시며 인자가 풍부하심으로 그들을 버리지 아니하셨나이다"(느 9:17)고, 귀환할 수 있었던 근거를 하나님의 은혜와 긍휼에 두고 있습니다. 그러므로 "이제라도, 내게로 돌아오라" 그리하면 "그는 은혜로우시며 자비로우시며 노하기를 더디하시며 인애가 크시사 뜻을 돌이켜 재앙을 내리지 아니하시나니"(13하) 하는 것입니다.

ⓒ 이점이 역설적이게도 요나 선지자가 불평한 바이기도 합니다. 40일 후에 니느웨가 무너지리라 예언하였으나 그들의 회개를 보시고 뜻을 돌이켜 재앙을 내리시지 않으니까, 요나 선지자는 "주께서는 은혜로우시며 자비로우시며 노하기를 더디 하시며 인애가 크시사 뜻을 돌이켜 재앙을 내리지 아니하시는 하나님이신 줄을 내가 알았음이니이다"(욘 4:2)고 불평했던 것입니다.

② 이처럼 회개하기 위해서 15-17절에서는 "너희는 시온에서 나팔을 불어 거룩한 금식일을 정하고 성회를 소집하라",

㉠ "백성을 모으고

ⓛ 장로를 모으며

ⓒ 어린아이와 젖먹는 자를 모으며

㉣ 신랑을 그 방에서 나오게 하며 신부도 그 신방에서 나오게 하고

㉤ 여호와를 섬기는 제사장들은 낭실과 제단 사이에서 울며 이르기를" 하고 총동원령을 내리고 있는 것입니다.

③ 그리하여 간구하기를 "여호와여 주의 백성을 불쌍히 여기소서 주의 기업을 욕되게 하여 나라들로 그들을 관할하지 못하게 하옵소서 어찌하여 이방인으로 그들의 하나님이 어디 있느냐 말하게 하겠나이까 할지어다"(17하)고 기도 내용까지 말씀합니다. 이는 이렇게 기도하면서 "여호와께 돌아오라"는 선지자의 희망사

항인 것입니다. 이 기도문에는 몇 가지 요점이 있는데,

㉠ 첫째는 "주의 백성, 주의 기업"이라는 표현입니다. 이스라엘은 유월절 양의 피로 구속하여 하나님의 백성 삼으신 하나님의 소유인 "주의 백성, 주의 기업"이라는 사실입니다.

㉡ 둘째는 "나라들로 그들을 관할하지 못하게 하옵소서" 한 언급을 통해서 다가오고 있는 더 큰 재앙이 이방 나라의 침략임을 알 수 있습니다.

㉢ 셋째로 핵심적인 요점은 "이방인으로 그들의 하나님이 어디 있느냐 말하게 하겠나이까"하는 대목입니다.

이스라엘 백성들에게는 하나님의 "이름"이 걸려있다는 사실입니다. 그들이 이방 포로가 되면 하나님의 거룩하신 이름이 모독을 받으시게 된다는 말씀입니다. 시편 115편에서는 "여호와여 영광을 우리에게 돌리지 마옵소서 우리에게 돌리지 마옵소서 오직 주는 인자하시고 진실하시므로 주의 이름에만 영광을 돌리소서 어찌하여 뭇 나라가 그들의 하나님이 이제 어디 있느냐 말하게 하리이까"(시 115:1-2)합니다. 무슨 뜻인가? 자신들을 포로에서 돌아가게 해 달라는 기도입니다. 그런데 자신들을 위해서 구하는 것이 아니라는 것입니다. 이것이 "여호와여 영광을 우리에게 돌리지 마옵소서 우리에게 돌리지 마옵소서"의 뜻입니다. 자신들이 고난 당하는 것은 마땅하지만 자신들로 말미암아 하나님의 이름이 모독을 받으시는 것, 이것은 참을 수가 없다는 탄원입니다. 이것이 "오직 주는 인자하시고 진실하시므로 주의 이름에만 영광을 돌리소서"의 뜻입니다.

우리의 기도도 이와 같은가 자문하게 합니다. 그렇습니다. 구속 사역에는 하나님의 거룩하신 이름과 영예가 걸려있는 것입니다.

이로 말미암아 하나님은 구속사역을 포기하시거나 중단하실 수 없으신 것입니다. 이점이 주기도의 첫 제목인 “아버지의 이름이 거룩히 여김을 받으시옵소서”의 뜻이요, “너희는 먼저 그의 나라와 그의 의를 구하라” 하신 의미입니다.

④ 하나님은 메뚜기를 채찍으로 사용하셔서 회개를 촉구하십니다. 앗수르나 바벨론을 들어서 징벌하심으로 회개를 촉구하시기도 합니다. 지금도 이 모양 저 모양으로 회개를 촉구하십니다. 주님은 말씀하십니다. “실로암에서 망대가 무너져 치어 죽은 열여덟 사람이 예루살렘에 거한 다른 모든 사람보다 죄가 더 있는 줄 아느냐 너희에게 이르노니 아니라 너희도 만일 회개하지 아니하면 다 이와 같이 망하리라”(눅 13:4-5). 그러므로 요엘서가 모든 시대를 향하여 선포하는 메시지는 “이제라도 금식하고 울며 애통하고 마음을 다하여 내게로 돌아오라”(12)는 회개의 촉구입니다. 그러면서 이 모든 여호와의 날들은 여호와께서 아시는 “한 날”을 향해 진행해나가고 있는 것입니다. 이것이 “회개하라 여호와의 날이 가까웠느니라” 입니다.

요엘 2:18-32절 개관도표

주제 : 여호와께서 행해주실 큰 일들

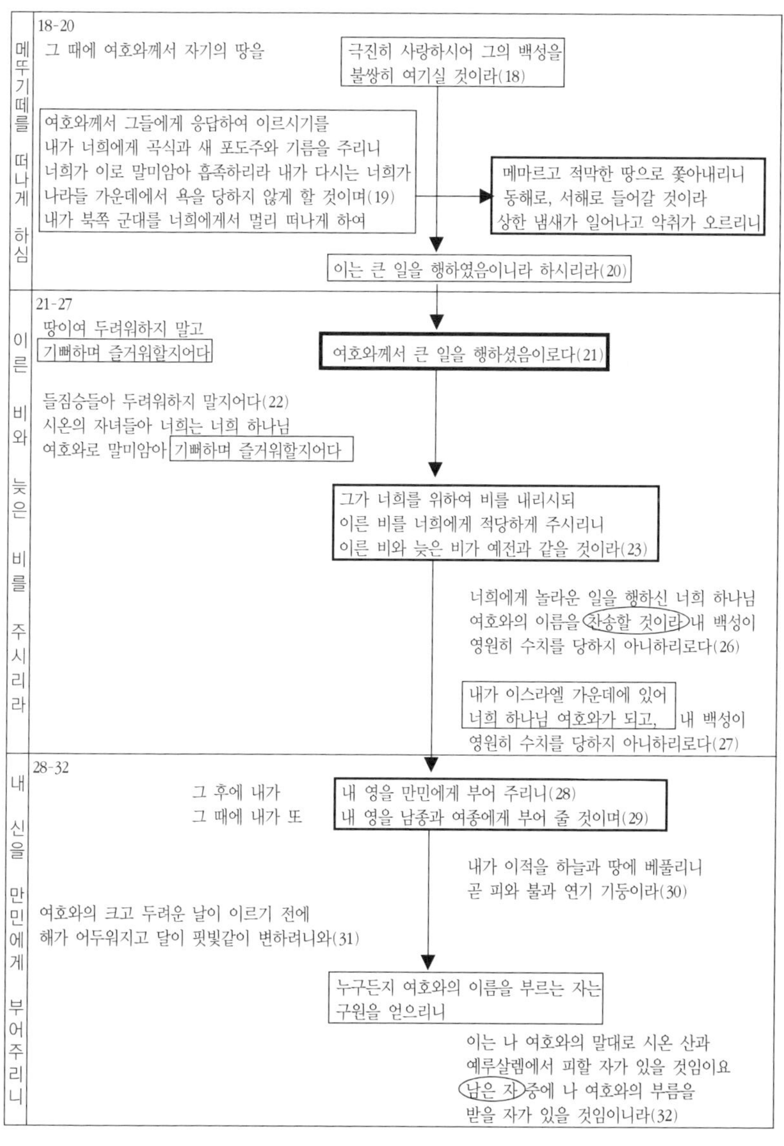

2:18-32절

여호와께서 행해주실 큰 일들

[21] 땅이여 두려워하지 말고 기뻐하며 즐거워할지어다 여호와께서 큰 일을 행하셨음이로다

2장 앞부분(1-17)의 촉구는 사람들이 행해야 할 일, 곧 "회개하라 하나님의 나라가 가까왔느니라"는 말씀이었습니다. 그러나 2장 뒷부분(18-32)에서는 하나님께서 행해주시겠다는 큰일을 증언합니다. 요엘서의 문맥을 살펴보면, 1:1-2:17절까지는 인간의 범죄로 말미암은 "재앙과 경고"의 내용입니다. 여기에는 "애통·애곡"뿐입니다. 그런데 2:18-32절까지는 하나님께서 행해주시겠다는 내용인데 "내가, 여호와께서"라는 말씀이 열 번 이상이나 강조되어 있습니다. 여기에 비로소 "기쁨과 즐거움"이 있는 것입니

다. 다시 상기시켜드립니다만 성경의 분량이 많다 하여도 내용은 크게 두 가지, 즉 사람이 한 일과 하나님이 행해주신 일로 되어 있습니다. 인간의 행위로는 심판이요, 멸망뿐입니다. 이를 알았기에 바울은 "사람은 다 거짓되되"(롬 3:4)라고 토로했습니다. 그러나 하나님께서 행해주신 주권적인 행사는 긍휼이요 은혜입니다. 오직 여기에 소망이 있는 것입니다. 그러므로 설교자는 인간이 행해야 하는 실천윤리보다는 하나님께서 행해주신 복음을 먼저 더 많이 전해야 합니다. 실천윤리를 권면할 때도 하나님께서 행해주신 사랑 · 은혜에 입각해서 권면해야 실천할 수 있는 능력이 있게 됩니다. 왜냐하면 실천윤리란 복음이 이끄는 삶이기 때문입니다. 복음에는 그런 능력이 있습니다.

성경을 상고하다가 "내가 또는 여호와께서"라는 말씀이 나오면 눈을 크게 뜨고 보아야 합니다. 왜냐하면 거기에 사활을 좌우하는 사랑, 은혜, 복음이 있기 때문입니다. 그러므로 요엘서에 있어서도 본문 2:18-32절이 중심부분이라 말할 수 있습니다. "그 때에 여호와께서"(18), 이렇게 시작되는 이 부분은 전적으로 하나님이 행해주시겠다는 은혜이기 때문입니다. 이 은혜는 먼저 "북쪽 군대를 떠나게 하시고(첫째 단원), 다음으로 이른 비와 늦은 비를 주시고(둘째 단원), 그 후에 내 영을 부어주리라"(셋째 단원)고 점진적(漸進的)으로 임하게 됩니다. "내가 내 영을 만민에게 부어주리니", 여기가 절정입니다. 그 이상은 없습니다. 이를 세 단원으로 나누어 상고하겠습니다.

첫째 단원(18-20) **내가 북쪽 군대를 멀리 떠나게 하리라**

둘째 단원(21–27) **이른 비와 늦은 비를 주시리라**

셋째 단원(28–32) **내가 내 영을 만민에게 부어 주리니**

첫째 단원(18–20) **내가 북쪽 군대를 멀리 떠나게 하리라**

"그 때에 여호와께서 자기의 땅을 극진히 사랑하시어 그의 백성을 불쌍히 여기실 것이라"(18).

① 첫째 단원은 "그 때에"(18상), 이렇게 시작됩니다. "그 때"란 요엘 선지자가 권면한 대로 온 백성들이 하나님께로 돌아오는 "그 때"를 가리킵니다. "그 때에 여호와께서 자기의 땅을 극진히 사랑하시어 그의 백성을 불쌍히 여기실 것이라"(18) 합니다. 호세아 선지자를 통해서는 "내 마음이 내 속에서 돌이키어 나의 긍휼이 온전히 불붙듯 하도다"(호 11:8) 하십니다. 이것이 징계하시는 하나님 아버지의 마음입니다.

② "여호와께서 그들에게 응답하여 이르시기를"(19상) 하고 세 가지를 말씀하시는데,

㉠ 첫째는 "내가 너희에게 곡식과 새 포도주와 기름을 주리니 너희가 이로 말미암아 흡족하리라"(19상) 하십니다.

㉡ 둘째는 "내가 다시는 너희가 나라들 가운데에서 욕을 당하지 않게 할 것이며"(19하) 합니다.

㉢ 셋째는 "내가 북쪽 군대를 너희에게서 멀리 떠나게 하여 메마르고 적막한 땅으로 쫓아내리니 그 앞의 부대는 동해로, 그 뒤의 부대는 서해로 들어갈 것이라 상한 냄새가 일어나고 악취가 오르리니 이는 큰 일을 행하였음이니라 하시리라"(20) 합니다.

③ 그렇다면 "북쪽 군대"란 무엇을 가리키는가? 선지자 당시는 "메뚜기와 느치와 황충"(25)을 가리키고 있습니다. 이를 전군은 동해(사해)로, 후군은 서해(지중해)로 몰아넣으시리라 합니다. 그런데 하나님께서 물리쳐주시겠다는 것은 메뚜기 떼만이 아닙니다. 이점이 "내가 다시는 너희가 나라들 가운데에서 욕을 당하지 않게 할"(19하) 것이라는 말씀에 나타납니다. 그러므로 2차적으로 "북쪽 군대"는 앗수르나 바벨론과 같은 외적(外敵)을 가리키고 있습니다.

④ 그런데 요엘서가 지향하고 있는 바는 "내가 너희에게 이르는 말이 영이요 생명이라"(요 6:63) 하심같이 궁극적으로는 "영적"인 논리라는 점입니다. 계시록에 보면 다섯 째 나팔을 불 때 황충(메뚜기떼)이 등장하는데 이 황충들은 식물을 해하는 존재가 아니라 "오직 이마에 하나님의 인침을 받지 아니한 사람들만 해하라"(계 9:1-11)고 "사람"을 해하는 존재이기 때문입니다. 이로 보건대 이 황충은 궁극적으로는 악한 영에 대한 상징이라는 데까지 나아가야만 합니다. 하나님께서는 이런 전군은 동해로, 그 후군은 서해로 몰아넣으실 것입니다.

⑤ 이런 경우를 노래한 시가 시편에 있습니다.

> 여호와여 내가 주를 높일 것은 주께서 나를 끌어내사
> 내 원수로 하여금 나로 말미암아 기뻐하지 못하게 하심이니이다
> 여호와 내 하나님이여 내가 주께 부르짖으매 나를 고치셨나이다
> 여호와여 주께서 내 영혼을 스올에서 끌어내어
> 나를 살리사 무덤으로 내려가지 아니하게 하셨나이다
> 주의 성도들아 여호와를 찬송하며

그의 거룩함을 기억하며 감사하라
그 노염은 잠깐이요 그의 은총은 평생이로다
저녁에는 울음이 깃들일지라도 아침에는 기쁨이 오리로다
(시 30: 1-5).

둘째 단원(21-27) 이른 비와 늦은 비를 주시리라

"땅이여 두려워하지 말고 기뻐하며 즐거워할지어다 여호와께서 큰 일을 행하셨음이로다"(21).

① 둘째 단원은 이제까지 말씀한 앞 부분(1:1-2:20)과는 판이하게 다릅니다. 이제까지는 "울지어다, 곡할지어다, 부르짖을지어다"라고 말씀했는데, 본 단원에서는 "기뻐하며 즐거워할지어다, 찬송할 것이라"(26) 합니다. 무슨 일이 일어난 것인가? "여호와께서 큰 일을 행하셨다"고 말씀합니다. 20절에도 "큰 일"이 나옵니다. 그래서 "기뻐하며 즐거워할지어다"(21) 합니다. 23절에서도 "너희 하나님 여호와로 인하여 기뻐하며 즐거워할지어다"하고 거듭 촉구합니다.

② 그렇다면 "여호와께서 행해주신 큰일"이란 무엇인가? 여기에는 앞에서 말씀드린 근경(近景)과 중경(中景)과 원경(遠景)의 3중적인 면이 있다 하겠습니다. 근경(近景)은 출애굽 당시 애굽에 내리셨던 여덟 번째 재앙인 메뚜기를 홍해에 몰아넣으심(출 10: 19)과 같이 메뚜기 떼를 사해와 지중해로 몰아넣으신 일입니다. 그리하여 "마당에는 밀이 가득하고 독에는 새 포도주와 기름이

넘치리로다"(24) 하는 것입니다.

③ 중경(中景)은 바벨론으로부터 귀환하게 행해주실 일입니다. 이점이 "남은 자"(32하)가 있을 것이라는 말씀에 나타납니다. 이 점을 시편에서는,

> "여호와께서 시온의 포로를 돌려 보내실 때에
> 우리는 꿈꾸는 것 같았도다,
> 여호와께서 우리를 위하여 큰 일을 행하셨으니
> 우리는 기쁘도다"(시 126:1,3)하고 찬양합니다.

그런데 이것이 하나님께서 행하시려는 큰 일의 전부가 아닙니다. 에덴에서 추방당하여 사탄의 노예가 된 그들을 돌아오게 하시려는 대사가 아직 남았기 때문입니다. 하나님은 범죄한 백성들을 바벨론이라는 용광로를 통하여 정화시키신 후에 "남은 자"를 통해서 이 대사를 이루어나가시려는 것입니다.

④ 그러므로 셋째로 원경(遠景)은 "그 후에 내가 내 영을 만민에게 부어 주리니"(28) 하신 복음시대입니다. 이 복음을 시편에서는,

> "내가 측량할 수 없는 주의 의와 공의와 구원을
> 내 입으로 종일 전하리이다
> 하나님이여 주의 의가 또한 지극히 높으시니이다
> 하나님이여 주께서 큰 일을 행하셨사오니
> 누가 주와 같으리이까"(시 71:15,19)

라고 "큰 일"을 행해주셨음을 찬양합니다.

이 점진(漸進)성을 놓치지 마시기 바랍니다. 먼저는 메뚜기 재앙을 거두십니다. 그리고 "그가 너희를 위하여 비를 내리시되 이른 비를 늦은 비가 예전과 같을 것이라"(23하) 하십니다. 그러나 이것이 "큰 일"의 전부가 아닙니다. 왜냐하면 "이른 비와 늦은 비"로 메마른 땅이 소성할 수는 있을지언정 우상숭배 즉 허물과 죄로 죽었던 심령이 소생할 수는 없기 때문입니다. 그러므로 성경이 "기뻐하고 즐거워할지어다 여호와께서 큰 일을 행하셨음이로다" 한 기뻐해야 할 큰일이 메뚜기 떼를 물리쳐주셨기 때문만도 아니요, 곡식과 새 포도주를 주셨기 때문만도 아닙니다. 더 큰 기쁜 소식이 있기 때문입니다. 그것이 무엇이겠습니까?

셋째 단원(28–32) 내가 내 영을 만민에게 부어 주리니

"그 후에 내가 내 영을 만민에게 부어 주리니 너희 자녀들이 장래 일을 말할 것이며 너희 늙은이는 꿈을 꾸며 너희 젊은이는 이상을 볼 것이며"(28).

① 셋째 단원의 중심점은 "내 영", 곧 하나님의 성령을 부어주시겠다는 약속에 있습니다. 여호와께서 행해주시겠다는 "큰 일"은 "이른 비와 늦은 비"(23하)에서 "그 후에 내가 내 영을 만민에게 부어 주리니"(28) 하는 성령의 단비를 내려 주시겠다는 큰 일로 전진(前進)해 나가고 있는 것입니다. 왜냐하면 근본적인 회복은 육적인 비로 되는 것이 아니라 성령으로 말미암아 가능하여지기 때문입니다.

② 그러므로 성령을 보내주시겠다는 예언은 요엘 선지자만의 예언이 아닙니다. 이사야 선지자도 "마침내 위에서부터 영을 우리에게 부어 주시리니 광야가 아름다운 밭이 될"(사 32:15) 것이라고 예언했습니다. 또 말씀하시기를 "나는 목마른 자에게 물을 주며 마른 땅에 시내가 흐르게 하며 나의 영을 네 자손에게 나의 복을 네 후손에게 부어 주리니"(사 44:3)하고 약속하셨습니다. 에스겔 선지자를 통해서도, "또 새 영을 너희 속에 두고, 또 내 신을 너희 속에 두어, 내 백성이 되고 나는 너희 하나님이 되리라"(겔 36:26-27)고 약속하셨습니다. 스가랴 선지자를 통해서도 "내가 다윗의 집과 예루살렘 주민에게 은총과 간구하는 심령을 부어 주리니 그들이 그 찌른 바 그를 바라보고 그를 위하여 애통하기를 독자를 위하여 애통하듯 하며 그를 위하여 통곡하기를 장자를 위하여 통곡하듯 하리로다"(슥 12:10)하십니다. 이 외에도 구약성경에는 성령을 보내주시겠다는 약속이 풍부합니다.

③ 그러므로 주님은 승천하시기 전에 제자들에게,

㉠ "예루살렘을 떠나지 말고 내게서 들은바 아버지께서 약속하신 것을 기다리라"(행 1:4)고 "아버지의 약속"이라고 분부하셨던 것입니다. 이 점에서 주목할 점은 2:28절은 "그 후에"하고 시작되는데 이 구속사의 서정(序程)을 놓쳐서는 안 됩니다. 성령이 강림하시는 것이 먼저가 아닙니다. 주님은 이 분부를 하시기 전에 "인자가 온 것은, 자기 목숨을 많은 사람의 대속물로 주려함이니라"(마 20:28)하신 구속사역을 십자가를 통해서 "다 이루었다"(요 19:30)고 완수하셨던 것입니다. 그런데 주님께서 이루어 놓으신 구속사역을 인간의 지혜로 깨달을 수 있단 말인가?

㉡ 사도행전 1장에서 주님은 승천하시고, 2장에서 성령은 강림하십니

다. 말하자면 임무교대(任務交代)가 이루어진 것입니다. 성령의 사명은 주님께서 "다 이루었도다" 하신 복음을 증언하여 믿음을 주시고 거듭나게 하시는 것이 성령의 사명입니다. 요엘서의 이 대목을 상고하는 자는 이 순서를 놓쳐서는 안 됩니다. 만일 이를 보지 못한다면 그는 문자만을 볼뿐 하나님의 계획하심과 의도는 깨닫지 못하는 것이 되고 맙니다.

④ 성령을 보내주시겠다는 약속은 오순절 성령강림으로 성취되었음을 베드로의 증언를 통해서 나타납니다. "유대인들과 예루살렘에 사는 모든 사람들아 이 일을 너희로 알게 할 것이니 내 말에 귀를 기울이라 때가 제 삼시니 너희 생각과 같이 이 사람들이 취한 것이 아니라 이는 곧 선지자 요엘을 통하여 말씀하신 것이니 일렀으되 하나님이 말씀하시기를 말세에 내가 내 영을 모든 육체에 부어 주리니"(행 2:14-17) 하신 약속의 성취임을 증언합니다.

선수적인 언약

① "내 영을 부어 주리니" 하신 약속과 결부해서 노파심에서 부언하고자 합니다. 그것은 요엘서 나아가 구약성경을 설교할 때에 오늘의 회중(會衆)들에게 다이렉트(direct)로 적용(適用)시키는 오류(誤謬)입니다. 예를 들면 "아브라함처럼 순종하여 복을 받자, 요나처럼 불순종하다가 풍랑을 만나지 말라"는 등입니다. 또한 "그들은 죄를 짓다가 재앙을 만났습니다. 그들은 회개하지 않다가 예루살렘이 멸망하고 포로로 끌려갔습니다. 우리는 정신 차려야 합니다"라고 적용하는 일을 조심해야 한다는 점입니다. 왜냐

하면 그렇게 한다면 "예수 그리스도"는 설 자리가 없기 때문입니다. 복음은 필요 없는 것이 되고 맙니다. 바울의 증언대로 하면 "그리스도께서 헛되이 죽으셨느니라"(갈 2:21)가 되는 것입니다. 주님은 "이 성경이 곧 내게 대하여 증언하는 것이니라"(요 5:39) 하십니다. 그러므로 구약의 말씀들이 예수 그리스도께서 담당하신 십자가라는 프리즘(prism)를 통해서 성도들에게 적용될 때 그리스도의 영광의 복음의 광채(고후 4:4)가 비추게 되는 것입니다.

② 구약의 성도들이 구원을 얻은 것은 율법을 행함으로 구원을 얻은 것이 아닙니다. "율법의 행위로 그의 앞에 의롭다 하심을 얻을 육체가 없나니" 합니다. 동일하게 신약의 성도들도 성화라는 자기 행위로 구원을 얻을 자는 없습니다. 하나님께서 구약성경과 신약성경을 주신 의도는 "율법으로는 죄를 깨달음이니라(롬 3:20), 이같이 율법이 우리를 그리스도께로 인도하는 초등교사가 되어 우리로 하여금 믿음(율법의 행위가 아닌)으로 말미암아 의롭다 함을 얻게 하려 함이니라"(갈 3:24)는 구원에 이르게 하기 위해서입니다. 그러므로 구약성경은 신구약 중간에 서 있는 예수 그리스도의 갈보리 십자가를 통해서 신약의 성도들에게 적용되어야 한다는 말씀입니다.

③ 어떤 분은 본문에는 메시아에 대한 언급이 없지 않느냐? 반문할 것입니다만 아닙니다. 2장의 결론인 2:32절을 보십시오. "누구든지 여호와의 이름을 부르는 자는 구원을 얻으리니" 합니다. 여호와 하나님이 임마누엘 하셔서 대속제물이 되어주심으로 구원이 가능해진 것입니다. 그리고 예수 그리스도의 구속으로 말미암아 "너희가 하나님의 성전인 것과 하나님의 성령이 너희 안에 거

하시는 것을 알지 못하느냐"(고전 3:16, 6:19)고 약속하신 대로 이미 부어주셨음을 믿고 감사하며 찬양하도록 적용해야 마땅한 것입니다. 그래야만 약속하신 것을 이루어주시는 하나님의 신실하심과 주권이 세워지게 되는 것입니다.

④ 성경은 "언약의 책"입니다. 그리고 하나님께서는 크게 두 가지를 언약해주셨습니다. 그것은 "그리스도와 성령"입니다. 하나님은 이 두 가지 큰 약속을 이미 지켜주셨습니다. 독생자를 주시고 성령을 부어주심은 우리가 부르짖었기 때문이 아닙니다. 부르짖기 전에 하나님의 선수적인 언약이 있었습니다. 그리고 하나님은 그 언약을 지켜주신 것입니다. 그럼에도 불구하고 하나님은 주신 것이 없고 나는 받은 것이 없는 사람들처럼 가련한 모습으로 '주십시오, 주십시오'라고 부르짖고만 있을 것입니까? 그렇게 하는 곳에는 기쁨이 없습니다. 감사가 없습니다. 이 언약 안에 확고하게 거하는 자들에게 있는 자에게 더 주시는 충만이 임하게 되는 것입니다.

우선해야 할 구속

① 이런 맥락에서 "그 후에 내가 내 영을 만민에게 부어 주리니"(2:28) 하신 성령강림의 역사가 있기 전에 먼저 해결하여야 할 "큰 일"이 있다는 점을 망각해서는 안 됩니다. 그것은 우리의 죄를 구속하시기 위해서 그리스도께서 대신 죽으셔야 하는 일입니다. 그래서 베드로는 "그가 하나님께서 정하신 뜻과 미리 아신 대로 내어준 바 되었거늘 너희가 법 없는 자들의 손을 빌려 못

박아 죽였으나 하나님께서 그를 사망의 고통에서 풀어 살리셨으니, 그가 약속하신 성령을 아버지께 받아서 너희가 보고 듣는 이것을 부어 주셨느니라"(행 2:23-24,33)고 증언한 것입니다. 요엘서에 나타난 "여호와의 큰 일"을 통해서 이 서정(序程)과 점진성(漸進性)을 볼 수 있어야 합니다. 이를 놓치게 되는 것은 성경을 선(線)으로 보지 않고 점(點)으로 보기 때문입니다.

② "누구든지 여호와의 이름을 부르는 자는 구원을 얻으리니"(32상) 합니다. 이는 구원이 행함으로가 아니라 "믿음"으로만이 가능하여 짐을 나타냅니다. 구원에 이르는 믿음이 무엇인가? 하나님의 아들이 우리 죄를 위해서 대신 죽으시고 다시 살아나심을 믿는 믿음뿐입니다. 바울은 로마서에서 "네가 만일 네 입으로 예수를 주로 시인하며 또 하나님께서 그를 죽은 자 가운데서 살리신 것을 네 마음에 믿으면 구원을 받으리라 사람이 마음으로 믿어 의에 이르고 입으로 시인하여 구원에 이르느니라" 한 후에 본문을 인용하여, "누구든지 주의 이름을 부르는 자는 구원을 얻으리라"(롬 10:9-10,13)고 결론을 맺고 있습니다. 구약성경은 인간의 행위에 의한 구원의 불가능성을 명백히 드러내고 있습니다. 십계명을 기록한 돌 판이 그것을 받은 시내 산 바로 그 자리에서 깨어진 것이 이를 말해주고, 구약의 역사가 예루살렘이 멸망하고 백성들은 포로로 끌려가는 것을 보여주고 있다는 점이 명백한 증거가 됩니다.

③ "여호와의 크고 두려운 날이 이르기 전에 해가 어두워지고 달이 핏빛같이 변하려니와 누구든지 여호와의 이름을 부르는 자는 구원을 얻으리니"(31-32상), 재차 강조합니다. 여기에 몇 가지

의미가 있는데

㉠ 첫째는 우리의 구원이 종말에 가서야 완성될 것이 함의되어 있습니다.

㉡ 둘째는 이 말씀을 통해서 하시고자 하는 핵심은 "해가 어두워진다, 달이 핏빛같이 된다"는데 있는 것이 아니라, 그토록 두려운 "여호와의 날"에 누가 구원을 얻을 수 있는가 하는 "구원"에 있음을 놓치지 말아야 합니다. 2:11절에서 "여호와의 날이 크고 심히 두렵도다 당할 자가 누구이랴", "누가 살아남을 수 있겠는가"(현대인의 성경), 누가 설 수가 있는가 했습니다. 초점이 여기에 맞춰져 있습니다. 그 해답은 "누구든지 여호와의 이름을 부르는 자는 구원을 얻으리라"는 것입니다.

④ 계시록에 "여섯째 인을 떼실 때에 큰 지진이 나며 해가 총검은 털로 짠 상복같이 검어지고 달은 온통 피같이 된다"고 말씀하면서, "그들의 진노의 큰 날이 이르렀으니 누가 능히 서리요"(계 6:12,17)라고 부르짖는 것을 보게 됩니다. 그 해답이 다음 장인 7장에 나오는데 "큰 소리로 외쳐 이르되 구원하심이 보좌에 앉으신 우리 하나님과 어린 양에게 있도다"(계 7:10)는 "여호와의 이름을 부르는 자 곧 믿는 자인 것입니다. 우리를 "놀라게 하는 일을 행하신 하나님 여호와의 이름을 찬송"(2:26) 하십시다.

그들 가운데 거하리라

① "그런즉 내가 이스라엘 가운데 있어 너희 하나님 여호와가 되고 다른 이가 없는 줄을 너희가 알 것이라"(27상) 하십니다. 여기가 구속사역이 지향하고 있는 목적지(目的地)입니다. 이는 두

마디로 되어있는데 첫째는 "내가 이스라엘 가운데 거하겠다"는 말씀이고, 둘째는 "너희 하나님 여호와가 되시겠다"는 말씀입니다. 이는 성경 전체의 중심적인 주제입니다.

㉠ 먼저 "너희 하나님 여호와가 되고"라는 주제(主題)인데 하나님은 우리의 하나님이 되시고 우리는 하나님의 백성이 된다는 말씀입니다. 이것이 어떻게 가능해지는가? 하나님은 "너희를 속량하여 너희를 내 백성으로 삼고 나는 너희의 하나님이 되리니"(출 6:6-7) 하십니다. 어찌하여 "속량"이 필요하게 되었는가? 인류 시조의 범죄로 말미암아 모든 사람은 죄 값에 팔린 사탄의 노예가 되었기 때문입니다. 이들이 하나님의 백성이 되는 것은 오직 죄 값을 대신 지불하는 "속량"으로 말미암아서 뿐입니다. "그가 우리를 대신하여 자신을 주심은 모든 불법에서 우리를 속량하시고 우리를 깨끗하게 하사 선한 일을 열심히 하는 자기 백성이 되게 하려 하심이라"(딛 2:14) 합니다.

㉡ 다음은 "내가 이스라엘 가운데 거하겠다"는 말씀인데 하나님과 함께 거하던 때가 있었습니다. 그것은 창세기 1-2장의 짧은 기간 동안이었습니다. 그 함께 거하심이 인간의 범죄로 말미암아 창세기 3장에서 깨어지고 말았습니다. 구원계획이란 이를 회복하시려는 운동입니다. 그러므로 출애굽의 목적도 "그들은 내가 그들의 하나님 여호와로서 그들 중에 거하려고 그들을 애굽 땅에서 인도하여 낸 줄을 알리라"(출 29:46) 하신 "그들 중에 거하심"이요, 에스겔서에서도 "내 처소가 그들 가운데 있을 것이며 나는 그들의 하나님이 되고 그들은 내 백성이 되리라 내 성소가 영원토록 그들 가운데 있으리니"(겔 37:27-28) 하면서 결론은 "그 성읍의 이름을 여호와삼마라 하리라"(겔 48:35), 즉 여호와께서 거기 계시다 하십니다.

② 이처럼 "함께 거하심"이 계시록에 가서, "보라 하나님의 장막이 사람들과 함께 있으매 하나님이 그들과 함께 계시리니 그들

은 하나님의 백성이 되고 하나님은 친히 그들과 함께 계셔서 모든 눈물을 그 눈에서 닦아주시니 다시는 사망이 없고 애통하는 것이나 곡하는 것이나 아픈 것이 다시 있지 아니하리니 처음 것들이 다 지나갔음이러라, 이루었도다 나는 알파와 오메가요 처음과 마지막이라"(계 21:3-6)고 완성되는 것이 하나님의 구원계획인 것입니다. 이 함께 거하심이 요엘서에는 3:17절과 마지막 결론에서도 "이는 여호와께서 시온에 거함이니라" (3:21)고 강조되어 있습니다.

구속사역의 목적지

① 그러므로 필연적인 결론은 "내 백성이 영원히 수치를 당하지 아니하리로다"(27하)는 말씀입니다. 26절에서도 "너희에게 놀라운 일을 행하신 너희 하나님 여호와의 이름을 찬송할 것이라 내 백성이 영원히 수치를 당하지 아니하리로다" 하십니다. 이사야 선지자도 "나를 바라는 자는 수치를 당하지 아니하리라"(사 49:23) 합니다. 그동안 하나님의 백성들은 두 가지 원인으로 말미암아 수치를 당했습니다.

㉠ 첫째는 자신들의 잘못으로 징벌을 받아 수치를 당했습니다.

㉡ 둘째는 뱀의 후손의 박해로 말미암아 수치를 당했습니다. 그러나 "이제 그리스도 예수 안에 있는 자에게는 결코 정죄함이 없습니다"(롬 8:1). "부끄러움을 당하지 않습니다". 영원히 없습니다.

② 2장을 마치기 전에 한 말씀 부언할 것은 이처럼 "큰 일을 행하심"이 그들이 회개했기 때문이란 말인가? 질문을 드리겠습니다. "내가 내 영을 만민에게 부어 주리니" 하신 것은 우리에게 그

럴만한 공로나 가치가 있어서입니까? 또는 우리가 회개하고 부르짖었기 때문입니까? 주님은 말씀하십니다. “예루살렘을 떠나지 말고 내게서 들은바 아버지께서 약속하신 것을 기다리라”(행 1:4). 그것은 하나님 아버지의 주권적이고 선수적인 약속이 있었기 때문입니다. 성경은 말씀합니다. “하나님의 사랑이 우리에게 이렇게 나타난 바 되었으니 하나님이 자기의 독생자를 세상에 보내심은 그로 말미암아 우리를 살리려 하심이니라 사랑은 여기 있으니 우리가 하나님을 사랑한 것이 아니요 하나님이 우리를 사랑하사 우리 죄를 속하기 위하여 화목제물로 그 아들을 보내셨음이라”(요일 4:9-10). “그런즉 자랑할 데가 어디냐 있을 수가 없느니라 무슨 법으로냐 행위로냐 아니라 오직 믿음의 법으로니라”(롬 3:27).

③ 그렇다면 우리가 행해야 할 일이 무엇인가? “땅이여 두려워하지 말고 기뻐하며 즐거워할지어다 여호와께서 큰 일을 행하셨음이로다”, “너희는 먹되 풍족히 먹고 너희에게 놀라운 일을 행하신 너희 하나님 여호와의 이름을 찬송할 것이라”(21,26) 하십니다. “이는 그가 사랑하시는 자 안에서 우리에게 거저 주시는바 그의 은혜의 영광을 찬송하게 하려는 것이라”(엡 1:6) 하신 찬양하고 기뻐하는 일입니다. 그러면 일은 누가 하느냐 하고 걱정하지 마시기 바랍니다. 중심으로부터 하나님을 찬양하게 되었다면 자발적인 순종은 따르게 마련입니다. 이것이 “여호와께서 행해주신 큰일”입니다.

요엘 3장 개관도표

주제 : 여호와의 날이 이르렀다

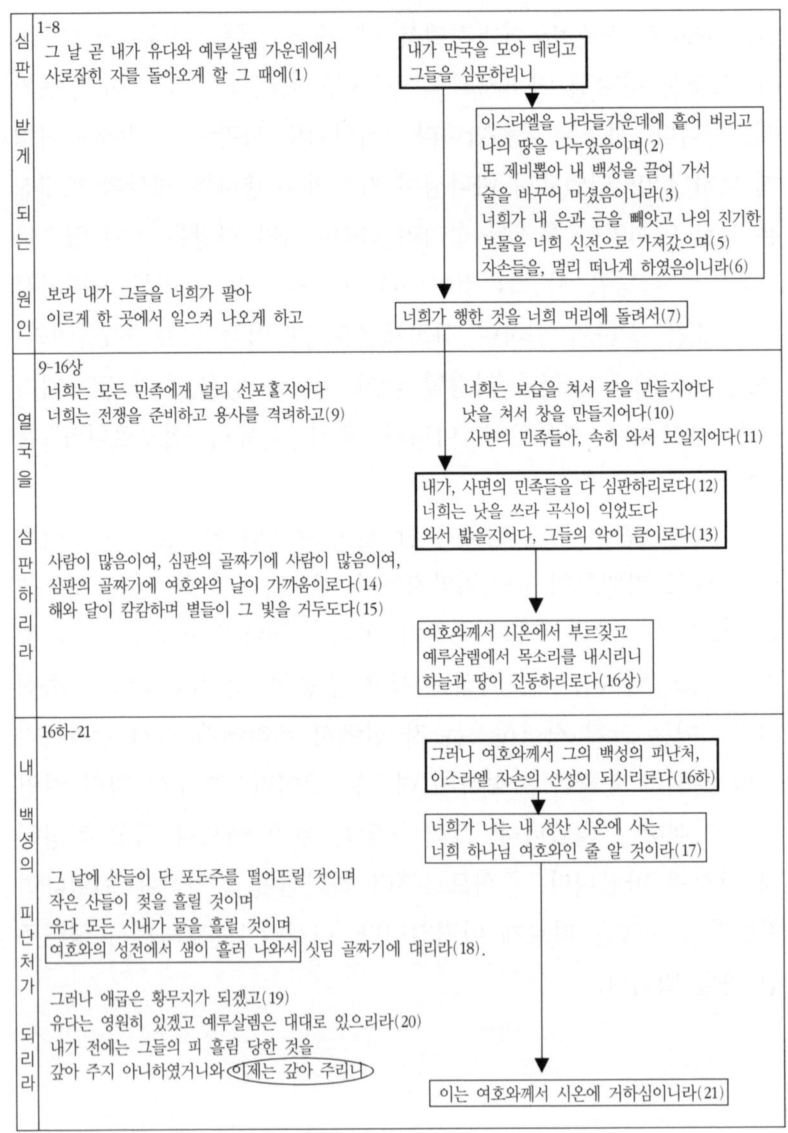

3장

여호와의 날이 이르렀다

[14] 사람이 많음이여, 심판의 골짜기에 사람이 많음이여, 심판의 골짜기에 여호와의 날이 가까움이로다

3장의 내용은 크고 심히 두려운 "여호와의 날이 임한" 광경입니다. 1장에서 당면한 메뚜기 재앙을 통해서 "슬프다 그 날이여 여호와의 날이 가까웠나니"(1:15)라고 더 큰 재앙이 다가오고 있음을 경고한 선지자는, 2장에서 "여호와의 날이 크고 심히 두렵도다 당할 자가 누구이랴"(2:11)고 회개를 촉구했는데, 3장에서는 드디어 "여호와의 날"이 임한 것입니다. 여호와의 날은 두 가지 양상으로 나타납니다. "사면의 민족들을 다 심판하리로다"(12) 한 "심판"과 "그러나 여호와께서 그의 백성의 피난처"(16하)라 하신

"피할 자, 남은 자"(2:32하) 곧 구원으로 나타나게 됩니다. 어떤 기준에 의해서 갈라지게 되는가? 의외라 할 것입니다만 성경은 "누구든지 여호와의 이름을 부르는 자는 구원을 얻으리니"(2:32)라고 대답합니다. 즉 인간의 행위로가 아니라 오직 "믿느냐, 믿지 않느냐"가 영원한 갈림길이 된다는 말씀입니다. 다시 문맥을 상기시켜드립니다만 3:1-16절상까지는 심판의 경고입니다. 여기에는 소망이란 바늘구멍만큼도 보이지가 않습니다. 그러나 선지서는 절망으로 끝나고 있지 아니합니다. 16절 하반절은 "그러나"하고 시작하여 "여호와께서 그의 백성의 피난처 이스라엘 자손의 산성이 되시리라"는 소망을 말씀하는 문맥입니다. 이를 세 단원으로 나누어 상고하겠습니다.

첫째 단원(1–8) **심판받게 되는 이유**

둘째 단원(9–16상) **이방 나라를 다 심판하리로다**

셋째 단원(16하–21) **내 백성의 피난처가 되리라**

첫째 단원(1–8) 심판받게 되는 이유

"내가 만국을 모아 데리고 여호사밧 골짜기에 내려가서 내 백성 곧 내 기업인 이스라엘을 위하여 거기에서 그들을 심문하리니 이는 그들이 이스라엘을 나라들 가운데에 흩어 버리고 나의 땅을 나누었음이며"(2).

① 첫째 단원의 중심점은 여러 나라가 "심판받게 되는 원인"에

있습니다. 참으로 놀랍고 두렵고 떨리는 하나님의 말씀입니다. 왜냐하면 1장의 메뚜기 재앙에서, 2장의 대적의 침략을 경고하다가 마지막 장에서 "만국(萬國) 심판" 곧 최후심판으로 전진하는 것을 대하기 때문입니다. 인간의 근시안(近視眼)은 어떠한가? 당면한 메뚜기 재앙만을 봅니다. 그래서 메뚜기 재앙을 물러가게 해달라고 부르짖습니다. 그리고 메뚜기 재앙이 물러가면 만사가 태평인 양 여기고 있는 것이 아닌가? 대적의 침략도 생각하지 못하고 더욱이나 종말적인 심판이나 구원을 바라보지를 못합니다. 이 점에서 하나님은 이스라엘을 가리켜

㉠ "내 백성, 내 기업, 나의 땅"이라고 말씀하신다는 점입니다. 이스라엘은 잘났든 못났든 하나님의 소유된 백성이었던 것입니다. 그런데 열국이 하나님의 백성, 하나님의 기업을 첫째로 "나라들 가운데에 흩었다"는 것입니다.

㉡ 둘째 "나의 땅을 나누었음이며"(2하) 하십니다. 이스라엘을 여러 나라에 흩으심은 하나님께서 징계하시기 위해서가 아니었던가? 이에 대해 "안일한 여러 나라들 때문에 심히 진노하나니 나는 조금 노하였거늘 그들은 힘을 내어 고난을 더하였음이라"(슥 1:15) 하십니다. 이것이 징계하시는 하나님 아버지의 마음입니다.

㉢ 세 번째 이유는 "또 제비 뽑아 내 백성을 끌어가서 소년을 기생과 바꾸며 소녀를 술과 바꾸어 마셨음이니라"(3) 하십니다. 이는 향락의 비용을 마련하기 위해서 이스라엘의 소년 소녀들을 노예로 팔아먹은 것을 가리킵니다.

㉣ 넷째로 "곧 너희가 내 은과 금을 빼앗고 나의 진기한 보물을 너희 신전으로 가져갔으며"(5) 합니다. 이는 성전에서 사용하던 은과 금, 기명들을 탈취해 갔음을 가리킵니다. 이런 악행을 하나님은 심문하시겠다고 말씀하십니다. 이것이 그들이 심판받게 되는 원인입니다.

② 이점을 신약성경에서는 "너희로 환난을 받게 하는 자들에게는 환난으로 갚으시고 환난을 받는 너희에게는 우리와 함께 안식으로 갚으시는 것이 하나님의 공의(公義)시니 주 예수께서 자기의 능력의 천사들과 함께 하늘로부터 불꽃 가운데에 나타나실 때에 하나님을 모르는 자들과 우리 주 예수의 복음에 복종하지 않는 자들에게 형벌을 내리시리니 이런 자들은 주의 얼굴과 그의 힘의 영광을 떠나 영원한 멸망의 형벌을 받으리로다"(살후 1:6-9)고 말씀합니다.

둘째 단원(9–16상) 이방 나라를 다 심판하리로다

"너희는 모든 민족에게 이렇게 널리 선포할지어다 너희는 전쟁을 준비하고 용사를 격려하고 병사로 다 가까이 나아와서 올라오게 할지어다"(9).

① 둘째 단원의 중심점은 "여러 나라를 다 심판하리로다"(12) 하신 "심판"에 있습니다. 심판을 받게 되는 이유는 첫째 단원에서 말씀한 "하나님의 백성, 하나님의 기업"을 대적했기 때문인데, 하나님의 백성을 대적한 것이 곧 하나님을 대적한 것이 되기 때문입니다.

② 이제 둘째 단원에서는 "내가 전에는 그들의 피흘림 당한 것을 갚아 주지 아니하였거니와 이제는 갚아 주리니"(21) 하십니다. 그리하여 "하나님의 백성, 하나님의 기업"을 대적했던 여러 나라를 심판하시겠다는 것입니다. 여기에도 근경(近景)과 원경(遠景)이

있음을 유념해야 합니다. 근경으로는 역사적으로 애굽도 앗수르도 심판하셨고 바벨론도 심판하셨습니다. 그런데 "크고 심히 두려운 여호와의 날"이 끝난 것이 아닙니다. 성경의 마지막 책인 계시록에서 "무너졌도다 무너졌도다 큰 성 바벨론이여"(계 14:8, 18:2)하는 음성을 듣게 됩니다. 이것이 원경입니다. 이는 문자대로 바벨론이 그때까지 존재하게 된다는 뜻이 아닙니다. 바벨론은 신상의 머리로 "이방인의 때"(눅 21:24)를 상징합니다. 왜냐하면 하나님의 백성 이스라엘이 바벨론에 의하여 패망함으로 "이방인의 때"가 그때부터 시작되었다고 보아야 하기 때문입니다. 그러므로 "무너졌도다 바벨론이여"하는 것은 "이방인의 때"가 끝난, 즉 하나님을 대적하던 세속 국가가 심판받아 멸망 당하게 됨을 의미합니다. 요엘서는 바로 이 원경(遠景)을 내다보고 있는 것입니다.

③ 그런데 여러 나라에게 광포(廣布)하기를

㉠ "너희는 전쟁을 준비하라"(9)고 말씀합니다.

㉡ "너희는 보습을 쳐서 칼을 만들지어다"(10) 합니다.

㉢ "사면의 민족들아 너희는 속히 와서 모일지어다"(11) 합니다.

계시록에서도 "온 천하 왕들에게 가서 하나님 곧 전능하신 이의 큰 날에 있을 전쟁(戰爭)을 위하여 그들을 모으더라, 세 영(용 · 짐승 · 거짓 선지자)이 히브리어로 아마겟돈이라 하는 곳으로 왕들을 모으더라"(계 16;14,16) 합니다. 무엇을 행하기 위해서입니까? 하나님께 마지막 발악을 행하기 위해서인 것입니다. 이것이 무슨 뜻인가? "여호와의 날" 곧 심판의 날이 이르러도 하나님께 복종하려 하지 않고 끝까지 대적할 것을 풍자적으로 나타내는 묘사입니다. “여호와의 이름을 부르는 자는 구원을 얻으리니”(2:32) 하시건만 끝끝내 복종하기를 거부한다면 심판 외에는 다른 방도가 없는 것입니다.

④ 그러므로 “민족들은 일어나서 여호사밧 골짜기로 올라올지어다 내가 거기에 앉아서 사면의 민족들을 다 심판하리로다”(12) 하시는 것입니다. “여호사밧 골짜기”란 문자적인 장소가 아니라 상징으로 보아야 합니다. 어찌하여 “여호사밧 골짜기”라 하는가? 여호사밧 왕 때 모압·암몬의 연합군이 침공해 왔습니다. 이때 여호사밧은 “우리 하나님이여 그들을 징벌하지 아니하시나이까 우리를 치러 오는 이 큰 무리를 우리가 대적할 능력이 없고 어떻게 할 줄도 알지 못하옵고 오직 주만 바라보나이다”(대하 20:12)) 하고 하나님께 간구했습니다. 결과는 바다모래 같이 많은 적군이 골짜기에서 몰살하고 말았습니다. 그래서 그 골짜기를 “브라가 골짜기”(찬송의 골짜기)라 불렀는데 요엘 선지자는 이를 염두에 두고 “여호사밧 골짜기”로 모이라고 말씀하는 것으로 여겨집니다. “내가 거기에 앉아서 사면의 민족들을 다 심판하리로다”(12하) 하십니다. 주님은 말씀하십니다. “인자가 자기 영광으로 모든 천사와 함께 올 때에 자기 영광의 보좌에 앉으리니 모든 민족을 그 앞에 모으고 각각 구분하기를 목자가 양과 염소를 구분하는 것같이 하리라”(마 25:31-32).

⑤ “너희는 낫을 쓰라 곡식이 익었도다”(13상) 합니다. 이는 좋은 추수가 아니라 죄악이 무르익어 심판의 때가 이르렀음을 의미합니다. 그래서 “와서 밟을지어다 포도주 틀이 가득히 차고 포도주 독이 넘치니 그들의 악이 큼이로다”(13하) 하십니다. 계시록에

도 이와 유사한 장면이 있습니다. "네 예리한 낫을 휘둘러 땅의 포도송이를 거두라 그 포도가 익었느니라 하더라 천사가 낫을 휘둘러 땅의 포도송이를 거두라, 하나님의 진노의 큰 포도주 틀에 던지매"(계 14:18-19) 합니다.

⑥ "사람이 많음이여, 심판의 골짜기에 사람이 많음이여, 심판의 골짜기에 여호와의 날이 가까움이로다"(14) 합니다. 이 장면은 계시록에 나오는 "천년이 차매 사탄이 그 옥에서 놓여 나와서 땅의 사방 백성 곧 곡과 마곡을 미혹하고 모아 싸움을 붙이리니 그 수가 바다의 모래 같으리라"(계 20:7-8) 한 말씀을 연상하게 합니다. 그러나 "여호와께서 시온에서 부르짖고 예루살렘에서 목소리를 내시리니 하늘과 땅이 진동하리로다"(16) 합니다. 계시록에서는 "하늘에서 불이 내려와 그들을 태워버리고 또 그들을 미혹하는 마귀가 불과 유황 못에 던져지니 거기는 그 짐승과 거짓 선지자도 있어 세세토록 밤낮 괴로움을 받으리라"(계 20:9-10)고 말씀합니다.

⑦ 선지서를 보면 심판은 하나님의 백성들로부터 시작하십니다. 먼저 하나님의 백성들의 죄를 책망하시고 징벌하십니다. 그런 후에 반드시 열국을 심판하시는 것입니다. 예레미야서는 1-45장까지는 이스라엘의 죄를 책망하고 심판을 경고하고, 마침내 멸망하는 내용입니다. 그런 후에 46:1절에 이르러 "이방 나라들에 대하여 선지자 예레미야에게 임한 여호와의 말씀이라"고 이방 나라들에 대한 심판이 장장 51장까지 계속됩니다. 열국 심판은 "애굽"으로 시작하여 "바벨론"으로 마치고 있는데, 이는 이스라엘이 이방에 의하여 박해를 당한 전 역사를 개괄(概括)하는 것입니다.

왜냐하면 이스라엘의 역사는 애굽 바로의 노예가 되어 학대를 받는 것으로 시작하여 바벨론에 의해서 멸망하는 것으로 끝나고 있기 때문입니다. 성경은 말씀합니다. "하나님의 집에서 심판을 시작할 때가 되었나니 만일 우리에게 먼저 하면 하나님의 복음을 순종하지 아니하는 자들의 그 마지막이 어떠하며 또 의인이 겨우 구원을 받으면 경건하지 아니한 자와 죄인이 어디에 서리요"(벧전 4:17-18).

셋째 단원(16하–21) **내 백성의 피난처가 되리라**

"그러나 여호와께서 그의 백성의 피난처, 이스라엘 자손의 산성이 되시리로다"(16하).

① 셋째 단원은 "그러나"하고 시작됩니다. 이는 심판을 당하는 앞의 내용과는 상반(相反)되는 "구원" 얻을 자들이 있을 것을 말씀하시기 때문입니다. 19절에서도 "그러나 애굽은" 합니다. 이는 "유다는 영원히 있겠고"(20), 애굽은 대조적으로 황무지가 될 것을 말씀하기 때문입니다. 그렇습니다. 크고 심히 두려운 "여호와의 날"에는 "그러나"하고 역전되고, 두 부류, 두 종말로 갈라지게 될 것입니다.

② "그러나 여호와께서 그의 백성의 피난처, 이스라엘 자손의 산성이 되시리로다"(16하) 하십니다. 이런 말씀을 슬쩍 지나치려 해서는 아니 됩니다. 이를 분명하고도 구체적으로 밝혀주어야 할 책임이 말씀을 맡은 자들에게 있습니다. 왜냐하면 죽고 사는 문

제가 달려있기 때문입니다. 그래야만 "피난처"에 들어가 살려고 사모할 것이 아니겠습니까? "피란처"라는 주제에 대하여 하나님께서는 이를 깨달을 수 있을 만큼, "옛적에 선지자들을 통하여 여러 부분과 여러 모양"(히 1:1)을 통해서 계시해주셨습니다. "도피성"을 통해서도 계시해주셨습니다. 홍수로 세상을 심판하셨을 때 "피난처"가 어디였습니까? "방주 안"입니다. 애굽의 장자를 심판하시던 그 밤에 피난처가 어디였습니까? 유월절 양의 피를 뿌린 "그 안"이었습니다. 밖은 아닙니다. 그 안으로 들어가야만 살 수 있는 것입니다. "엔 크리스토, 예수 그리스도 안"에 만이 유일한 피난처입니다. "천하 인간에 구원을 얻을 만한 다른 이름(피난처)을 우리에게 주신 일이" 없습니다.

③ 문자(文字)만을 고집하는 사람들이 있습니다. 그러면 묻습니다. 당신은 구약시대에 살고 있습니까? 신약시대에 살고 있습니까? 성경은 말씀합니다. "이 비밀은 만세와 만대로부터 감추어졌던 것인데 이제는 그의 성도들에게 나타났고(골 1:26), 이제는 우리 구주 그리스도 예수의 나타나심으로 말미암아 나타났으니 그는 사망을 폐하시고 복음으로써 생명과 썩지 아니할 것을 드러내신지라"(딤후 1:10). 우리는 나타나고 밝히 드러내신 신약시대에 살고 있습니다. 그러므로 구약성경을 유대인 학자들처럼 해석해서는 안 됩니다. 밝히 드러난 빛을 받아 그 영광스러움을 드러내야 하는 것입니다. 교훈만을 보는 사람들이 있습니다. "그들의 마음이 완고하여 오늘까지라도 구약을 읽을 때에 그 수건이 벗어지지 아니하고"(고후 3:14), "그리스도의 영광의 복음의 광채"(고후 4:4)를 보지 못하고 있다면 참으로 안타까운 일입니다. 왜냐하면

이는 신약적인 율법주의이기 때문입니다.

④ 말할 것도 없이 모든 선지자가 신약시대 성도들처럼 복음의 영광스러움을 밝히 깨달았다고는 여겨지지 않습니다. 그러므로 히브리서에서는 "이는 하나님이 우리를 위하여 더 좋은 것을 예비하셨은즉 우리(신약시대 성도들)가 아니면 그들(구약시대 성도들)로 온전함을 이루지 못하게 하려 하심이니라"(히 11:40)고 말씀합니다.

⑤ "그런즉 너희가 나는 내 성산 시온에 사는 너희 하나님 여호와인 줄 알 것이라"(17상) 하십니다. 이는 무심히 지나치기 쉬운 말씀이지만 대단히 중요한 주제입니다.

㉠ "시온에 사는 하나님", 시편에서는 "내가 나의 왕을 내 거룩한 산 시온에 세웠다 하시리로다"(시 2:6) 말씀하고, 계시록에서는 "또 내가 보니 보라 어린 양이 시온 산에 섰고 그와 함께 십사만 사천이 서 있는데"(계 14:1) 합니다. 하나님은 시온 산에 혼자 사시는 것이 아닙니다. 자기 백성, 자녀들과 함께 거하시기를 원하시는 것입니다. 하나님은 이날을 위하여 구원계획을 이루어 오신 것입니다. 요엘서는 "이는 나 여호와께서 시온에 거하심이니라"(21하)는 말씀으로 마치고 있습니다.

㉡ 그렇다면 "시온"이란 신약시대에는 교회를 가리키고 종말적으로는 "하나님의 나라"(히 13:22)를 의미합니다. 하나님과 함께 사는 것이 이루어지는 날 구원계획은 완성되는 것입니다. "시온에 사는 너희 하나님" 곧 예수 그리스도가 피난처입니다.

하나님이 그 성 중에 계시매
성이 흔들리지 아니할 것이라
새벽에 하나님이 도우시리로다

뭇 나라가 떠들며 왕국이 흔들렸더니
그가 소리를 내시매 땅이 녹았도다
만군의 여호와께서 우리와 함께 하시니
야곱의 하나님은 우리의 피난처시로다(시 46:5-7).

하나님은 우리의 피난처시로다

① "너희 하나님 여호와인 줄 알 것이라"(17하) 하십니다. 결론 부분에 이르렀는데 성경이 아무리 방대(尨大)하다고 하여도 "하나님을 알게 하시려는" 이 한 가지를 위함이라 해도 과언이 아닙니다. 에스겔서에는 "너희가 나를 여호와인 줄 알 것이라"는 말씀이 놀라지 마십시오. 60번 이상 나옵니다. 신학(神學)이란 다름이 아니라 "하나님을 알기 위한 학문"입니다. "그러므로 우리가 여호와를 알자 힘써 여호와를 알자"(호 6:3)라고 호소합니다. "지혜와 계시의 영을 너희에게 주사 하나님을 알게 하시고"(엡 1:17) 합니다. 하나님을 알아야만 자신을 알고 죄를 알 수 있습니다. 하나님께서 자기 아들을 통해서 이루어주신 복음의 영광스러움을 알 수 있습니다. 개인이나 교회가 안고 있는 모든 문제들은 하나님을 알아야 할 만큼 알지 못하기 때문에 일어나는 일들입니다.

② "그날에, 여호와의 성전에서 샘이 흘러 나와서 싯딤 골짜기에 대리라"(18하) 하십니다.

㉠ "싯딤 골짜기"는 역청 구덩이가 많은 곳(창 14:10)으로 불모지의 대명사입니다. 바로 우리의 심령이 "싯딤 골짜기"와 같은 것입니다. 계시록에서는 "내가 생명수 샘물을 목마른 자에게 값없이 주리니"(계 21:6) 하시는데, 그 "생명수 샘물"은 요엘서에서도 흐르고 있습니

다. 이처럼 생명수 샘이 이르게 되면 어떤 역사가 일어나게 되는가?

㉡ "이 강물이 이르는 곳마다 번성하는 모든 생물이 살고 또 고기가 심히 많으리니 이 물이 흘러 들어가므로 바닷물이 되살아나겠고 이 강이 이르는 각 처에 모든 것이 살 것이며"(겔 47:9)한 살아나는 역사가 일어나는 것입니다. 성경은 말씀합니다. "광야와 메마른 땅이 기뻐하며 사막이 백합화같이 피어 즐거워하며, 이는 광야에서 물이 솟겠고 사막에서 시내가 흐를 것임이라"(사 35:1,6).

③ "그러나 애굽은 황무지가 되겠고 에돔은 황무한 들이 되리니 이는 그들이 유다 자손에게 포악을 행하여 무죄한 피를 그 땅에서 흘렸음이니라"(19)고 반대로 "황무지"가 될 자들이 있을 것을 말씀합니다. 마지막이 다릅니다. "이는 그 마지막이 사망임이라, 그 마지막은 영생이니라"(롬 6:21-22) 하십니다.

④ 요엘서를 통해서 촉구하시는 불변의 진리는 "너희는 이제라도 금식하고 울며 애통하고 마음을 다하여 내게로 돌아오라"(2:12) 하시는 여호와의 기다리심입니다. "돌아감"은 예배의식이 아닙니다. 형식에 있는 것도 아닙니다. "마음"에 있습니다. "자기"로 꽉 차 있는 "자기중심"이라는 마음을 찢고 "하나님 중심"으로 돌아가십시다. 우리가 돌아가기만 하면 그곳에는 두 팔을 벌리고 "수고하고 무거운 짐 진 자들아 다 내게로 오라 내가 너희를 쉬게 하리라"(마 11:28) 하시는 주님이 기다리고 계십니다. 여기가 시온입니다. 산성이요, 피난처입니다. 이것이 복음입니다. 저는 예수 그리스도와 복음을 증언하기 위해서 "요엘서 파노라마"를 썼습니다. 그리고 이것은 제가 처음 부르심을 받았을 때에 주님과의 약속입니다.

하나님께서 미래에 심판하실 "여호와의 날"(최후심판)을 부인하는 사람들이 있다. 반대로 미래에 있을 "여호와의 날"은 바라보면서 지금이 바로 "여호와의 날"이라는 사실을 잊고 있는 사람들도 있다. 지금이 "여호와의 날"이다. 지금은 "인간의 날"이라고 생각하는 사람이 있다. - 캠벨 몰간 구약성경 연구에서 (솔로몬) -

요바댜

The Book of Obadiah

오바댜서 파노라마

주제 : 나라가 여호와께 속하리라

오바댜서는 전체가 21절밖에 안 되는 구약성경 중에서 가장 짧은 책입니다. 그러므로 책 전체를 한눈에 파악하도록 도움을 주는 "파노라마"가 필요 없을 정도입니다. 그러나 하던 관례에 따라 간단하게나마 오바댜서를 펼쳐 보고자 합니다. 오바댜서는 "주 여호와께서 에돔에 대하여 이와 같이 말씀하시니라"(1)고 시작이 됨과 같이 주 내용이 "에돔"을 심판하시겠다는 예언입니다. 그렇다면 이런 물음이 가능해지는데 하나님께서 선지자를 세우셔서 에돔의 심판을 예언하게 하시는 의도가 무엇인가 하는 점입니다. 이는 하나님의 백성들은 환난과 고난 중에 있는데, 이들을 대적하는 에돔 족속들은 "누가 능히 나를 땅에 끌어내리겠느냐"(1:3)고 머리끝까지 교만이 차 있었기 때문입니다. 그러므로 환난 중에 있는 하나님의 백성들을 위로하고 소망을 주시기 위해서 입니다.

우리는 좀 더 나아가야 합니다. 오바댜서는 크게 세 부분으로 되어있고,

㉠ 첫째 부분은 1-9절까지인데, "에서의 산에 있는 사람은 다 죽임을 당하여 멸절되리라"(9)고 에돔을 심판하시겠다는 경고입니다.

㉡ 둘째 부분은 10-14절까지인데, 에돔 족속이 심판을 당하게 되는 이유를 말씀합니다. "네가 네 형제 야곱에게 행한 포학으로 말미암아"(1:10) 라고 말씀합니다.

㉢ 셋째 부분은 15-21절인데, "여호와께서 만국을 벌할 날이 가까웠나니"(15)하고 에돔의 심판에서 "만국심판"으로 확대되는 내용입니다. 그리고 오바댜서의 결론은 "나라가 여호와께 속하리라"(21)는 선언입니다. 이것이 오바댜서의 구도(構圖)입니다.

그러므로 오바댜서를 통해서 에돔의 심판만을 본다면 "이런 것이 없는 자는 맹인이라 멀리 보지 못하고"(벧후 1:9)한 근시안(近視眼)인 것입니다. 또한 하나님을 에돔이나 심판하시는 옹졸한 분으로 오바댜 선지자를 국수주의자(國粹主義者)로 만드는 것이 되고 맙니다. 하나님 앞에 심판을 받아야 할 자는 에돔만이 아닙니다. "애굽 · 앗수르 · 바벨론" 등 세상 나라들이 하나님의 심판을 받았으며 마침내 만국이 심판받게 될 것입니다. 그러므로 오바댜서의 중심점은 에돔의 심판을 예표로 하여 "만국심판"을 말씀함에 있는 것입니다. 그렇다면 오바댜서를 통해서 위로와 격려하기를 원하시는 대상도 야곱의 족속에 한정된 것이 아니라,

여호와여 이 세상에 살아 있는 동안
그들의 분깃을 받은 사람들에게서
주의 손으로 나를 구하소서
그들은 주의 재물로 배를 채우고
자녀로 만족하고
그들의 남은 산업을 그들의 어린 아이들에게 물려주는 자니이다
나는 의로운 중에 주의 얼굴을 뵈오리니
깰 때에 주의 형상으로 만족하리이다 (시 17:14-15).

환난 중에서도 오직 하나님 한 분만으로 만족하고 있는 모든 시대의 하나님의 백성들인 것입니다. 그러므로 오바댜서는 요한계시록의 기록목적과도 부합합니다. "그가 오른손을 내게 얹고 이르시되 두려워하지 말라 나는 처음이요 마지막이니 곧 살아 있는 자라 내가 전에 죽었었노라 볼지어다 이제 세세토록 살아 있어 사망과 음부의 열쇠를 가졌노니"(계 1:17-18). 오바댜서는 "나라가 여호와께 속하리라"(21)는 결론으로 마치고 있는데, 계시록에서도 "세상 나라가 우리 주와 그의 그리스도의 나라가 되어 그가 세세토록 왕 노릇하시리로다"(계 11:15)고, 나라가 하나님과 어린 양에게 속하게 될 것을 말씀합니다. 그런 맥락에서 오바댜서는 시편 2편의 사상과 상통합니다.

어찌하여 이방 나라들이 분노하며 민족들이 헛된 일을 꾸미는가
세상의 군왕들이 나서며 관원들이 서로 꾀하여
여호와와 그의 기름 받은 자를 대적하며
우리가 그들의 맨 것을 끊고 그의 결박을 벗어버리자 하는도다
하늘에 계신 이가 웃으심이여 주께서 그들을 비웃으시리로다

그 때에 분을 발하며 진노하사 그들을 놀라게 하여 이르시기를
내가 나의 왕을 내 거룩한 산 시온에 세웠다 하시리로다

내가 여호와의 명령을 전하노라 여호와께서 내게 이르시되
너는 내 아들이라 오늘 내가 너를 낳았도다
내게 구하라 내가 이방 나라를 네 유업으로 주리니
네 소유가 땅 끝까지 이르리로다
네가 철장으로 그들을 깨뜨림이여
질그릇같이 부수리라 하시도다

그런즉 군왕들아 너희는 지혜를 얻으며
세상의 재판관들아 너희는 교훈을 받을지어다
여호와를 경외함으로 섬기고 떨며 즐거워할지어다
그의 아들에게 입 맞추라
그렇지 아니하면 진노하심으로 너희가 길에서 망하리니
그의 진노가 급하심이라 여호와께 피하는 모든 사람은
다 복이 있도다.

그러므로 오바댜서를 통해서 말씀하시려는 불변의 진리도, "그의 아들에게 입 맞추라 그렇지 아니하면 진노하심으로 너희가 길에서 망하리니 그의 진노가 급하심이라 여호와께 피하는 모든 사람은 다 복이 있도다"(시 2:12) 하신 복음 초청입니다.

오바댜 1:1-14절 개관도표

주제 : 에돔 심판에 대한 경고와 심판받는 원인

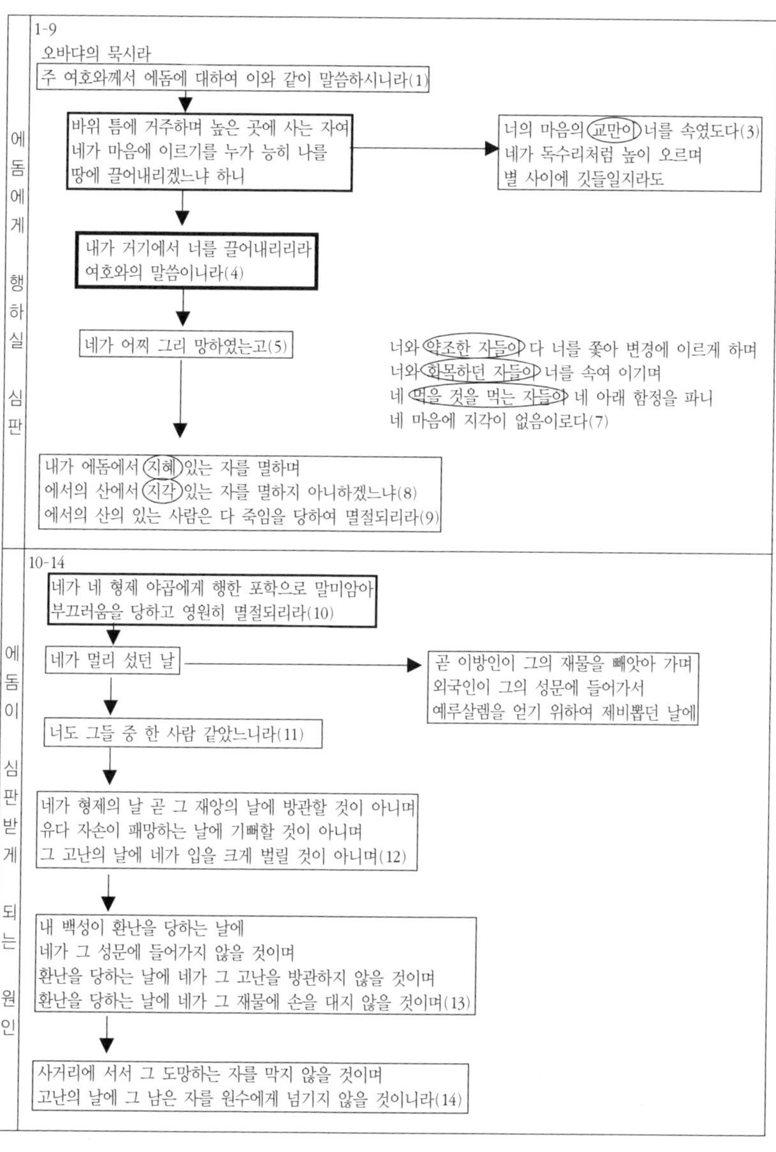

1:1-14절

에돔 심판에 대한 경고와 심판받는 원인

[4] 네가 독수리처럼 높이 오르며 별 사이에 깃들일지라도 내가 거기에서 너를 끌어내리리라 여호와의 말씀이니라

오바댜서는 전체가 21절 밖에 안 되는 구약성경 중에서 가장 짧은 선지서입니다. 그러나 짧기 때문에 그만큼 함축(含蓄)되어 있는 진리의 농도는 높고 깊다 하겠습니다. 단 교훈적인 관점에서가 아니라 구속사적인 관점에서 그러하다는 말씀입니다. 왜냐하면 "오바댜의 묵시라 주 여호와께서 에돔에 대하여 이와 같이 말씀하시니라 우리가 여호와께로 말미암아 소식(消息)을 들었나

니"(1) 한 에돔을 심판하실 것으로 시작한 오바댜서가 "여호와께서 만국을 벌할 날이 가까웠나니"(15) 하는 만국심판으로 진전을 하고 있기 때문입니다. 그러므로 오바댜서는 "구원받은 자들이 시온 산에 올라와서 에서의 산을 심판하리니"라는 구원 얻을 자와 심판받을 자로 갈라지게 될 것을 말씀합니다. 그리고 총 결론은 "나라가 여호와께 속하리라"(21)고 마치고 있으니 분량은 전체가 21절밖에 안 되지만 함축하고 있는 내용은 실로 깊고도 높다 할 것입니다. 먼저 "에돔에 대한 심판경고"(1-9 첫째 단원)와 "에돔이 심판받게 되는 원인"(10-14 둘째 단원)을 살펴보고자 합니다.

첫째 단원(1–9) **에돔에게 행하실 심판**

둘째 단원(10–14) **에돔이 심판받게 되는 이유**

첫째 단원(1–9) 에돔에게 행하실 심판

"오바댜의 묵시라 주 여호와께서 에돔에 대하여 이와 같이 말씀하시니라"(1상).

① 첫째 단원의 중심점은 "내가 … 하겠다", 즉 "내가 너를 끌어내리리라"(4)는데 있습니다. 이는 에돔을 심판하시겠다는 말씀인데 에돔을 심판하신다는 경고는 오바댜 선지자만이 아니라 예레미야 선지자(렘 49:7-22)와 에스겔 선지자(겔 25:12, 35:5)를 통해서도 경고하신 바입니다. 하나님께서 이처럼 에돔이 심판받게

될 것을 경고하시는 의도가 무엇인가? 이를 두 가지 측면으로 말씀드릴 수 있습니다.

㉠ 첫째는 에서의 족속들(에돔)은 기고만장(氣高萬丈)한데, 야곱의 족속들(이스라엘)은 "재앙 · 패망 · 고난(12) · 환난"(13)을 당하고 있기 때문에 그들을 위로하기 위해서입니다.

㉡ 둘째는 궁극적으로는 이 지구상에 많은 나라, 많은 민족이 살고 있어도 영적 논리로 하면, 에돔 족속과 야곱(택함 받은) 족속 두 부류뿐이라는 것과 결국은 하나는 데려감을 당하게 되고 하나는 버려둠을 당하게 된다는 종말론적인 심판을 말씀하기 위해서입니다.

② 그러므로 오바다서를 바르게 접근하기 위해서는 "에서와 야곱"이 갈라지게 된 구속사적인 의미를 인식해야 합니다. "에서와 야곱"은 쌍둥이 형제로 어머니 리브가의 모태에서부터 싸웠다고 말씀합니다. 그래서 "여호와께 묻자 온대 두 국민이 네 태 중에 있구나 두 민족이 네 복중에서부터 나누이리라"(창 25:22-23) 하셨습니다. 이처럼 두 민족으로 나누이게 된 근본원인은 인류의 시조의 범죄로 말미암아 발생하게 된 비극이라는 점도 인식해야 합니다. 창세기 3:15절은 세 마디로 되어있습니다.

㉠ 여자의 후손과 뱀의 후손, 두 부류로 나누이게 되리라.

㉡ 두 사이는 원수, 즉 싸우게 되리라.

㉢ 결국은 여자의 후손이 뱀의 머리를 상하게 하고 승리하게 되리라는 말씀입니다. 그 갈라짐과 싸움이 리브가의 복중에서 일어나고 있다는 것은 인간의 이성으로는 헤아릴 길이 없는 심오한 섭리라 하겠습니다.

③ 이를 통찰한 사람이 바울 사도입니다. "그 자식들이 아직 나지도 아니하고 무슨 선이나 악을 행하지 아니한 때에 택하심을 따라 되는 하나님의 뜻이 행위로 말미암지 않고 오직 부르시는

이에게로 말미암아 서게 하려 하사”(롬 9:11) 합니다. 여기에 선택교리가 등장하는데 이처럼 갈라지게 됨이 하나님의 “택하심”으로 말미암아서 라는 것입니다. 예정교리는 많은 논란과 곡해와 비난을 받는 교리인데 왜냐하면 인간의 이성(理性), 즉 인간중심으로 판단하려 하기 때문입니다. 아담의 후손들은 예외 없이 다 멸망 받을 자들입니다. 그런데 “구원” 얻을 자들이 있게 된 것입니다. 그것은 자격이나 공로가 있어서가 아니라 “은혜로 택하심을 따라”(롬 11:5) 되었다는 것입니다.

㉠ 이 점에서 간과하지 말아야 할 점은 멸망의 책임이 택하시지 않은 하나님께 있는 것이 아니라 “죄의 삯은 사망이요”(롬 6:23)한 죄 값이라는 점입니다.

㉡ 또 유념해야 할 점은 그들이 하나님을 갈망하는데도 하나님이 뿌리치시는 것이 아니라 그들은 하나님을 찾지 않고 있습니다. 하나님은 “그들이 마음에 하나님 두기를 싫어하매 하나님께서 그들을 그 상실한 마음대로 내버려 두사”(롬 1:28) 한 유기(遺棄)하신 것뿐임을 인식해야 합니다. 혹자는 왜 다 택하시지 않았느냐고 항변할는지도 모릅니다. 그에게 대답할 말이란 “이 사람아 네가 누구이기에 감히 하나님께 반문하느냐”(롬 9:20)고 말해줄 것밖에는 없습니다.

④ 반면 예정교리는 우리를 한없이 겸비하게 합니다. 자랑하지 못하게 합니다. 그리고 이는 구원에 대한 최종적인 확신입니다. 그리하여 감사하고 찬양할 것밖에는 없는 것입니다.

㉠ 여기 심각한 문제가 대두되는데 만일 하나님의 주권적인 택하심이 없다면 어떻게 되는가 하는 물음입니다. 대답은 최종적으로 구원에 이를 자는 한 사람도 없을 것이라는 점입니다. 이해를 돕기 위해 카뮈의 “시지프 신화”를 예로 들면 시지프스는 무거운 바위를 정상에 올려놓는 벌을 받게 되는데 천신만고 끝에 정산에 올려놓으면 순식

간에 아래로 굴러떨어집니다. 또다시 올려놓으면 또다시 굴러떨어지고··· 지금도 계속되고 있다는 겁니다.

㉡ 인간의 자력구원도 이와 같아서 섰다 하면 넘어지기를 반복하는 불가능하기 때문입니다. 하나님은 잃어버린 자들을 찾아 함께 사는 하나님의 나라건설을 위해서 택하시고 견인하시는 것입니다.

⑤ 이 점에서 주목하게 되는 점은 성경 역사를 보면 뱀의 후손들은 흥왕(興旺)하여 언제나 교만하고, 자고하고, 자랑하면서 여자의 후손을 박해했다는 점입니다. 그리하여 택함을 입은 자들은 소수이면서 늘 고난 당하는 입장에 놓여있음을 보게 됩니다.

㉠ 창세기 36:31-43절에 의하면 "이스라엘 자손을 다스리는 왕이 있기 전에 에돔 땅을 다스리던 왕들은 이러하니라"고 여러 왕들의 이름이 등장하는 것을 보게 됩니다. 이때 야곱의 자손 곧 이스라엘은 이리저리 떠돌아다니는 유목민(遊牧民)이었고, 그 후에 애굽으로 내려가 430년 동안이나 노예생활을 하게 됩니다. 그런데 에서의 후예들은 이 땅에서 왕국들을 건설하고 떵떵거리며 살아가고 있었던 것입니다.

㉡ 출애굽 당시 "모세가 에돔 왕에게 사신을 보내며 이르되 당신의 형제 이스라엘의 말에 우리의 당한 모든 고난을 당신도 아시거니와 청하건대 우리에게 당신의 땅을 지나가게 하소서"하고 호소하였지만, "너는 우리 가운데로 지나가지 못하리라 내가 칼을 들고 나아가 너를 대적할까 하노라"(민 20:14-18)고 용납하지 않았던 것입니다.

두 부류로 갈라지게 된 비극

① 에돔 족속들이 얼마나 기고만장했는가?

㉠ "바위틈에 거주하며 높은 곳에 사는 자여"(3상) 합니다. 창세기에 의

하면 야곱이 하란에서 돌아오자 에서는 "자기 집의 모든 사람과 모든 재물을 이끌고 그 동생 야곱을 떠나 다른 곳으로 갔으니" 즉 세일 산(창 36:6-7)에 가서 거하였다고 말씀합니다. 이것이 형제가 헤어지는 장면인데 에서는 야곱과 함께 기업을 누릴 수 없는 자였던 것입니다. 그 후로 에서의 후손들은 산악지대에 살고 있었는데, 그 중심지는 페트라입니다. 이는 난공불락(難攻不落)의 요새로 본문은 이를 가리켜 "바위틈에 거주하며 높은 곳에 사는 자여"라고 말씀하는 것입니다.

ⓛ "네가 마음에 이르기를 누가 능히 나를 땅에 끌어내리겠느냐 하니 너의 마음이 교만이 너를 속였도다"(3하) 합니다. 불신자들이 사망에 이르게 되는 병은 "교만"입니다. 그들은 "누가 능히 나를 땅에 끌어내리겠느냐"고 하나님께 도전(挑戰)했던 것입니다. 그런데 하나님은 "네 교만이 너를 속였도다" 하십니다. 그들은 하나님으로 피난처를 삼은 것이 아니라 "바위틈"(페트라)을 믿고 있다니 이것이 얼마나 어리석은 일인가? 그럼에도 교만이 눈을 멀게 했으니 스스로 속고 있는 것입니다.

② "네가 독수리처럼 높이 오르며 별 사이에 깃들일지라도"(4상), 이 묘사는 교만의 극치를 보여줍니다.

㉠ 이 말씀은 "너 아침의 아들 계명성이여 어찌 그리 하늘에서 떨어졌으며 너 열국을 엎은 자여 어찌 그리 땅에 찍혔는고 네가 네 마음에 이르기를 내가 하늘에 올라 하나님의 뭇 별 위에 내 자리를 높이리라 내가 북극 집회의 산 위에 앉으리라"(사 14:12-13) 한 말씀을 연상하게 합니다. 그렇다면 이는 야곱의 족속을 대적하는 차원이 아니라 하나님께 대한 도전인 것입니다.

ⓛ 그러므로 하나님은 "내가 거기서 너를 끌어내리리라"(3하) 하시는 것입니다.

③ 5-6절은 그들이 얼마나 철저하게 멸망 당하게 될 것인가에

대한 묘사인데,

㉠ "혹시 도둑이 네게 이르렀다"해도 몽땅 가져가는 것은 아니라는 것입니다.

㉡ "혹시 포도를 따는 자가 네게 이르렀을지라도" 얼마쯤 남기지 않겠느냐는 것입니다. 그러나

㉢ "에서가 어찌 그리 수탈되었으며 그 감춘 보물이 어찌 그리 빼앗겼는고"(6) 합니다. 이점을 예레미야 선지자를 통해서는 "그러나 내가 에서의 옷을 벗겨 그 숨은 곳이 드러나게 하였나니 그가 그 몸을 숨길 수 없을 것이라"(렘 49:10) 하십니다.

④ "너와 약조한 모든 자들이 다 너를 쫓아 변방에 이르게 한다"(7-9)는 말은 심판 날에 에돔 족속들이 고립무원(孤立無援)하게 되리라는 뜻입니다.

㉠ "약조한 자들" 즉 동맹을 맺은 자들에게 사신을 보내어 도움을 청하나 도리어 사신을 국경 밖으로 쫓아버리게 되리라는 것과

㉡ "너와 화목하던 자들이 너를 속여 이기며 네 먹을 것을 먹는 자들이 네 아래 함정을 파니"(7중) 합니다. "네 먹을 것을 먹는 자들", 즉 도움을 입은 자들까지도 도리어 "함정" 즉 배신하게 될 것이라는 말씀입니다.

㉢ 이런 처지에 놓이게 되는 것은 "네 마음에 지각(知覺)이 없음이로다"(7하) 하는데, 얼마나 많은 사람에게 이런 "지각없음"이 임종머리에 이르러서야 드러났던가?

⑤ 그러므로 "여호와의 말씀이니라 그 날에 내가 에돔에서 지혜 있는 자를 멸하며 에서의 산에서 지각 있는 자를 멸하지 아니하겠느냐"(8) 하십니다. 이는 그들의 작전계획, 모략을 폐하시겠다는 뜻인데 나라나 교회에 "지혜 있는 자, 지각이 있는 자"를 주심은 무엇과도 바꿀 수 없는 은총입니다. 주님은 말씀하십니다.

"지혜 있고 진실한 청지기가 되어 주인에게 그 집 종들을 맡아 때를 따라 양식을 나누어 줄 자가 누구냐"(눅 12:42). 그 주님께서 승천하시면서 "목사와 교사"를 교회에 선물로 주시고 가셨습니다. 어떠한 위기를 만난다 해도 "지혜 있는 자, 지각 있는 자"가 있기만 하다면 바른길로 인도할 수 있는 것입니다. 모세와 여호수아가 이스라엘 백성들을 인도함이 한 예입니다. 그런데 에돔에서 "지혜 있는 자, 지각이 있는 자"를 멸하시겠다는 것은 지도자가 없게 하시겠다는 재앙인 것입니다. 그 결과는 "이로 말미암아 에서의 산에 있는 사람은 다 죽임을 당하여 멸절되리라"(9) 합니다.

⑥ 이제 생각해보아야 하겠습니다. 에돔 족속의 조상 에서는 장자의 명분(그리스도의 족보에 오를 수 있는)을 팥죽 한 그릇에 팔아먹은 자입니다. 성경은 이를 가리켜 "한 그릇 음식을 위하여 장자의 명분을 판 에서와 같이 망령된 자"(히 12:16)라고 말씀합니다. 에서는 자기 후손들이 형제인 이스라엘 족속을 미워하고 대적하다가 이처럼 비참하게 멸망에 이르게 될 것을 짐작이라도 했단 말인가? 반면 이스라엘이 어찌하여 이런 고난을 당해야 했는가? 택하심을 받았기 때문입니다. 장자의 직분을 사모했기 때문입니다. 이것이 "에돔의 심판"경고입니다.

둘째 단원(10–14) **에돔이 심판받게 되는 이유**

"네가 네 형제 야곱에게 행한 포학으로 말미암아 부끄러움을 당하고 영원히 멸절되리라"(10).

① 둘째 단원의 중심점은 에돔 족속이 심판을 당하게 되는 이유를 말씀함에 있습니다. 첫째 단원이 "하나님이 하시겠다"는 선언이라면, 둘째 단원은 "너는… 하지 말았어야 했다"는 에돔 족속들이 행한 내용입니다. 한마디로 "네 형제 야곱에게 행한 포학"(10) 때문이라는 것입니다. 그런데 여기서 멈춰서는 안 됩니다. 야곱 족속이 누구인가? "내 백성"(1:13)이라 하신 하나님의 백성이라는 점입니다. 그렇다면 "너희를 범하는 자는 그의 눈동자를 범하는 것이라"(슥 2:8) 하신 하나님께 포학을 행하고 하나님을 대적한 것이 되는 것입니다.

② 그렇다면 에돔 족속이 어떻게 포학을 행했는가? 즉 심판을 당하게 되는 원인이 무엇인가?

㉠ "네가 멀리 섰던 날 곧 이방인이 그의 재물을 빼앗아가며 외국인이 그의 성문에 들어가서 예루살렘을 얻기 위하여 제비 뽑던 날에 너도 그들 중 한 사람 같았느니라"(11) 합니다.

㉡ "멀리 섰던 날"이란 "방관자"(傍觀者)였음을 뜻합니다. 방관한다는 것, 그것은 곧 "그들 중 한 사람과 같다"는 것입니다.

예를 들면, 모세가 애굽 사람이 자기 동족을 치는 것을 목격했을 때 세 가지 반응이 가능합니다.

㉮ 첫째는 애굽 사람을 치고 동족을 돕는 일이요,

㉯ 둘째는 애굽 사람과 함께 동족을 치는 일이요,

㉰ 셋째는 "멀리 서서" 방관하는 일입니다. 하나님께서는 둘째와 셋째를 같은 경우로 보신다는 말씀입니다. 이럴 경우 형제라면 어떻게 했겠습니까?

③ "네가 형제의 날 곧 그 재앙의 날에 방관할 것이 아니며 유

다 자손이 패망하는 날에 기뻐할 것이 아니며 그 고난의 날에 네가 입을 크게 벌릴 것이 아니며"(12) 합니다. "입을 크게 벌린다"는 말은 "잘한다, 잘한다"는 식으로 대적과 합세하고 조롱함을 뜻합니다.

④ "내 백성이 환난을 당하는 날에"(13상)

㉠ "환난을 당하는 날에 네가 성문에 들어가지 않을 것이며"

㉡ "환난을 당하는 날에 네가 그 고난을 방관하지 않을 것이며"

㉢ "환난을 당하는 날에 네가 그 재물에 손을 대지 않을 것이며"(13)

㉣ "네거리에 서서 그 도망하는 자를 막지 않을 것이며"

㉤ "고난의 날에 그 남은 자를 원수에게 넘기지 않을 것이라"(14) 합니다.

이 말씀으로 미루어 볼 때 에돔 족속들은 형제 이스라엘이 환난 당할 때 소극적으로 방관만 한 것이 아니라, 성에 들어가 재물을 약탈하고, 도망하는 자를 붙잡아 원수에게 넘기는 적극적으로 범죄에 가담했음을 알게 됩니다. 이것이 에돔 족속들이 심판당하게 되는 이유입니다.

> 여호와여 예루살렘이 멸망하던 날을 기억하시고
> 에돔 자손을 치소서
> 그들의 말이 헐어 버리라 헐어 버리라
> 그 기초까지 헐어 버리라 하였나이다 (시 137:7).

야곱에게 행한 포악을 인함이라

① 이제 마지막으로 이 대목에 등장하는 호칭을 주목해 보아야

합니다. 10-12절에는 대적을 "이방인 · 외국인"이라 말씀하면서, 이스라엘을 에돔의 "형제"라 부르심이 두 번 등장합니다. 그렇다면

㉠ "에돔"은 이방인인가? 아니면 이스라엘의 형제인가? 그런 후에 13절에서는 "내 백성"이라 말씀하신다는 점을 주목하게 되는데

㉡ 그렇다면 에돔은 하나님의 백성인가? 대적인가? 하는 점입니다. 에서와 야곱은 어머니 리브가의 태 중에 함께 있던 쌍동이었습니다. 그들은 분명 형제입니다. 그러면서도 "두 국민, 두 민족"이라는 사실입니다. 이 비극적인 사실은 교회라는 한 "태" 안에서도 일어날 수 있다는 사실입니다. 주님은 말씀하십니다. "둘 다 추수 때까지 함께 자라게 두라 추수 때에 내가 추수 꾼들에게 말하기를 가라지는 먼저 거두어 불사르게 단으로 묶고 곡식은 모아 내 곳간에 넣으라 하리라"(마 13:30).

② 하나님은 에돔 족속 "바위틈에 거주하며 높은 곳에 사는 자"(3상)라고 말씀하십니다. 그들을 향해 "너의 마음의 교만이 너를 속였도다" 하십니다. 우리는 지금 "바위틈, 높은 곳"에 살고 있지는 아니합니다. 그러나 오만이라는 바위틈, 교만이라는 높은 곳에 거주하고 있지는 않은지 살펴볼 일입니다. 교회 내에도 "교만"한 자들은 있습니다. "입을 크게 벌리는" 자들도 있는 것입니다. "내가 거기서 너를 끌어내리리라" 하시기 전에 스스로 내려와야 하겠습니다. 이것이 "에돔이 심판받게 되는 이유"입니다.

오바댜 1:15-21절 개관도표
주제 : 만국을 심판하실 날이 가까왔나니

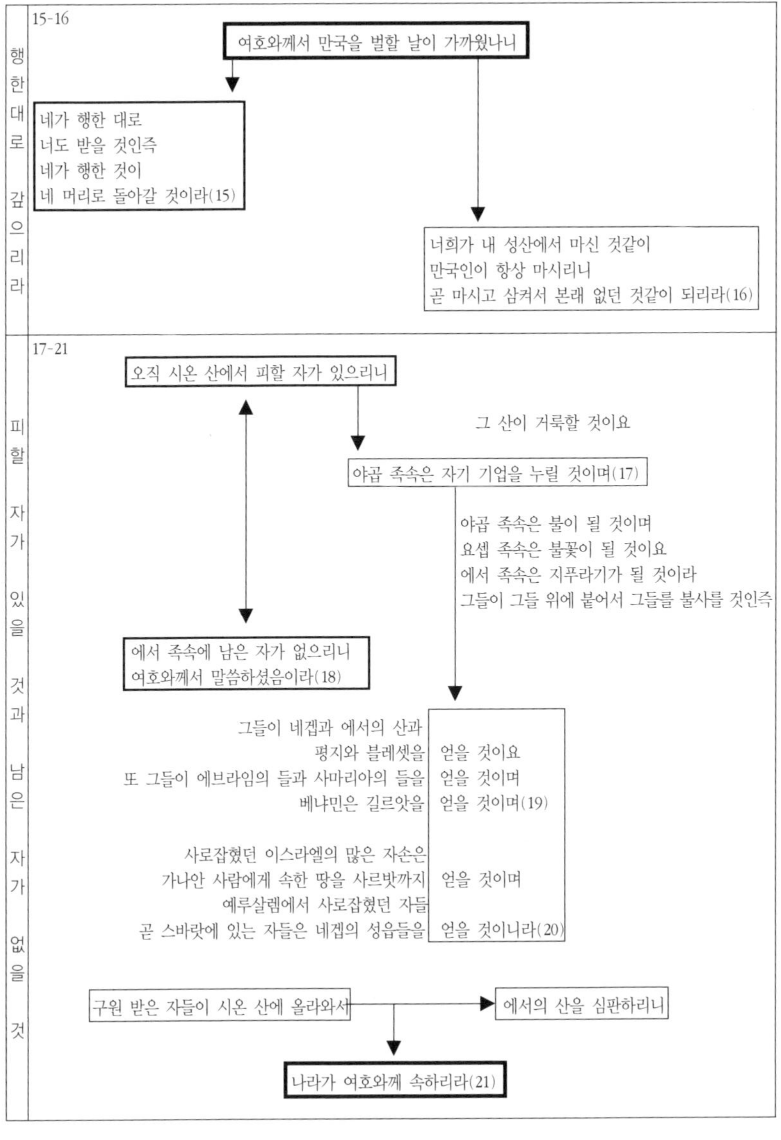

1:15-21절

여호와의 만국을 심판하실 날이 가까왔나니

[15] 여호와께서 만국을 벌할 날이 가까웠나니 네가 행한 대로 너도 받을 것인즉 네가 행한 것이 네 머리로 돌아갈 것이라

오바댜서의 둘째 부분(15-21)은 "여호와께서 만국을 벌할 날이 가까웠나니"(15상) 하고 시작됩니다. 첫 부분(1-14)의 주제가 "여호와의 에돔을 심판하실 날이 가까왔나니"라면, 둘째 부분의 주제는 "여호와의 만국을 심판하실 날이 가까왔다"는 말씀인 것입니다. 이 구도(構圖)는 무엇을 말씀해주고 있느냐 하면 오바댜서의 기록목적이 단순히 에돔을 심판하시겠다는 데 있는 것이 아니라, 궁극적으로는 에돔의 심판을 예표로 하여 "만국"을 향하여,

"너희가 행한 대로 심판받으리라"는 경고라는 점입니다. 이런 맥락에서 "시온 산과 에서의 산"이 대조되어 있다는 점입니다. "시온 산에서 피할 자가 있으리니"(17), 즉 구원 얻을 자가 있는 반면, "구원받은 자들이 시온 산에 올라와서 에서의 산을 심판하리니"(21) 하고 멸망 당할 자들이 있다는 말씀입니다. 요약하면

㉠ 첫째는 최후심판이 있다는 것과

㉡ 둘째는 구원 얻을 자와 멸망 받을 자, 두 종말로 갈라지게 된다는 불변의 진리입니다.

첫째 단원(15–16) **행한 대로 받으리라**

둘째 단원(17–21) **시온 산에 피할 자가 있으리니**

첫째 단원(15–16) **행한 대로 받으리라**

"여호와께서 만국을 벌할 날이 가까웠나니 네가 행한 대로 너도 받을 것인즉 네가 행한 것이 네 머리로 돌아갈 것이라"(15).

① "여호와께서 만국을 벌할 날이 가까웠다"(15상)는 말씀에는 두 가지 측면이 있는데,

㉠ 첫째는 그동안 하나님의 선민 이스라엘을 괴롭힌 앗수르 · 바벨론 등 여러 나라를 심판하시겠다는 뜻이 있습니다. 이점을 요엘 선지자를 통해서는 "내가 전에는 그들(이스라엘)의 피 흘림 당한 것을 갚아 주지 아니하였거니와 이제는 갚아 주리니"(욜 3:21) 하십니다.

㉡ 둘째는 종말적인 만민심판의 뜻이 있습니다. 그 점이 "나라가 여호와께 속하리라"(21)고 선언하는 마지막 말씀이 뒷받침해 줍니다. 이를

계시록에서는 "세상 나라가 우리 주와 그의 그리스도의 나라가 되어 그가 세세토록 왕 노릇 하시리로다"(계 11:15)고 말씀합니다.

② 하나님의 심판에는 원칙이 있습니다. 그 원칙이란 "네가 행한 대로 너도 받을 것인즉 네가 행한 것이 네 머리로 돌아갈 것이라"(15하)는 것입니다. "하나님께서 각 사람에게 그 행한 대로 보응하시되 참고 선을 행하여 영광과 존귀와 썩지 아니함을 구하는 자에게는 영생으로 하시고 오직 당을 지어 진리를 따르지 아니하고 불의를 따르는 자에게는 진노와 분노로 하시리라"(롬 2:6-8) 합니다.

③ 그런데 하나님의 심판에는 순서가 있다는 점입니다.

㉠ 이점을 베드로는 "하나님의 집에서 심판을 시작할 때가 되었나니 만일 우리에게 먼저 하면 하나님의 복음을 순종하지 아니하는 자들의 그 마지막이 어떠하며"(벧전 4:17)라고 교회가 먼저 심판을 받게 된다고 말씀합니다. 에스겔서에서도 "내 성소에서 시작할지니라"(겔 9:6)하십니다.

㉡ 다음은 망국입니다. 이사야서는 "앗수르 사람은 화 있을진저 그는 내 진노의 막대기요 그 손의 몽둥이는 내 분노라"(사 10:5)고 말씀하는데 무슨 뜻인가? 하나님은 메시아언약을 송아지 우상으로 바꿔치기 한 북이스라엘을 심판하실 때에 앗수르를 "진노의 막대기, 심판의 몽둥이"로 사용하셨습니다. 그런데 앗수르는 이를 모르고 자신이 "왕"인 양 교만했기에 "화 있을진저"하고 심판을 경고하시는 것입니다.

㉢ 16절은 "마신 것 같이, 항상 마시리니 곧 마시고 삼켜서"라고 말씀하는데 이는 그들이 행한 대로 진노의 잔을 마실 것, 즉 징벌을 받은 것을 의미합니다. 이점을 시편에서는,

여호와의 손에 잔이 있어 술거품이 일어나는도다
속에 섞은 것이 가득한 그 잔을 하나님이 쏟아 내시나니
실로 그 찌꺼기까지도 땅의 모든 악인이 기울여 마시리로다(시 75:8)

④ 만국심판이 "진노의 잔을 마실 것"(16)과 "불사름을 당할 것"(18)으로 나타납니다. "야곱 족속은 불이 될 것이며 요셉 족속은 불꽃이 될 것이요" 하시는 반면, "에서 족속은 지푸라기가 될 것이라"(18) 하십니다. 주님께서는 "내가 불을 땅에 던지러 왔다"(눅 12:49)고 말씀하셨습니다. 복음에는 양면성이 있는데 받는 자에게는 죄를 정화시키는 불로 작용하지만, 대적하는 자에게는 그 자신을 사르는 불이 되고 마는 것입니다.

만국을 벌할 날

① 하박국 선지자의 갈등은 "악인이 자기보다 의로운 사람을 삼키는데도 잠잠하시나이까"(합 1:13) 하는 점이었습니다. 즉 이스라엘이 죄를 범했다 해도 앗수르나 바벨론보다는 낫지 않느냐는 겁니다. 하나님은 대답하십니다. "이 묵시는 정한 때가 있나니 그 종말이 속히 이르겠고 결코 거짓되지 아니하리라 비록 더딜지라도 기다리라 지체되지 않고 응하리라"(합 2:3), 즉 자기 백성들을 징계하시기 위해서 앗수르나 바벨론을 몽둥이로 사용하셨지만 결국은 그들도 심판하시리라는 것입니다. 다른 점은 하나님의 백성들은 70년이란 한정(限定)된 "잠시" 징벌을 받지만, 교회를 대적한 자들은 "항상 마시리니 곧 마시고 삼켜서 본래 없던 것같이 되리라"(16하), 즉 세세토록 영원히 마시게 된다는 점이 다릅니

다.

② 성경은 말씀합니다. “주께서 그 사랑하는 자를 징계하시고 그가 받아들이시는 아들마다 채찍질하심이라 하였으니 너희가 참음은 징계를 받기 위함이라 하나님이 아들과 같이 너희를 대우하시나니 어찌 아비가 징계하지 않는 아들이 있으리요 징계는 다 받는 것이거늘 너희에게 없으면 사생자요 친아들이 아니니라”(히 12:6-8).

③ 이제 생각해보아야 하겠습니다. 11-14절에는 “날”이란 말이 무려 열 번이나 등장합니다. 그런 후에 15절에서 “벌할 날이 가까왔다”고 말씀하는 것입니다. 이 땅에서의 삶이란 “날들”의 연속입니다. 그 많은 날 동안 “너는 어떻게 살았느냐”라고 묻고 있는 셈입니다. 최후심판의 “그날”에 이르러서는, 그 “많은 날들”에 네가 행한 대로 너도 받게 될 것이라 경고합니다. 만국을 벌할 날이 다가오고 있습니다.

둘째 단원(17–21) **시온 산에 피할 자가 있으리니**

“오직 시온 산에서 피할 자가 있으리니 그 산이 거룩할 것이요 야곱 족속은 자기 기업을 누릴 것이며”(17).

① 여기 놀라운 소식을 듣게 됩니다. 그것은

㉠ “피할 자” 즉 최후심판에서 구원 얻을 자가 있다는 소식입니다. 아무 곳에서나 “피할 자” 즉 피난처(避難處)가 된다고 말씀하고 있지 아니합니다.

㉡ "오직 시온 산"에서 뿐입니다. "오직"이란 유일(唯一)하다는 뜻입니다. 다른 곳은 아닙니다. "오직 시온 산에서 피할 자가 있으리니" 하십니다. 요엘 선지자도 "시온"에 사는 하나님이 피난처, 이스라엘 자손의 산성이 되시리라(욜 3:16-17)고 말씀합니다.

② 그렇다면 마땅히 물어야 합니다. "시온 산"이 어디며, 어찌하여 거기 가야만 살아남을 수가 있는가? "산"이 피난처도 아니고 구원을 주는 것이 아닙니다. 하나님은 말씀하십니다.

㉠ "내가 나의 왕을 내 거룩한 산 시온에 세웠다, 너는 내 아들이라 오늘날 내가 너를 낳았도다"(시 2:6-7). 이를 알았기에 다윗은

㉡ "이스라엘의 구원이 시온에서 나오기를 원하도다"(시 14:7)하고 바라고 있었습니다. 계시록에서는 "또 내가 보니 보라 어린 양이 시온 산에 섰고 그와 함께 십사만 사천이 섰는데 그들의 이마에는 어린양의 이름과 그 아버지의 이름을 쓴 것이 있더라"(계 14:1) 합니다. 여기에 해답이 있는 것입니다. 무엇으로 구별(區別)이 되는가? "그들의 이마에는 어린양의 이름과 그 아버지의 이름을 쓴 것"이 있느냐 없느냐로 영생과 형벌이 갈라지게 된다는 말씀입니다. 요엘 선지자도 "누구든지 여호와의 이름을 부르는 자는 구원을 얻으리니 이는 나 여호와의 말대로 시온 산과 예루살렘에서 피할 자가 있을 것임이요 남은 자 중에 나 여호와의 부름을 받을 자가 있을 것임이니라"(욜 2:32)하고 말씀합니다.

③ 더욱 놀라운 소식은 "자기 기업을 누릴 것이며"(17하) 라는 말씀인데 지옥을 면하기만 하는 것이 아니라 "자기 기업을 누리게 되리라"는 것입니다. 그리고 19-20절을 보면 "얻을 것이며"라는 말씀이 여섯 번이나 나옵니다. 이는 1차적으로는 포로에서 귀환한 자들이 자기 기업을 회복하게 될 것을 가리키는 것으로 볼 수 있습니다만, 이상에서 살펴본 문맥으로 볼 때 그리스도인들이

누리게 될 영원한 기업을 선지자 당시의 잣대로 묘사한 것임을 깨닫게 됩니다. 가나안은 영원한 기업의 예표이기 때문입니다. 구원 얻은 자들은 심판만 면하는 것이 아닙니다. "자기 기업을 누리는 자들"입니다.

④ "구원받은 자들이 시온 산에 올라와서 에서의 산을 심판하리니"(21상) 합니다. 질문입니다. "에서의 산"이라 했으면 대칭으로 "야곱의 산"이라 해야 하지 않는가? 어찌하여 "시온 산"이라 하는가? 그렇습니다. 오직 구원, 피할 자란 시온에 오실 그리스도에게 있기 때문입니다. 만일 "야곱의 산"이라 한다면 구원이 야곱의 공로가 되고 맙니다. 21절은 오바댜서의 총 결론이라 할 수 있습니다.

㉠ 온 인류는 "시온 산과 에서의 산"으로 갈라지게 될 것입니다. 그리고 "구원받은 자들이 시온 산에 올라와서 에서의 산을 심판"하게 될 것입니다.

㉡ 이는 주님께서도 말씀하신 바입니다. "내가 진실로 너희에게 이르노니 세상이 새롭게 되어 인자가 자기 영광의 보좌에 앉을 때에 나를 따르는 너희도 열두 보좌에 앉아 이스라엘 열두 지파를 심판하리라"(마 19:28). 계시록에서도 "또 내가 보좌들을 보니 거기에 앉은 자들이 있어 심판하는 권세를 받았더라"(계 20:4) 합니다. 이는 시련과 환난 중에 있는 성도들에게 주시는 최대의 위로와 격려의 말씀인 것입니다.

⑤ 구속사의 맥락으로 바라볼 때 "에서와 야곱, 시온 산과 에서의 산"의 두 줄기는 결국 두 사람의 만남으로 귀결(歸結)되는데, 야곱의 줄기에서는 예수 그리스도가 탄생하고, 에서의 줄기에서는 헤롯이 왕이 됩니다. 그리고 두 사이는 누가 진짜 왕이냐

하고, 왕위를 놓고 대결(마 2:2)하게 되는 것입니다.

⑥ 그러나 오바댜는 "나라가 여호와께 속하리라"(21하)고 선언하는 것으로 마치고 있습니다. 오바댜 선지자는 이 한마디를 증언하기 위해서 오바댜서를 기록하였다 해도 과언이 아닙니다.

㉠ 「나라」가 "세상"에 속한 줄로 생각하는 사람들이 있습니다. 이것이 세속주의자들입니다.

㉡ 나라가 "사람"에게 속한 줄로 생각합니다. 이것이 인본주의 사상입니다.

㉢ 나라가 "물질"에 속한 줄로 생각합니다. 이것이 유물사관입니다. 성경은 말씀합니다. "이는 만물이 주에게서 나오고 주로 말미암고 주에게로 돌아감이라 그에게 영광이 세세에 있을지어다 아멘"(롬 11:36). 이것이 신본주의 신앙입니다. 우리도 큰 소리로 "세상 나라가 우리 주와 그의 그리스도의 나라가 되어 그가 세세토록 왕 노릇하시리로다"(계 11:15)고 찬양하십시다. 이것이 "만국을 심판하실 날이 가까웠다"는 말씀입니다.

요나

The Book of Jonah

요나서 머리말

요나서의 주제는 선교가 아니라 "회개"(悔改)입니다. 이방 니느웨의 회개를 통해서 이스라엘이 회개하기를 바라셨습니다. 그러나 선민 이스라엘은 니느웨가 회개하는 것을 보면서도 회개하지 않았다가 결국 그들에 의하여 멸망 당하고 말았습니다.

요나보다 더 큰 선지자가 계십니다. 그 분은 장사한지 사흘 만에 죽은 자 가운데서 다시 살아나심으로 요나의 표적보다 더 큰 "부활의 표적"을 보여주셨습니다.

성경은 말씀합니다. "알지 못하던 시대에는 하나님이 간과하셨거니와 이제는 어디든지 사람을 다 명하사 회개하라 하셨으니 이는 정하신 사람으로 하여금 천하를 공의로 심판할 날을 작정하시고 이에 그를 죽은 자 가운데서 다시 살리신 것으로 모든 사람에게 믿을만한 증거를 주셨음이니라"(행 17:30-31).

주님은 우리에게 "땅 끝까지 이르러 내 증인이 되리라" 하십니

요나서 파노라마

요나서의 이야기는 유년 주일학교 어린이들이라도 뚜르르 할 정도로 유명한 이야기입니다. 그런데 정작 요나서를 통해서 말씀하시고자 하는 주제(主題), 즉 하나님의 의도(意圖)는 알고 있느냐 하는 점입니다. 요나서의 중심점은 “요나도, 니느웨도, 큰 물고기도, 박 넝쿨도 아닙니다. 이런 것들은 주권자 되시는 하나님의 손에 들려있는 도구에 지나지 않습니다.

그렇다면 요나서의 주제(主題)가 무엇일까요? 선교(宣教) 사명입니까? 요나의 불순종입니까? 이방인의 구원문제입니까? 물론 이러한 문제들을 요나서를 통해서 교훈 받을 수 있다고 하여도, 요나서를 통해서 말씀하시려는 중심주제는 아닌 것입니다. 그럼에도 불구하고 대부분의 해석들이 요나서의 주제를 이방인의 구원문제로 보고 요나에게 선교 사명이 주어진 양 여기고 있는 것입니다. 이렇게 생각하는 것은 성경의 역사성과 통일성을 무시하고 요나서를 동떨어진 독립적인 책으로 보기 때문입니다. 다시 말하면 성경에서 교훈만을 구하고 하나님께서 이루어 오신 구속사(救贖史)라는 맥락, 즉 역사성을 무시하기 때문에 범하게 되는 한계(限界)입니다.

요나서의 주제

요나가 선지자로 세움을 받은 시기가 언제인가? 요나 · 아모스 · 호세아는 다 같이 여로보암 2세가 40년 동안 왕위에 있을 때 세움을 받은 선지자(왕하 14:25, 암 1:1, 호 1:1)들입니다. 여로보암 2세가 북이스라엘의 왕으로 있을(왕하 14:25) 당시는 정치적으로는 번영을 누리고 있었지만 신앙적으로는 여로보암 1세가 세운 송아지 우상을 섬기고 있던 암흑기였습니다.

그러니까 하나님은 예루살렘 남방에 있는 드고아의 목자인 아모스를 부르셔서 이스라엘로 보내시면서 "이스라엘 자손들아 여호와께서 너희에 <대하여 이르시는> 이 말씀을 들으라"(암 1:1, 3;1)고 외치게 하셨고, 아밋대의 아들 요나를 부르셔서 니느웨로 보내시면서 "너는 일어나 저 큰 성읍 니느웨로 가서 그것을 <향하여 외치라>"(욘 1:2)고 명하신 셈입니다. 그런 이스라엘을 회개하기 위해 세움 받은 요나에게 아닌 밤중에 홍두깨 내미는 식으로 선교 사명이 주어진다는 말입니까?

당시는 이스라엘을 가리켜 "내가 땅의 모든 족속 가운데 너희만을 알았나니"(암 3:2) 하신 특별한 사명 즉 선민 이스라엘을 통해서 그리스도를 보내시려는 준비하고(요 4:22) 계시던 시대입니다. 이방인에 대한 선교 사명은 그리스도가 오셔서 중간에 막힌 담을 허시고 "둘로 하나를 만드신"(엡 2:14) 후에, "또 이르시되 너희는 온 천하에 다니며 만민에게 복음을 전파하라"(막 16:15)는 사명으로 주어지게 되는 것입니다. 그때까지는 이스라엘은 메시아가 오실 통로로 거룩하게 구별(區別)되어야 했던 것입니다.

그렇다면 요나서의 주제는 무엇인가? "회개를 촉구하는 하나님"이십니다. 하나님께서는 최우선적으로 누가 회개하고 돌아오기를 바라시는 것일까요? 요나서를 기록하게 하신 목적은 무엇일까요? 기록된 요나서의 1차 독자는 누구였다고 여겨지십니까? 이러한 질문들을 가능하게 하면서 요나서의 내용과 기록한 목적은 반드시 일치하고 있는 것이 아님을 유념해야 합니다. 요나서의 내용은 니느웨에 관한 것이지만 요나서의 기록목적은 그들에게 들려주기 위해서 기록하게 하신 것은 아니라는 말씀입니다.

아모스 선지자는 "너희는 여호와를 찾으라 그리하면 살리라 그렇지 않으면 그가 불같이 요셉의 집에 임하여 멸하시리니 벧엘에서 그 불들을 끌 자가 없으리라"(암 5:6)고 외쳤습니다. 요나도 "그 성에 들어가며 곧 하룻길을 행하며 외쳐 가로되 사십 일이 지나면 니느웨가 무너지리라"고 외쳤습니다. 이를 듣고 이스라엘과 니느웨는 각각 어떻게 반응을 할 것인가? 앗수르의 수도 "니느웨 사람들이 하나님을 믿고 금식을 선포하고 높고 낮은 자를 막론하고 굵은 베를 입은지라"(욘 3:5) 합니다. 그렇다면 하나님의 선민인 이스라엘에서는 더 큰 회개운동이 일어났어야 할 것이 아닌가? 아닙니다. 아모스 4장을 보십시오. 하나님께서는 그들을 회개시키기 위해서 "양식이 떨어지게 하였으나 너희가 내게로 돌아오지 아니하였느니라 이는 여호와의 말씀이니라", 한재(旱災)로 회개를 촉구하셨으나 "너희가 내게로 돌아오지 아니하였느니라", 곡식을 마르게 하는 재앙과 깜부기와 메뚜기 재앙으로 치셨으나 "너희가 내게로 돌아오지 아니하였느니라", 전염병으로 임하게 하였으나 "너희가 내게로 돌아오지 아니하였느니라", 성읍 무너뜨리기를 소돔과 고모라같이 하였으나 "너희가 내게로 돌아오지 아니하였느니라", 돌아오지 않았습니다.

이제 하나님은 이렇게 말씀하시는 셈입니다. 멸망 받아 마땅한 이방 니느웨 사람들이 회개하는 것을 보고도, "너희가 내게로 돌아오지 아니하였느니라." "그러므로 이스라엘아 내가 이와 같이 네게 행하리라 내가 이것을 네게 행하리니 이스라엘아 네 하나님 만나기를 준비하라"(암 4:12), 즉 심판받을 준비를 하라는 말씀입니다. 얼마나 답답하고 안타까운 일입니까? 이는 바울이 말씀한 바와 같이 니느웨가 구원 얻는 것을 보고 이스라엘로 "시기나게"(롬 11:11) 하여 그들로 구원 얻게 하시려는 하나님의 긍휼이요, 오래 참으심이었던 것입니다. 그러므로 요나서의 일차 독자는 이스라엘 백성들이요, 이를 통해서 회개하기를 촉구하시는 것이 요나서를 기록하신 하신 의도라 할 수 있습니다.

요나의 표적과 그리스도의 표적

그렇다면 요나서가 신약시대를 살아가고 있는 우리에게 말씀하는 바가 무엇인가? 이에 대해 주님께서는 "이 세대는 악한 세대라 표적을 구하되 요나의 표적 밖에는 보일 표적이 없느니라"고 요나가 밤낮 삼일을 물고기 뱃속에 있다 살아 나온 이 사건이 예수 그리스도께서 장사한지 사흘 만에 부활하실 것에 대한 "표적"으로 해석해 주십니다. 그런데 여기서 멈추는 것이 아니라 "요나가 니느웨 사람들에게 표적이 됨과 같이 인자도 이 세대에 그러하리라"(눅 11:30)고 주님 자신으로 적용시키십니다. "요나가 니느웨 사람들에게 표적이 되었다"고 말씀하시는데, 요나의 무엇이 그들에게 회개하지 않을 수 없도록 표적으로 작용했을까요? 요나가 "밤낮 삼일을 물고기 배에 있다가, 여호와께서 그 물고기에게 말씀하시매 요나를 육지에 토하니라"(욘 1:17, 2:10)한 사건입니다. 니느웨에서 불가사의하다고 말할 수밖에 없는 대대적인 회개운동이 일어나게 된 동기가 "요나의 표적"을 알게 되었기 때문이라는 말씀입니다.

그러면 주님께서 말씀하신바 "인자도 이 세대에 그러하리라"(눅 11:30) 하신 이 세대에 믿을만한 "표적"이 무엇인가? 성경은 말씀합니다. "알지 못하던 시대에는 하나님이 간과하셨거니와 이제는 어디든지 사람에게 다 명하사 회개하라 하셨으니, 이는 정하신 사람으로 하여금 천하를 공의로 심판할 날을 작정하시고 이에 그를 죽은 자 가운데서 다시 살리신 것으로 모든 사람에게 <믿을 만한 증거>를 주셨음이니라"(행 17:30-31), "죽으시고 다시 사신" 표적인 것입니다. 예수 그리스도께서 사흘 동안 무덤에 계시다가 다시 살아나신 부활 사건은 요나의 표적보다 더 큰 표적이었던 것입니다. 만일 이 표적을 보고도 회개하지 않는다면 그에게 더 보여줄 표적은 없는 것입니다. 그러므로 그리스도의 증인으로 세움을 받은 자들은 주님의 십자가와 부활을 증언하는 데 초점을 맞추어야 마땅한 것입니다.

그리고 결론은 "회개하기만 하면 심판을 면하게 되고 구원을 얻게 된다"는데 있는 것입니다. 이것이 요나서를 통해서 궁극적으로 이후 시대에 말씀하시려는 계시입니다. 그러므로 만일 요나보다 더 크고 믿을만한 "그리스도의 표적"을 보고도 믿지 않는다면, "심판 때에 니느웨 사람들이 일어나 이 세대 사람을 정죄하리니 이는 그들이 요나의 전도를 듣고 회개(悔改)하였음이거니와 요나보다 더 큰 이가 여기 있으며"(마 12:41) 하시는 것입니다. 이를 볼 때 요나서의 주제는 선교 사명이 아니라 "회개"임을 깨닫게 됩니다. 이는 제 주장이 아니라 요나서를 들어서 그렇게 증언해 주고 계시는 주님의 해석인 것입니다.

선지서를 기록하게 하신 하나님의 의도

하나님께서는 이스라엘의 멸망을 전후해서 16명의 문서 선지자들을 집중적으로 투입하셨습니다. 구두(口頭)로 전하게 하신 것만이 아니라, 특이한 것은 그들에게 후대에 전하여주기 위해서 메시지를 기록하게 하셨다는 것입니다. 그들의 메시지에는 몇 가지 공통점이 있는데

㉠ 죄를 책망합니다.
㉡ 회개를 촉구합니다.
㉢ 심판을 경고합니다.

그런데 목적을 달성한 선지자는 단 한 사람도 없었다는 사실입니다. 즉 회개케 하여 심판을 면하게 하지 못했습니다. 이는 자력으로는 구원의 소망이 없음을 말씀해주고 있는 것입니다. 그런 중에 한 건의 예외가 요나서입니다. 요나의 경고를 듣고 니느웨 성은 회개하였던 것입니다. 그러나 요나도 성공한 선지자는 아니었습니다. 왜냐하면 니느웨의 회개를 들어서 이스라엘을 회개하게 하시려는 원래의 목적을 달성하지 못했기 때문입니다.

㉣ 이런 맥락에서 선지서들은 그리스도를 통한 회복을 예언했던 것입니다.

요나서도 "표적"을 통해서 우리에게 소망을 말씀해주고 있는 것입니다. 그러므로 요나서를 기록하게 하셔서 우리에게 전해주신 하나님의 의도는 분명해지는데, "때가 찼고 하나님의 나라가 가까이 왔으니 회개하고 복음을 믿으라"(막 1;15)는 "회개와 복음"이라는 결론에 이르게 되는 것입니다.

구원은 여호와께로 말미암나이다

이런 맥락에서 볼 때, 요나서 2장은 회개하는 기도로 등장합니다. 그 기도는 이 사건을 단순한 육체적인 문제로만 보고 있지 않다는 점입니다. 다시 말하면, "물고기 뱃속에서 살려 달라"고만 애원하고 있지 않습니다. "물이 나를 영혼까지 둘렀사오며"(2:5)라고 영적인 문제로 보고 있는 것입니다. 그리하여 요나의 회개기도는 "구원은 여호와께 속하였나이다"(2:9)라는 성경의 대주제로 마치고 있는 것입니다. 그러므로 요나서의 주제는 회개를 촉구하는 하나님의 구원초청이라고 말할 수 있는 것입니다.

그렇다면 누가 회개하기를 기대하고 계시는 것일까요? 제일 먼저 요나 자신입니다. 요나서에서는 "선지자"가 하나님의 명령에 불순종하고 도망가는 초유의 사태가 벌어지고 있는 것입니다. 요나서에서는 풍랑도, 물고기도, 박 넝쿨도, 심지어 벌레도 순종하는 모습으로 등장하고 있습니다. 그러나 하나님의 종은 불순종하고 반대 방향으로 도망쳤던 것입니다.

다음은 이스라엘입니다. 요나서는 "내가 어찌 아끼지 아니하겠느냐"(4:11)는 말씀으로 끝맺고 있습니다. 하나님은 니느웨를 아끼셨습니다. 그러나 하나님은 니느웨 보다도 이스라엘을 더욱 아끼셨습니다. 그 아끼심의 정도가 "내가 땅의 모든 족속 가운데 너희만을 알았나니"(암 3:2)라는 말씀을 통해서 나타납니다. 요나서는 그들의 회개를 촉구하기 위해 기록되었습니다. 마지막으로 니느웨 즉 이방인들인 우리입니다. 하나님은 모든 사람이 구원에 이르기를 기뻐하십니다. 요나도 회개했고 니느웨도 회개의 표적이 되었습니다. 그러나 이스라엘은 니느웨의 표적을 보고도 끝내 회개하지 않다가 멸망 당했습니다.

노하기를 더디 하시는 하나님

요나서에서 하나님은 어떤 하나님으로 계시되어 있는가? "은혜로우시며 자비로우시며 노하기를 더디하시며 인애가 크시사 뜻을 돌이켜 재앙을 내리지 아니하시는 하나님"(4:2)으로 계시되어 있습니다. 이 하나님의 자기 계시는 일찍이 모세에게, "여호와로라 여호와로라 자비롭고 은혜롭고 노하기를 더디하고 인자와 진실이 많은 하나님이로라"(출 34:6)고 계시하신 바입니다. 이 하나님의 자기 계시는, 출애굽기에서 시작하여 민수기(14:18)와 역대하(30:9)와 느헤미야(9:17)와 시편(86:15, 103:8)을 거쳐 요엘 선지자도, "너희는 옷을 찢지 말고 마음을 찢고 너희 하나님 여호와께로 돌아올지어다 그는 은혜로우시며 자비로우시며 노하기를 더디 하시며 인애가 크시사 뜻을 돌이켜 재앙을 내리지 아니하시나니"(욜 2:13)라는 맥으로 이어져 내려옴으로 성경의 축(軸)을 이루고 있는 대단히 중요한 하나님의 자기계시입니다.

이러한 하나님께서 회개를 촉구하시는 궁극적인 목표는 당신입니다. 형제여, 당신은 어떻게 하시겠습니까? 회개하고 복음을 믿고 구원을 얻으시겠습니까? 아니면 돌이키지 않다가 멸망 당하고야 말 것입니까? 하나님께서는 요나서를 통해서 완악하고 패역한 이스라엘을 향하여 이렇게 말씀하고 계시는 셈입니다. "저 이방인의 성 니느웨를 보라. 저 이방인들은 요나의 경고를 듣고 회개하여 그 성이 멸망 당하지 않고 구원을 얻었다. 이제 너희에게 말한다. 너희도 회개하고 여호와께로 돌아오면 살 수 있다. 그러나 이것을 보고도 회개하지 않는다면 더 이상 보여줄 표적은 없다, 이것이 최후통첩이다".

요나 1장 개관도표

주제 : 저 큰 성읍 니느웨를 향하여 외치라

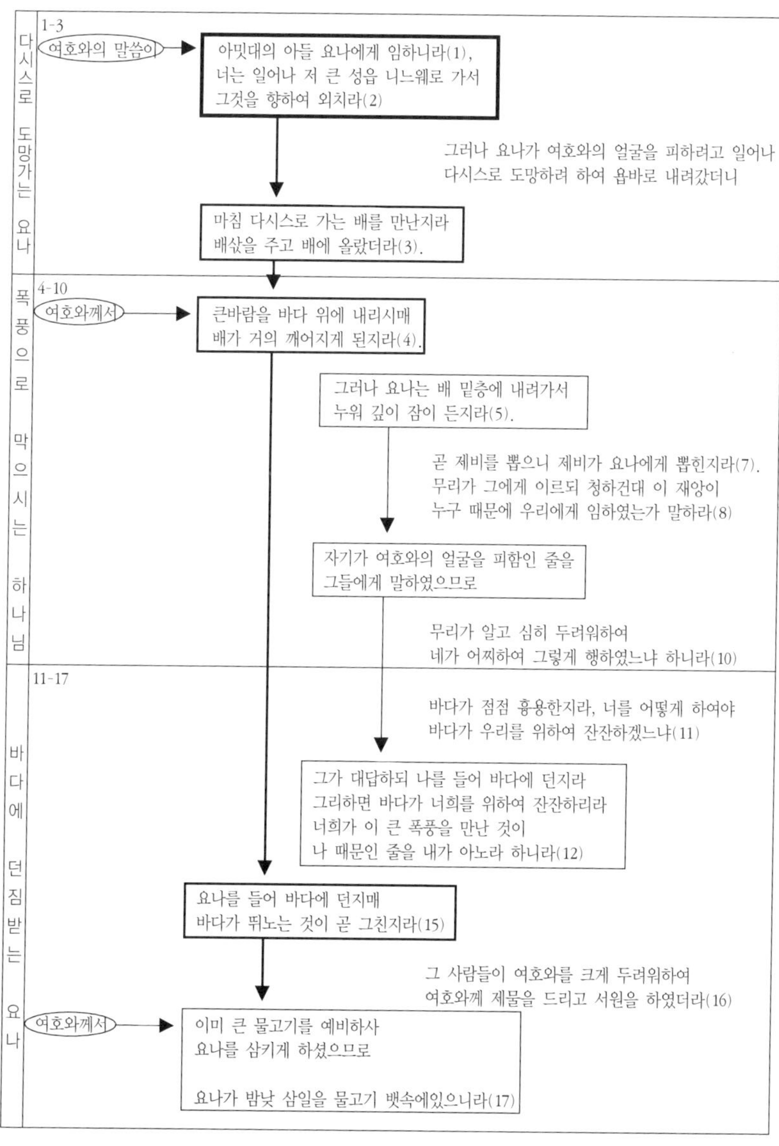

1장

저 큰 성읍 니느웨를 향하여 외치라

[2] 너는 일어나 저 큰 성읍 니느웨로 가서 그것을 향하여 외치라 그 악독이 내 앞에 상달되었음이니라 하시니라

1장의 중심점은 도표의 굵은 선의 연결에서 보는 바대로 하나님께서 요나를 니느웨로 파송하십니다. 그러나 요나가 다시스로 도망갑니다. 하나님께서 풍랑을 일으켜 이를 저지하심에 있습니다. 열왕기하 14:25절에 의하면 요나는 북이스라엘을 위해서 세움받은 선지자임을 알 수 있는데 하나님께서 요나를 "니느웨로 가서 그것을 향하여 외치라"고 보내신 의도가 무엇인가? 요나는 어떤 이유로 불순종하고 다시스로 도망하려 했는가? 이런 경우 사도 바울은 "누가 주의 마음을 알아서 주를 가르치겠느냐 그러나 우리가 그리스도의 마음을 가졌느니라"(고전 2:16)고 대답합

니다. 그러면 하나님의 마음, 의도가 무엇인가를 알기 원하는 마음으로 이를 세 단원으로 나누어 상고하겠습니다.

첫째 단원(1–3) **다시스로 도망가는 요나**
둘째 단원(4–10) **폭풍으로 막으시는 하나님**
셋째 단원(11–17) **바다에 던짐 받는 요나**

첫째 단원(1–3) 다시스로 도망가는 요나

"너는 일어나 저 큰 성읍 니느웨로 가서 그것을 향하여 외치라 그 악독이 내 앞에 상달되었음이니라 하시니라"(2).

① "여호와의 말씀이 아밋대의 아들 요나에게 임하니라"(1) 하십니다. 앞에서도 언급했습니다만 열왕기하 14:25절에

㉠ "이스라엘 하나님 여호와께서 그의 종 가드헤벨 아밋대의 아들 선지자 요나를 통하여 하신 말씀과 같이 여로보암이 이스라엘 영토를 회복하되"(왕하 14:25)라는 말씀이 있습니다.

㉡ 이는 요나가 여로보암 2세 때 북 왕국 이스라엘을 위하여 세움을 받은 선지자임을 확인시켜주는 말씀입니다.

㉢ 이점을 호세아서와 아모스서의 서두와 대조를 해보면, "호세아 · 아모스 · 요나", 세 선지자가 다 같이 "여로보암이 이스라엘의 왕이 된 시대"에 세움을 받은 선지자들임을 알게 됩니다. 여로보암의 재위 기간이 41년(왕하 14:23)이었으니까 사역한 순서는 선지서의 내용으로 미루어 볼 때 요나 선지자 – 아모스 선지자 – 호세아 선지자 순 이었으리라고 여겨집니다. 이점을 밝혀두는 이유는 요나서를 이해

하는데 중요한 길잡이가 되기 때문입니다.

② "너는 일어나" 하십니다. 3:2절에서도 "일어나 저 큰 성읍 니느웨로 가서"라고 또 다시 "일어나" 하십니다. 그리하여 "요나가 여호와의 말씀대로 일어나서 니느웨로 가니라"(3:3) 합니다. 저는 "너는 일어나"라는 하나님의 명령에 깊은 감명을 받습니다. 주님은 겟세마네 동산에서 "일어나라 함께 가자 보라 나를 파는 자가 가까이 왔느니라"(마 26:46) 하십니다. "일어나"라는 말은 낙심하고 주저앉아 있는 자들에게 분발을 촉구하는 말씀입니다. 또한 새로운 사명을 부여하실 때에 사용하시는 명령입니다.

그렇다면 지금 어디에 있는 어떤 상태에 있는 요나에게 "너는 일어나"라고 말씀하시는 것일까요? 배경으로 볼 때 "북이스라엘"에 있는 요나입니다. 어떤 상태에 있는 것인가? 요나는 필시 이스라엘의 회개를 촉구하다가 낙망하고 로뎀나무 아래 누어 죽기를 구하던 엘리야 선지자처럼 낙망하고 있는 상태였을 것입니다. 하나님은 엘리야에게 "일어나서 먹으라"고 두 번(왕상 19:5-7) 말씀하셨습니다.

그런 요나에게 "너는 일어나 저 큰 성읍 니느웨로 가서 그것을 향하여 외치라"(2중) 하시는 것입니다. 선지자란 "향하여 외치는 자"입니다. 아모스 3:1절에 보면 아모스 선지자도 "이스라엘 자손들아 여호와께서 너희에 대하여 이르시는 이 말씀을 들으라"고 이스라엘을 향하여 외치고 있는 것을 보게 됩니다. 그러나 그들은 향하여 외치는 말씀을 끝내 듣지 않았습니다. 그렇다면 앗수르의 수도인 "저 큰 성 니느웨"는 "향하여 외치는" 여호와의 말씀을 그들은 들을 것인가?

③ "그러나 요나가 여호와의 얼굴을 피하려고 일어나 다시스로 도망하려 하여 욥바로 내려갔더니"(3상) 합니다. 그 이유가 무엇일까요? 그 이유를 4:2절에서 보게 될 것입니다.

다시 강조합니다만 요나서의 주제가 "선교"입니까? 아닙니다. "악한 길에서 돌이켜 떠나라"(3:10)는 "회개를 촉구함"에 있는 것입니다. 대부분의 설교자가 요나서의 주제를 문자와 표면만을 보고 선교로 속단하기 때문에 요나의 도망을 마치 선교명령을 등한시한 것인 양 적용함으로 주제에서 벗어나고 있는 것입니다.

"요나 · 아모스 · 호세아" 선지자들이 세움을 받은 여로보암 2세 당시의 긴급한 과제는 선교가 아니라 "사마리아의 송아지"를 섬기고 있는 우상숭배로부터의 "돌이킴" 즉 "회개"였던 것입니다.

④ 그런데 요나는 어찌하여 반대 방향인 "다시스"로 도망치고 있는가? 박해받을 것을 두려워했기 때문입니까? 아닙니다. 그런 사람이 "나를 들어 바다에 던지라"(12)고 말하겠습니까?

요나 자신이 그 이유를 진술하고 있는데, "여호와여 내가 고국에 있을 때에 이러하겠다고 말씀하지 아니하였나이까 그러므로 내가 빨리 다시스로 도망하였사오니 주께서는 은혜로우시며 자비로우시며 노하기를 더디하시며 인애가 크시사 뜻을 돌이켜 재앙을 내리지 아니하시는 하나님이신 줄을 내가 알았음이니이다"(4:2). 무슨 뜻인가?

요나가 하나님의 명령을 거부한 것은, 첫째는 무할례자들인 이방인들에게 보냄을 받아 외치는 것을 부끄럽게 여겼기 때문이요, 둘째는 은혜롭고 자비하신 하나님은 뜻을 돌이키셔서 니느웨를 심판하시지 않을 줄로 여기고 이스라엘의 대적 앗수르의 수도인 니느웨가 구원 얻는 것이 싫었기 때문입니다. 즉 멸망 당하기를 바랐기 때문입니다.

⑤ 이 점에서 유대인들은 성경을 곡해하고 있었는데,

㉠ 첫째는 "아브라함에게 또 네 씨로 말미암아 천하 만민이 복을 받으리니"(창 22:18)하신 하나님의 의도를 곡해했고,

㉡ 둘째는 그들은 이방인들을 무할례자로 개 취급을 했는데 "표면적 육신의 할례가 할례가 아니라"(롬 2:28)는 점을 몰랐기 때문이요, 궁극적으로 "하나님은 다만 유대인의 하나님이시냐 또한 이방인의 하나님은 아니시냐 진실로 이방인의 하나님도 되시느니라"(롬 3:29)를 몰랐기 때문입니다. 신약성경은 그들이 조상으로 여기는 아브라함이 의롭다함을 얻은 것이 "할례시냐 무할례시냐 할례시가 아니요 무할례시니라"(롬 4:10)고 말씀합니다.

⑥ 요나의 반응을 신약성경에서도 대하게 되는데 하나님은 베드로를 이방인 고넬료의 집에 보내시려고 환상을 보이셨을 때 "베드로가 이르되 주여 그럴 수 없나이다 속되고 깨끗하지 아니한 것을 내가 결코 먹지 아니하였나이다"(행 10:14)고 거부하는 것을 보게 됩니다. 또한 베드로가 무할례자들인 "이방인과 함께 먹다가 할례자들을 두려워하여 떠나 물러가매"(갈 2:12) 한 사건에서도 나타납니다. 이는 "여호와의 얼굴을 피하려고" 도망가고 있는 것과 다를 바가 없는 것입니다.

둘째 단원(4-10) 폭풍으로 막으시는 하나님

"여호와께서 큰 바람을 바다 위에 내리시매 바다 가운데에 큰 폭풍

이 일어나 배가 거의 깨지게 된지라"(4).

① 이럴 경우 선원들은 그리고 요나는 어떻게 반응할 것인가? 그러므로 본 단원에서는 "선원들과 요나"의 반응(反應)을 대조시켜 보여주고 있다는 점을 주목해야 합니다.

"사공들이 두려워하여 각각 자기의 신을 부르고"(5상) 합니다. 이는 사공들이 "이방인들"이었다는 점을 말해주고 있는데 이점이 중요한 이유는 요나는 더 이상 개인이 아니라 하나님의 백성 "이스라엘"을 대표(代表)자로, 선원들은 "이방인들"을 대표하는 자로 등장하고 있기 때문입니다.

이방인들은 "또 배를 가볍게 하려고 그 가운데 물건들을 바다에 던지니라"(5중) 합니다. 그러니까 이방인들은 "우상"을 의지하면서 사람이 행해야 할 "행동"을 취하였던 것입니다.

② "그러나 요나는 배 밑층에 내려가서 누워 깊이 잠이 든지라"(5하) 합니다. 선민 이스라엘을 대표하고 있는 요나는 이런 와중에서도,

㉠ 깨어있지 않았습니다.

㉡ 하나님을 찾지도 않았습니다.

㉢ 아무런 행동도 취하지 않았습니다.

그렇습니다. 이스라엘 백성들은 "배(나라)가 거의 깨어지게 된" 상태에 이르렀는데도 깊은 잠을 자고 있었습니다. 하나님을 부르지도 않았습니다. 회개의 결단을 하지 않았던 것입니다.

③ 이방인 선장이 요나에게 가서 이르되 "자는 자여 어찌함이냐 일어나서 네 하나님께 구하라 혹시 하나님이 우리를 생각하사 망하지 아니하게 하시리라"(1:6), 도리어 이방인에게 책망받고 있

는 선민 이스라엘을 대하면서 이 말씀 앞에 선 형제의 마음은 어떠합니까?

④ "자 우리가 제비를 뽑아 이 재앙이 누구로 말미암아 우리에게 임하였나 알아보자 하고 곧 제비를 뽑으니 제비가 요나에게 뽑힌지라"(7). 옛적에 "아간"을 적발해 내신(수 7:18) 하나님은 범인 요나를 적발(摘發)해 내신 것입니다.

⑤ "청하건대 이 재앙이 누구 때문에 우리에게 임하였는가 말하라 네 생업이 무엇이며 네가 어디서 왔으며 네 나라가 어디며 어느 민족에 속하였느냐"(8).

㉠ 이 질문은 우리를 한없이 부끄럽게 만듭니다. 왜냐하면

㉡ 이는 요나가 그리고 우리들이 망각하고 의 정체성(正體性)을 일깨워주는 말이었기 때문입니다. 성경은 말씀합니다. "너희가 하나님의 성전인 것과 하나님의 성령이 너희 안에 거하시는 것을 알지 못하느냐"(고전 3:16). 요나는 머리를 망치로 맞은 것 같았을 것입니다. 이 물음 앞에 요나는 무엇이라 자백할 것인가?

⑥ "나는 히브리 사람이요 바다와 육지를 지으신 하늘의 하나님 여호와를 경외하는 자로라"(9)고 대답합니다.

㉠ "바다와 육지를 지으신 하늘의 하나님"이라는 고백 속에는 이 풍랑도 무심한 일이 아니라는 뜻이 함의되어 있는 것입니다. 그렇습니다.

㉡ "자기가 여호와의 얼굴을 피함인 줄을 그들에게 말하였다"(10상) 합니다.

⑦ "무리가 알고 심히 두려워하여"(10중), 그들이 두려워한 것은 풍랑인가? 하나님입니까? 이방인 사공들은 처음에는,

㉠ 대풍(大風)을 "두려워"(5) 했습니다.

㉡ 그러나 이제는 대풍을 일으키신 하나님을 "두려워"(10) 하는 것으

로 전진(前進)합니다.

⑧ "네가 어찌하여 그렇게 행하였느냐 하니라"(10하), "네가 어찌하여 이렇게 행하였느냐(창 3:13)? 네가 어찌하여 그렇게 행하였느냐? 네가 어찌하여 그렇게 행하였느냐?".

㉠ 이는 인류의 시조 아담 하와 때부터 수없이 인간에게 던져진 질문입니다.

㉡ "네가 어찌하여 그렇게 행하였느냐", 이는 바로 나에게 하시는 하나님의 책망으로 다가옵니다.

셋째 단원(11–17) **바다에 던짐 받는 요나**

"바다가 점점 흉용한지라 무리가 그에게 이르되 우리가 너를 어떻게 하여야 바다가 우리를 위하여 잔잔하겠느냐"(11).

① 요나가 죄를 자백한 후에도, "바다가 점점 흉용한지라"(11상) 합니다.

㉠ 그렇습니다. 회개는 입술로만 자백하는 것이 아닙니다.

㉡ "너희가 어떻게 우상을 버리고 하나님께로 돌아와서"(살전 1:9) 한 "버리고 돌아서는" 결단이 따라야만 하는 것입니다. 이방인들도 이를 알고 있었습니다.

㉢ 그러하기 때문에 "우리가 너를 어떻게 하여야 바다가 우리를 위하여 잔잔하겠느냐"(11하) 라고 묻고 있는 것입니다.

② "나를 들어 바다에 던지라 그리하면 바다가 너희를 위하여 잔잔하리라 너희가 이 큰 폭풍을 만난 것이 나 때문인 줄을 내가 아노라"(12)고 인정합니다. 이 점에서 이스라엘을 대표하는 자로

등장하는 요나의 차별화가 드러나고 있는데 역시 요나는 선지자였습니다.

하나님으로부터 점점 멀어져간 이스라엘 백성들에게는, "이 큰 폭풍을 만난 것이 나 때문인 줄을 내가 아노라"고 자백이 없었습니다. "나를 들어 바다에 던지라"는 결단이 없었습니다. 그들의 회개는 "아침 구름이나 쉬 없어지는 이슬"(호 6:4)과 같았을 뿐입니다. 그들을 향해 하나님은 말씀합니다. 우리는 같은 시기에 세움을 받은 아모스서에서 "너희는 나를 찾으라 그리하면 살리라 벧엘을 찾지 말며 길갈로 들어가지 말며 브엘세바로도 나아가지 말라, 너희는 여호와를 찾으라 그리하면 살리라"(암 5:4-6), 그리고 5번이나 "너희가 내게로 돌아오지 않았느니라 이는 여호와의 말이니라"는 말씀을 대한 바가 있습니다. 그들은 끝끝내 회개하지 않았습니다. 돌아오는 결단을 하지 않았다가 멸망하고 말았던 것입니다.

③ "그러나"(13상), 그들은 차마 요나를 바다에 던지지를 못했습니다.

㉠ 이는 그들에게 생명을 존중하는 마음이 있었음을 의미합니다.

㉡ 또한 "긍휼히 여김"이 있었음을 나타냅니다. 그러나 이스라엘은 종교적인 의식만을 행함으로 의로운 양 자부하고 있었습니다. 주님은 말씀하십니다. "너희는 가서 내가 긍휼을 원하고 제사를 원하지 아니하노라 하신 뜻이 무엇인지 배우라"(마 9:13).

㉢ 그들은 요나를 살려보려고 "힘써 노를 저어 배를 육지에 돌리고자 하였으나" 불가항력이라는 결론에 이르게 됩니다.

④ "무리가 여호와께 부르짖어 이르되 여호와여 구하고 구하오니 이 사람의 생명 때문에 우리를 멸망시키지 마옵소서"(14상)라

고 부르짖었습니다.

㉠ 이는 요나를 바다에 던지지 못한 까닭이 단순한 연민의 정 때문이 아니라, 하나님 두려운 줄 아는 경외심이 있었기 때문이라는 증거입니다. 놀랍게도 이방인들의 기도는

㉡ "주 여호와께서는 주의 뜻대로 행하심이니이다"(14) 라는 "주의 뜻"에 맡기는 것으로 마치고 있습니다.

⑤ "요나를 들어 바다에 던지매 바다의 뛰노는 것이 곧 그친지라"(15). "그 사람들이 여호와를 크게 두려워하였다"(16상)고 말씀합니다. 이방인 사공들은 처음에는 풍랑 자체를 두려워(5)했습니다. 그런데 그 풍랑이 요나로 인한 풍랑인 줄 알게 되었을 때 "하나님" 자신을 심히 두려워(10)하게 되었습니다.

그런데 이제는 바다의 뛰노는 것이 곧 그침으로 인하여 "여호와를 크게 두려워"(16) 하기에 이른 것입니다. 그들은 두려워만 하고 있었던 것이 아닙니다.

⑥ "여호와께 제물을 드리고 서원을 하였더라"(16하) 합니다. 이는 일종의 예배라 할 수 있는데 이점에 비상(非常)한 관심을 가지려고 합니다. 왜냐하면 첫째는 뒤에 가서 보게 될 것입니다만 그들이 증인으로 등장하기 때문이요, 둘째는 그들이 언약 밖의 이방인들이요, "자기의 신을 부르던"(1:5) 불신자들이었으나 "여호와께 제물을 드리고 서원을 하였더라"(16하)는 말은 무엇을 의미하는가? 이제부터는 여호와만을 섬기기로 "서원"하는 신앙고백으로 여겨지기 때문입니다.

⑦ 반면 이스라엘은 우상만을 섬기기로 "맹세"(암 8:14)하고 있었습니다. 그러므로 "너희가 내게 번제나 소제를 드릴지라도 내가 받지 아니할 것이요 너희의 살진 희생의 화목제도 내가 돌아

보지 아니하리라"(암 5:22) 하십니다.

우리는 엘리사 선지자 때에 아람 왕의 군대 장관이 "이제부터는 종이 번제든지 다른 제사든지 다른 신에게는 드리지 아니하고 다만 여호와께 드리겠나이다"(왕하 5:17)라고 서원한 것을 알고 있습니다. 주님은 이 나아만을 들어서 "회개하지 않는" 유대인들을 책망(눅 4:27)하셨습니다. 또 있습니다. 주님 당시 열 명의 나병환자가 고침을 받았습니다. 그때 어떤 결과를 가져왔는가?

"열 사람이 다 깨끗함을 받지 아니하였느냐 그 아홉은 어디 있느냐 이 이방인 외에는 하나님께 영광을 돌리러 온 자가 없느냐, 일어나 가라 네 믿음이 너를 구원하였느니라"(눅 17:17-19)고 말씀하신 사건입니다. 하나님께서는 이방 선원들이 하나님 두려워하는 모습을 하나님 두려운 줄 모르고 있는 이스라엘 백성들에게 보여주고 싶으셨을 것입니다. 그래서 요나서를 기록하게 하신 것입니다. 그러면 하나님을 버리고 우상을 숭배하고 있는 이스라엘의 종말은 어찌 될 것인가? 반면 "여호와께 제물을 드리고 서원"한 이방인들은 어떻게 쓰임을 받게 될 것인가?

⑧ 다시 강조합니다만 요나서의 내용은 니느웨에 관한 기사이지만 기록목적은 니느웨 사람을 위해서가 아니라, 요나서의 1차 독자들은 이스라엘 백성들이었다는 점을 유념해야 합니다.

그러므로 1장에서 벌써 요나서의 주제가 부각되고 있는데, 주님은 "심판 때에 니느웨 사람들이 일어나 이 세대 사람을 정죄하리니 이는 그들이 요나의 전도를 듣고 회개하였음이거니와"(눅 11:32)라고 요나서의 주제를 "회개"로 해설해주셨습니다. 그렇다면 이렇게 말함도 가능한 것입니다. "심판 때에 사공들이 일어나이 세대 사람을 정죄하리니".

⑨ 하나님께서 요나로 하여금 도망가게 하신 것은 아닙니다. 그러나 하나님은 이 "악"을 선으로 바꾸사 선원들에게 자기를 계시하셨습니다. 만일 요나서가 교훈적인 책이라면 요나가 바다에 던짐을 받는 것으로 이야기를 끝마칠 수 있습니다. 이렇게 말입니다. "불순종한 요나의 종말이 어떻게 되었는가를 똑똑히 보아라"고 말입니다. 그러나 하나님께서는 요나서를 통해서 더욱 놀라운 계시를 하시려는 것입니다.

⑩ "여호와께서 이미 큰 물고기를 예비하사 요나를 삼키게 하셨으므로 요나가 밤낮 삼 일을 물고기 뱃속에 있으니라"(17)고 요나서의 이야기는 계속되고 있는 것입니다. 이것이 "저 큰 성읍 니느웨를 쳐서 외치라"는 명령입니다.

요나서 2장 개관도표
주제 : 구원은 여호와께로서 말미암나이다

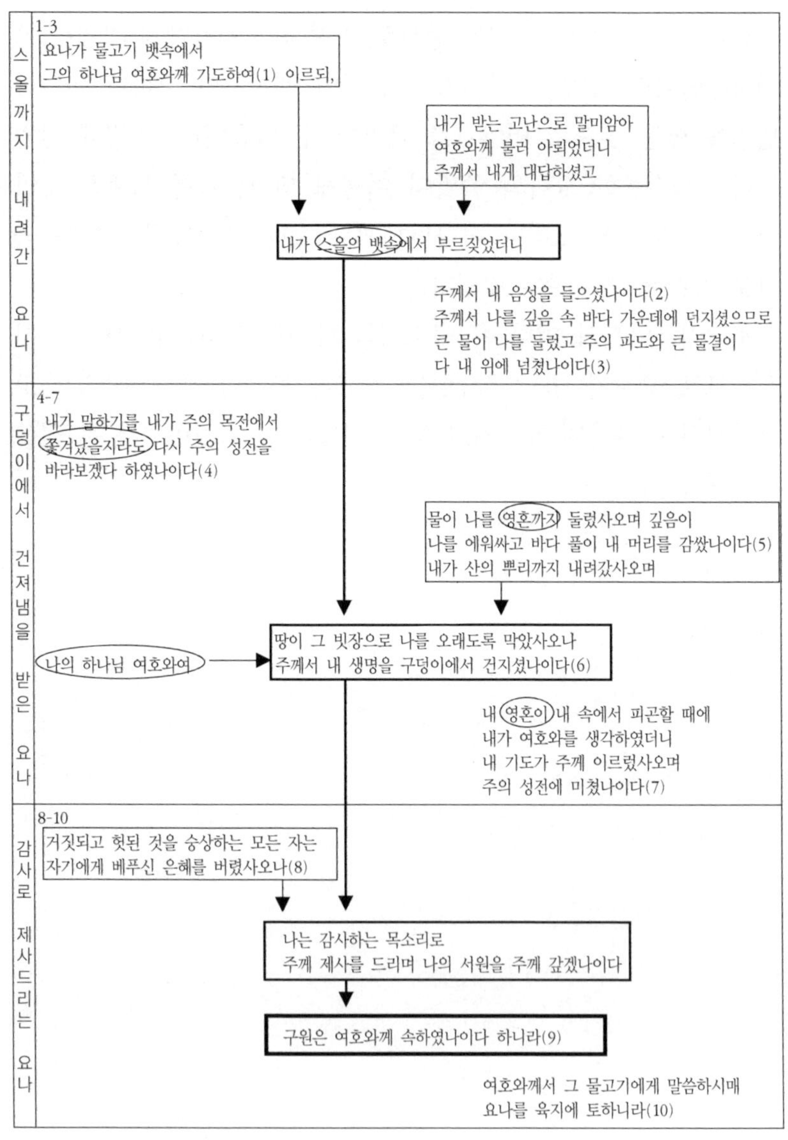

2장

구원은 여호와께로서 말미암나이다

[9] 나는 감사하는 목소리로 주께 제사를 드리며 나의 서원을 주께 갚겠나이다 구원은 여호와께 속하였나이다 하니라

2장은 요나가 큰 물고기 뱃속에서 기도하는 내용입니다. 2장의 중심점은 도표에서 보시는 바대로, "스올까지 내려간 요나"(첫째 단원)가 "구덩이에서 건져냄을 받고"(둘째 단원), "감사로 제사 드리며 서원을 갚겠다"(셋째 단원)고 서원하는 데 있습니다. 그런데 이를 통찰력을 가지고 관찰해보면 하나님께 간구하는 "기도"이면서 동시에 하나님께서 행하실 행사(行事)를 "선포"하는 내용이라는 점을 깨닫게 됩니다.

다시 말하면 요나는 하나님만 들으시라고 은밀한 중에 기도하고 있는 것이 아니라 누군가를 향해서 "선포"(宣布)하고 있다는 말씀입니다. 이점이 "거짓되고 헛된 것을 숭상하는 모든 자는 자기에게 베푸신 은혜를 버렸사오나"(8)라는 언급에 나타나는데, 이는 물고기 뱃속의 기도로는 어울리지 않는 내용입니다. 이는 다름 아닌 우상숭배하고 있는 이스라엘을 향해서 책망하는 "선포"인 것입니다.

그러므로 2장의 핵심은 기도의 결론이기도 한 "구원은 여호와께 속하였나이다"(9하) 라고 선포함에 있습니다. 이는 2장뿐만이 아니라 요나서 전체와 나아가 구약성경 전체의 요절이라 할 수 있습니다. 요나서는 "구원은 여호와께 속하였나이다"는 이 한 말씀을 선포하기 위해서 마련된 것이라 말해도 과언이 아닙니다. 그렇다면 요나가 "구원은 여호와께 속하였나이다"라고 고백하는 것이 자신을 물고기 뱃속에서 구원하여 주심만을 가리키고 있는가? 이를 세 단원으로 나누어 상고하겠습니다.

첫째 단원(1-3) **스올까지 내려간 요나**
둘째 단원(4-7) **구덩이에서 건짐 받은 요나**
셋째 단원(8-10) **감사로 제사 드리는 요나**

첫째 단원(1-3) 스올까지 내려간 요나

"내가 받는 고난으로 말미암아 여호와께 불러 아뢰었더니 주께서 내게 대답하셨고 내가 스올의 뱃속에서 부르짖었더니 주께서 내 음성을 들으셨나이다"(2).

① "요나가 물고기 뱃속에서 그 하나님 여호와께 기도하여 이르되"(1), 1장에서는 "배 밑층에 내려가서" 기도하는 요나가 아니라 "깊이 잠든"(1:5) 요나의 모습을 대한 바 있습니다. 그런데 2장에서는 "물고기 뱃속에서 그 하나님 여호와께 기도"하고 있는 것입니다. 무엇이 요나로 하여금 이처럼 기도하게 만들었는가?

② "내가 받는 고난으로 말미암아 여호와께 불러 아뢰었더니"(2상) 하고 "고난"(苦難)으로 말미암아 라고 말씀합니다. 그의 고난은 하나님으로부터 멀어지기(도망) 시작하면서 비롯되었습니다. 이제까지 요나는 올라가는 것이 아니라 "내려가고" 있었습니다.

㉠ 다시스로 도망가려고 "욥바"(1:3)로 내려갔습니다.

㉡ "배"로 내려가고, "배 밑층에 내려가서"(1:5) 아주 누워버렸습니다.

㉢ 그리하여 "바다"(1:15)로 내려갔습니다.

㉣ 이제 "물고기 뱃속까지 내려간 것입니다. 더 떨어질 곳이 없는 곳까지 내려간 것입니다.

③ "스올의 뱃속"(2중)이라 한 "스올"이란 성경에서 음부로 해석하고 있습니다. 요나는 물고기 뱃속을 음부라고 말하고 있습니다. 그렇다면 더 내려갈 곳, 떨어질 곳이라고는 없는 것입니다. 요나는 내려가려고 해도 더 내려갈 곳이 없는 맨 밑바닥까지 떨어진 것입니다. 이는 자력(自力) 구원(救援)의 소망은 바늘구멍만큼도 없는 절망적인 상태를 나타내고 있습니다. 이런 상태에서 그가 할 수 있는 것이라고는 "부르짖었더니"(2중) 한 오직 기도

뿐이었습니다. 달리 말하면 하나님만을 의지하는 일만이 남은 것입니다.

④ 그런데 "주께서 내게 대답하셨고, 주께서 내 음성을 들으셨나이다" 합니다. S.O.S.하고 타전한 무선교신이 상달 되었다는 것입니다. 여기에 소망이 있는 것입니다. 달리 말하면 이 절망적인 상황에서는, 하나님만이 저를 구원하여주실 수 있으시다는 말씀입니다. 사도 바울도 이런 경험을 진술하고 있는데 "힘에 겹도록 심한 고난을 당하여 살 소망까지 끊어지고 우리는 우리 자신이 사형 선고를 받은 줄 알았으니 이는 우리로 자기를 의지하지 말고 오직 죽은 자를 다시 살리시는 하나님만 의지하게 하심이라 그가 이같이 큰 사망에서 우리를 건지셨고 또 건지실 것이며 이 후에도 건지시기를 그에게 바라노라"(고후 1:8-10)합니다.

둘째 단원(4–7) 구덩이에서 건짐 받은 요나

"내가 산의 뿌리까지 내려갔사오며 땅이 그 빗장으로 나를 오래도록 막았사오나 나의 하나님 여호와여 주께서 내 생명을 구덩이에서 건지셨나이다"(6).

둘째 단원의 중심점은 "주께서 내 생명을 구덩이에서 건지셨다"는 데 있습니다. 이를 구속사라는 맥락으로 보면 얼마나 뜻이 깊은 말씀인지를 깨닫게 됩니다. 시편 22편은 메시아 예언 중에서도 특별한 예언인데, 15절에서는 "주께서 또 나를 죽음의 진토 속에 두셨나이다" 합니다. 죽음의 진토 속에서 "나를 사자의 입에서 구하소서"라고 부르짖는데 놀랍게도 "주께서 내게 응답하시고 들소의 뿔에서 구원하셨나이다"(시 22:21)고 선언합니다. 이점이 시편 16편에는 "이는 주께서 내 영혼을 스올에 버리지 아니하시며 주의 거룩한 자를 멸망시키지 않으실 것임이니이다"(16:10)고 예언합니다.

① 요나는 "내가 주의 목전에서 쫓겨났을지라도"(4상) 하고 자신이 바다에 던짐받고 물고기 뱃속에 들어가게 된 것을 "주의 목전에서 쫓겨남"으로 해석하고 있습니다. 그렇습니다. 인간은 시조 때부터 "쫓겨남"(창 3:23)의 반복이었던 것입니다. 성경 역사는 이를 "돌아오게 하심"인 것입니다.

이 점에서 명심해야 할 점은 "티끌"(시 90:3)과 같은 인생이 하나님 앞에서 도망을 쳐봐야 그것은 도망이 아니라, "쫓겨남"일 뿐이라는 점입니다. 불신자들은 "마음에 하나님 두기를 싫어하매", 즉 자신이 하나님을 쫓아낸 줄로 여기나 하나님은 사람이 버릴 수 있는 그런 분이 아니십니다. 도리어 "내어 버려두심"(롬 1:24) 즉 버림을 당한 자라는 점을 명심해야 합니다.

> 내가 주의 영을 떠나 어디로 가며
> 주의 앞에서 어디로 피하리이까
> 내가 하늘에 올라갈지라도 거기 계시며
> 스올에 내 자리를 펼지라도 거기 계시니이다
> 내가 새벽 날개를 치며 바다 끝에 가서 거주할지라도
> 거기서도 주의 손이 나를 인도하시며
> 주의 오른 손이 나를 붙드시리이다. (시139:7-10).

② "다시 주의 성전을 바라보겠다 하였나이다"(4하) 합니다. "주의 성전"이라 함은 물리적인 건물을 말하는 것이 아니라 하나님을 일컫는 말로 "다시 바라보겠다"는 말은 "돌아가겠다"는 진실된 회개를 의미합니다. 이렇게 할 때 "나의 하나님 여호와여 주께서 내 생명을 구덩이에서 건지셨나이다"(6) 한 건짐을 받게 되는 것입니다. 우리가 하나님께 한 걸음 다가가면 열 걸음, 백 걸음을 달려오셔서 구원하여 주시는 하나님이십니다. 그 점을 탕자의 비유에서 보는 바입니다.

③ 이 점에서 요나서가 간직하고 있는 메타포(metaphor) 즉 상징적인 면을 말씀드려야 하겠습니다.

㉠ 본서에서 요나는 하나님을 거역하고 "부를수록 점점 멀리"(호 11:2) 도망가는 이스라엘을 상징하는 인물로 등장합니다.

㉡ 그러다가 결국은 "주의 목전에서 쫓겨나"(4) 앗수르로, 바벨론으로 추방당하게 됩니다. 그러니까 앗수르는 이스라엘에게 있어서 "물고기 뱃속, 스올"이나 다를 바 없는 것입니다. 그때에야 다니엘서에서 보는 바대로

㉢ "내가 말하기를 내가 주의 목전에서 쫓겨났을지라도 다시 주의 성전을 바라보겠나이다"라고 예루살렘으로 향한 창문을 열어놓고 하나님을 찾게 될 것이요,

㉣ "부르짖게" 되리라는 말씀입니다. 그때 하나님은, "여호와여 주께서 내 생명을 구덩이에서 건지셨나이다"(6)고 건져주실 것을 요나서는 예시해주고 있는 것입니다.

④ 지금 요나는 물고기 뱃속(스올)에서 독백(獨白)하고 있는 것이 아니라 동족 이스라엘을 향해 선포하고 있는 것입니다. 자신의 구원을 예표로 하여 이스라엘이 구원 얻기를 호소하고 있는

것입니다. 이점을 호세아서에서는 "그들이 그 죄를 뉘우치고 내 얼굴을 구하기까지 내가 내 곳으로 돌아가리라 그들이 고난받을 때에 나를 간절히 구하리라, 오라 우리가 여호와께로 돌아가자 여호와께서 우리를 찢으셨으나 도로 낫게 하실 것이요 우리를 치셨으나 싸매어 주실 것임이라 여호와께서 이틀 후에 우리를 살리시며 셋째 날에 우리를 일으키시리니 우리가 그의 앞에서 살리라"(호 5:15-6:2). 시편에는 이에 관한 시가 있습니다.

사람이 흑암과 사망의 그늘에 앉으며
곤고와 쇠사슬에 매임은
하나님의 말씀을 거역하며
지존자의 뜻을 멸시함이라
그러므로 그가 고통을 주어
그들의 마음을 겸손하게 하셨으니
그들이 엎드러져도 돕는 자가 없었도다

이에 그들이 그 환난 중에 여호와께 부르짖으매
그들의 고통에서 구원하시되
흑암과 사망의 그늘에서 인도하여 내시고
그들의 얽어 맨 줄을 끊으셨도다
여호와의 인자하심과 인생에게 행하신
기적으로 말미암아 그를 찬송할지로다
그가 놋 문을 깨뜨리시며
쇠 빗장을 꺾으셨음이로다. (시 107:10-16)

셋째 단원(8–10) 감사로 제사를 드리는 요나

"거짓되고 헛된 것을 숭상하는 모든 자는 자기에게 베푸신 은혜를 버렸사오나"(8).

① 문맥적으로 보면 첫째 단원에서 "스올"까지 쫓겨난 요나가 부르짖음에, 둘째 단원에서 "주께서 구덩이에서 건져주셨다면", 셋째 단원에서는 "나는 감사하는 목소리로 주께 제사 드리겠다"고 서원하는 문맥인데, 이는 너무나 당연하다 하겠습니다. 무엇에 대한 "감사"인가?

② "구원은 여호와께 속하였나이다"(9) 한 "구원에 대한 감사"입니다. 누구를 구원해주신 감사인가?

첫째는 요나 자신을 구원해주심을 감사하는 것일 겁니다. 그런데 물고기 뱃속에 던짐을 받은 이 시점에 어찌하여 "거짓되고 헛된 것을 숭상하는 자" 즉 우상숭배 자를 거론하고 있단 말인가? 이는 "베푸신 은혜"(8) 즉 메시아언약을 버리고 우상을 숭배하는 이스라엘을 염두에 두고 한 언급일 것입니다. 북 왕국 이스라엘도, 남 왕국 유다도 메시아언약 곧 그리스도를 배신한 죄로 인하여 그 종말은 스올에 떨어지는 멸망을 당한 것입니다.

그러므로 신구약 성경을 막론하고 오직 구원은 "여자의 후손, 아브라함과 다윗의 자손"으로 오실 예수 그리스도에게만 있다는 것이 성경의 증거입니다. 요나도 이를 알았기에 "구원은 여호와께 속하였나이다"고 고백하고 있는 것입니다. 다윗도 이를 알았기에 "구원은 여호와께 있사오니 주의 복을 주의 백성에게 내리소서(시 3:8) 라고 간구합니다. 그러므로 "구원은 여호와께 속하였나이다" 한 고백 속에는 이 사건이 예시해주고 있는 대로, 앗수르나 바벨론으로부터의 구원까지도 염두에 두고 하는 말씀으로 보아야 할 것입니다.

③ 그런데 우리는 좀 더 나아가야 합니다. 왜냐하면 "구원은 여호와께 속하였나이다"하는 하나님의 구원 사역이란 요나가 물고기 뱃속에서 구원 얻는 것으로, 또는 이스라엘 민족이 앗수르나 바벨론으로부터 구원 얻는 것으로 완성되는 것이 아니기 때문입니다.

주님께서 두 번씩이나 "악하고 음란한 세대가 표적을 구하나 선지자 요나의 표적 밖에는 보일 표적이 없느니라 요나가 밤낮 사흘 동안 큰 물고기 뱃속에 있었던 것같이 인자도 밤낮 사흘 동안 땅 속에 있으리라"(마 12:39-40, 16:4)고 요나 사건이 그리스도의 예표임을 말씀하심이 결코 비약이 아닙니다. 그러니까 요나 선지자도 궁극적으로는 구원이 그리스도에게만 있음을 증언하고 있는 셈입니다.

④ "땅이 그 빗장으로 나를 오래도록 막았다"(6)는 묘사는 주님의 무덤을 돌로 막고 인봉한 것을 연상하기에 족한 것입니다. 이러한 묘사는 예레미야 애가에서도 보는 바입니다.

"그들이 내 생명을 끊으려고 나를 구덩이에 넣고 그 위에 돌을 던짐이여 물이 내 머리 위로 넘치니 내가 스스로 이르기를 멸절되었다 하도다"(애 3:53-54) 합니다. 예레미야는 성전이 불타고 무너짐을 통해서 참 성전 되시는 그리스도의 고난을 바라보았던 것입니다. 무덤을 인봉하고 파수꾼을 세웠을 때 제자들은 "이르기를 멸절되었다", 끝장으로 여겼을 것입니다. 그러나 하나님께서는 "그 빗장"을 꺾으시고 "구덩이에서 건지셨던"(6) 것입니다.

⑤ "구원"이 오직 그리스도로 말미암는다는 신앙은 "나는 감사하는 목소리로 주께 제사를 드리며"(9)라는 묘사에도 나타나는데,

당시로 말하면 요나는 감사를 낙헌제 즉 소나 양으로 제물을 삼아(민 15:3) 드려야 하는 것입니다. 그런데 "감사하는 목소리로" 드리겠다고 말씀하고 있는 것입니다. 이는 "모든 불의를 제거하시고 선한 바를 받으소서 우리가 수송아지를 대신하여 입술의 열매를 주께 드리리이다"(호 14:2)한 호세아 선지자의 증언과 맥을 같이 하는 것으로 의문이 아닌 신령인 것입니다. 희생제물이 아니라 "목소리 즉 찬양"으로 제사 드리겠다고 말씀함은 혁명적인 표현인 것입니다.

더 이상 희생제물이 필요치 아니함은 주께서 "우리를 위하여 자신을 버리사 향기로운 제물과 희생제물로 하나님께 드려주실 것"(엡 5:2)을 알았기 때문입니다. 그러므로 신약성경에서도 "이러므로 우리가 예수로 말미암아 항상 찬미의 제사를 하나님께 드리자"(히 13:15)고 말씀하는 것입니다.

⑥ 1장에서는 이방인 사공들이 하나님만을 섬기기로 "서원"(1:16) 하고 있는데, 2장에서는 요나가 "서원"(9)하고 있는 것입니다. 그렇습니다. 1장에서는 사공들을 통해서 오직 구원이 여호와로 말미암음(1:16)을 나타내고, 2장에서는 요나를 통해서 오직 구원이 여호와로 말미암음을 증언하고 있는 것입니다. 하나님은 한때 자기 백성들을 큰 물고기가 삼키도록 허용하시지만 종래는 건져주시는 것입니다. 이제는 이스라엘 백성들이 서원할 차례입니다.

이스라엘은 이제 말하기를
여호와께서 우리 편에 계시지 아니하셨더라면
우리가 어떻게 하였으랴
사람들이 우리를 치러 일어날 때에
여호와께서 우리 편에 계시지 아니하셨더라면
그 때에 그들의 노여움이 우리에게 맹렬하여
우리를 산 채로 삼켰을 것이며
그 때에 물이 우리를 휩쓸며
시내가 우리 영혼을 삼켰을 것이며
그 때에 넘치는 물이 우리 영혼을 삼켰을 것이라 할 것이로다
우리를 내주어 그들의 이에 씹히지 아니하게 하신 여호와를
찬송할지로다. (시 124:1-6).

⑦ 1장은 "요나가 밤낮 삼 일을 물고기 뱃속에 있으니라"고 마쳤는데, 2장은 "여호와께서 그 물고기에게 말씀하시매 요나를 육지에 토하니라"(10)고 마치고 있습니다.

㉠ 요나를 버리시고 다른 사람을 보내실 수도 있으셨습니다.

㉡ 이쯤에서 중단하실 수도 있으셨습니다. 그러나 요나를 육지에 토하게 하심은

㉢ 우리에게 보여주실 계시가 남아있기 때문입니다. 그것이 무엇인가? 이것이 "구원은 여호와께 속하였나이다"라는 뜻입니다.

요나서 3장 개관도표
주제 : 뜻을 돌이키신 하나님

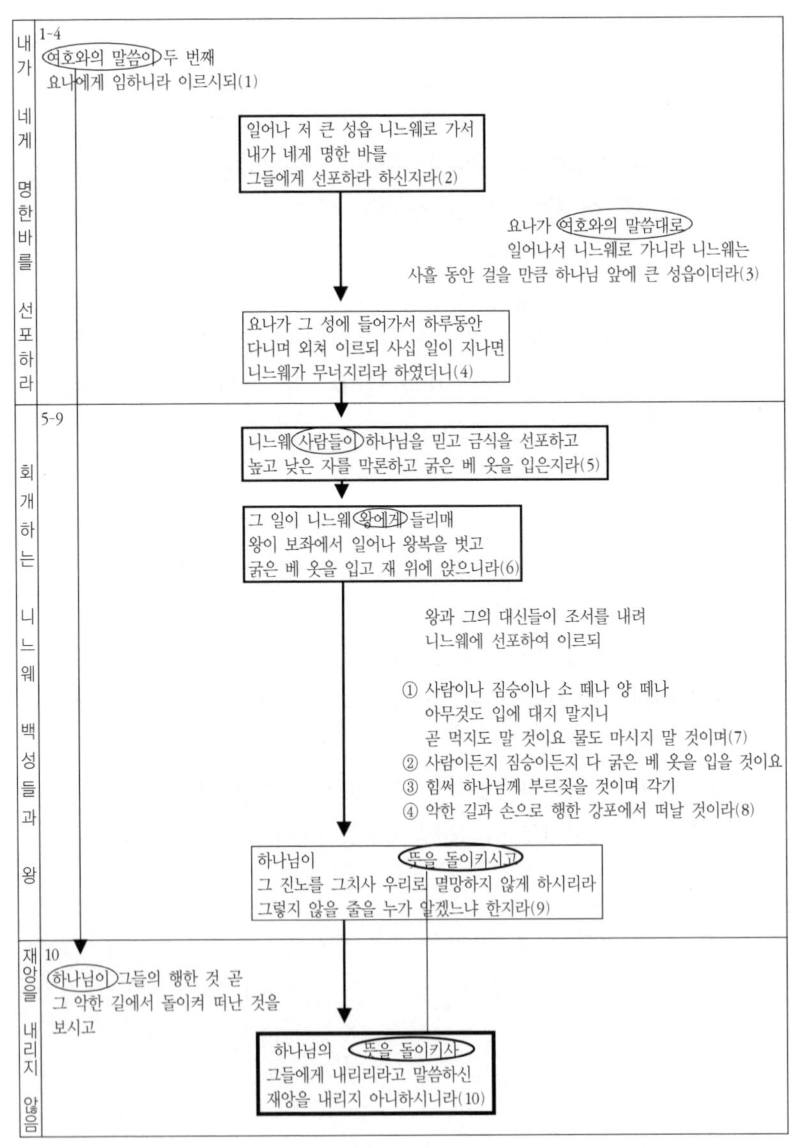

3장

뜻을 돌이키신 하나님

[10] 하나님이 그들이 행한 것 곧 그 악한 길에서 돌이켜 떠난 것을 보시고 하나님이 뜻을 돌이키사 그들에게 내리리라고 말씀하신 재앙을 내리지 아니하시니라

3장의 중심점은 도표에서 보시는 바대로 하나님께서 두 번째로 "내가 네게 명한 바를 그들에게 선포하라"(첫째 단원)는 명령과, 요나의 경고를 듣고 "니느웨 백성들과 왕이 회개"(둘째 단원)한 일과, 이를 감찰하신 하나님이 "뜻을 돌이켜 재앙을 내리지 아니하심"(셋째 단원)에 있습니다.

핵심은 "뜻을 돌이키심"에 있는데, 4:2절에서 요나는 하나님을 "은혜로우시며 자비로우시며 노하기를 더디 하시며 인애가 크시사 <뜻을 돌이켜 재앙을 내리지 아니하시는> 하나님"으로 고백하

고 있습니다. 선지자를 보내셔서 40일 후면 니느웨가 무너지라 하신 그 "뜻을 돌이키사 재앙을 내리지 아니하신 하나님"이십니다. 이점을 니느웨가 아닌 금송아지 우상을 섬기고 있는 선민 이스라엘에게 하시려는 것입니다. 이를 세 단원으로 나누어 상고하겠습니다.

첫째 단원(1–4) **내가 네게 명한 바를 선포하라**
둘째 단원(5–9) **회개하는 니느웨 백성들과 왕**
셋째 단원(10) **재앙을 내리지 아니하신 하나님**

첫째 단원(1–4) 내가 네게 명한 바를 선포하라

"여호와의 말씀이 두 번째로 요나에게 임하니라 이르시되"(1).

① 대풍과 큰 물고기를 들어서 다시스로 도망치는 요나를 끌어다가 육지에 내려놓게 하신 하나님은 "두 번째" 명하십니다. 요나를 기어코 니느웨로 보내시려는 것입니다. 왜 이렇게까지 하시려는가? 하나님의 마음과 그 의도를 깨닫는 것이 중요합니다.

② "일어나 저 큰 성읍 니느웨로 가서 내가 네게 명한 바를 그들에게 선포하라 하신지라"(2).

㉠ 선포하라는 내용이 무엇인지? 선포하면 어떻게 반응할 것이라든지 하는 언급은 전혀 없습니다. 하나님께서는 에스겔 선지자를 파송하시면서

㉡ "너를 언어가 다르거나 말이 어려워 네가 그들의 말을 알아듣지 못할 나라들에게 보내는 것이 아니니라 내가 너를 그들에게 보냈

다면 그들은 정녕 네 말을 들었으리라"(겔 3:6)고 말씀하셨습니다.

㉢ 주님께서도 "화 있을진저 고라신아 화 있을진저 벳세다야 너희에게서 행한 모든 권능을 두로와 시돈(이방)에서 행하였더라면 그들이 벌써 베옷을 입고 재에 앉아 회개하였으리라"(마 11:21)고 이스라엘의 완악함을 책망하셨습니다. 하나님은 요나에게 이렇게 말씀하시고 싶으셨을 것입니다. "그들은 들으리라!".

③ "요나가 여호와의 말씀대로 일어나서 니느웨로 가니라"(3). "여호와의 말씀대로", 이것이 중요합니다. 우리는 하나님의 말씀의 뜻을 다 이해하기 때문에 순종하는 것이 아닙니다. 그 대표적인 예가 믿음의 조상 아브라함이라 할 수 있는데, "믿음으로 아브라함은 부르심을 받았을 때에 순종하여 장래의 유업으로 받을 땅에 나갈 새 갈 바를 알지 못하고 나아갔으며"(히 11:8) 합니다.

이를 성경은 "이에 아브람이 여호와의 말씀을 따라갔고"(창 12:4)라고 말씀합니다. 그런데 우리들은 하나님의 말씀대로 하면 안 될 것 같으니까 말씀에 가감(계 22:18-19)을 하려고 합니다. 요나가 그러했던 것입니다.

④ "요나가 그 성읍에 들어가서 하루 동안 다니며 외쳐 이르되 사십 일이 지나면 니느웨가 무너지리라 하였더니"(4), 여기 단편적이기는 하지만 요나가 선포한 내용이 무엇인지가 나타나고 있는데, 그것은 "니느웨가 무너지리라" 즉 멸망하리라는 심판의 선고였던 것입니다. 전도자의 사명이 여기에 있는 것입니다. 어찌하여 그들에게 복음이 필요한 것입니까? "멸망 · 심판"이 닥쳐오고 있기 때문입니다.

주님은 "회개(悔改)하고 복음(福音)을 믿으라"(막 1:15)고 선포하셨습니다. 그런데 오늘날의 전도자들은 "좋으신 하나님, 하나님은 당신을 사랑하십니다"라고 상대방의 비위를 거스르지 않으려고 듣기에 좋은 말만 합니다. 마치 제품을 선전하는 판매원들처럼 말입니다. 그래서 하나님 앞에서 그들의 콧대만 높여주고 있는 것이 아닌가? 하나님은 요나에게 그렇게 하라고 명하시지 않으셨습니다. 만일 요나가 "우리 방식대로" 했다면 어떻게 되었으리라고 여겨지십니까? 명을 받은 종은 "듣든지 아니 듣든지", "여호와의 말씀대로" 전하기만 하면 되는 것입니다. 그 결과는 주인께 맡기고 말입니다.

둘째 단원(5-9) **회개하는 니느웨 백성들과 왕**

"니느웨 사람들이 하나님을 믿고 금식을 선포하고 높고 낮은 자를 막론하고 굵은 베 옷을 입은지라"(5).

① 어떻게 이런 반응이 일어날 수 있단 말인가? 실감이 납니까? 도저히 믿어지지 않는 불가사이한 일이 벌어지고 있는 것입니다. 그 이유와 원인이 무엇인지 형제는 알고 있습니까? 주님은 대답하십니다. "요나가 니느웨 사람들에게 표적이 됨과 같이 인자도 이 세대에 그러하리라"(눅 11:30). 요나가 니느웨 사람들에게 "표적이 되었다"는 뜻이 무엇인가? 요나가 니느웨에 나타나서 외치자 어떤 반응이 일어났을 것 같습니까? 미친 사람으로 여겼을 것입니다. 그런데 계속해서 "40일이 지나면 니느웨가 무너지리라"고 외치는 것이 아닌가? 그래서 악담하는 자로 여기고 돌로 치는 자도 있었을 것입니다.

② 그런데 결정적인 증인이 나타난 것입니다. 주님은 분명 "요나가 니느웨 사람들에게 표적이 되었다"고 말씀하십니다. "표적이 되었다"는 것은 요나에게 일어난 사건을 누군가 말해주었다는 것이 되는데 이 점에서 1:16절을 기억할 필요가 있습니다. 요나를 태웠던 선원들이 "여호와를 크게 두려워하여 여호와께 제물을 드리고 서원을 하였더라"는 언급입니다. 이를 통해서 이 선원들이 증인 노릇을 했으리라는 추론이 가능한 것입니다.

이 사람이 누군지 아느냐? 하나님의 명을 거역하고 도망가던 선지자다. 그런데 이 사람이 어떻게 여기 와서 외치고 있단 말인가? 우리가 성난 파도 가운데 던졌습니다. 분명 죽었습니다. 그리하여 큰 물고기 뱃속에서 밤낮 삼일을 있다가 살아나온 사실과 "일어나 저 큰 성읍 니느웨로 가서 내가 네게 명한 바를 그들에게 선포하라"(3:2) 하신 사실이 알려졌을 것입니다. 이것이 "요나가 니느웨 사람에게 표적이 됨과 같이"라는 뜻입니다. 그렇다면 저 사람을 미친 사람으로 여기고 그의 말을 악담으로 여길 수 있단 말인가?!

③ 이 소문이 퍼지게 되자 두려워하여 "니느웨 사람들이 하나님을 믿고 금식을 선포하고 높고 낮은 자를 막론하고 굵은 베 옷을 입은지라"(5) 회개운동이 일어나게 된 동기라고 주님은 말씀하시는 것입니다. 물론 이때 회개의 영이 역사하셨으리라 여겨집니다.

그렇습니다. 불순종한 요나에게 풍랑을 일게 하시고 물고기를 준비하시고 그리고 삼일 만에 다시 살리신 하나님이시라면, 그리하여 기어코 선지자를 니느웨에 보내셔서 외치게 하신 하나님이

시라면 요나가 선포하는 "40일이 지나면 니느웨가 무너지리라"는 경고는 의심의 여지가 없는 믿을만한 말씀임이 분명해졌기 때문입니다. 이것이 "요나가 니느웨 사람들에게 표적이 되었다"는 의미입니다.

④ "그 일이 니느웨 왕에게 들리매"(6상) 합니다. 이럴 경우 형제가 왕이라면 어떻게 반응했겠습니까? 보좌에서 일어나 왕복을 벗고 굵은 베 옷을 입고 재 위에 앉으니라(6하) 합니다. 그리고 "왕과 그의 대신들이 조서를 내려 니느웨에 선포하여 이르되 사람이나 짐승이나 소 떼나 양 떼나 아무것도 입에 대지 말지니 곧 먹지도 말 것이요 물도 마시지 말 것이며 사람이든지 짐승이든지 다 굵은 베 옷을 입을 것이요 힘써 하나님께 부르짖을 것이며 각기 악한 길과 손으로 행한 강포에서 떠날 것이라"(7-8) 합니다. 역사상 이 같은 철저한 회개를 우리는 아는 바가 없습니다. 요약하면,

㉠ 베옷 입고 금식하며 회개하라.

㉡ 여호와께 부르짖어라.

㉢ 악한 길과 행한 강포에서 떠나는 결단을 하라는 것입니다. 회개의 전형(典型)을 보는 느낌이 들 정도입니다.

⑤ 반면, 요엘서 2장을 보십시오. "너희는 시온에서 나팔을 불어 거룩한 금식일을 정하고 성회를 소집하라 백성을 모아 그 모임을 거룩하게 하고 장로들을 모으며 어린이와 젖 먹는 자를 모으며 신랑을 그 방에서 나오게 하며 신부도 그 신방에서 나오게 하고 여호와를 섬기는 제사장들은 낭실과 제단 사이에서 울며 이르기를 여호와여 주의 백성을 불쌍히 여기소서"(욜 2:15-17)하며 외치고 있습니다. 그러나 그들은 회개하지 않았습니다. 그리고 그

종말은 멸망하고 만 것입니다. 그런데 이와 같은 회개운동이 이방 앗수르의 수도 니느웨에서 일어나고 있는 것입니다.

⑥ 요나와 같은 시기에 동일하게 이스라엘에 파송 받은 아모스 선지자는 애가(哀歌)를 지어 부르면서, “사람이 모든 광장에서 울겠고 모든 거리에서 슬프도다 슬프도다 하겠으며 농부를 불러다가 애곡하게 하며 울음꾼을 불러다가 울게 할 것이며 모든 포도원에서도 울리니”(암 5:16-17)라고 그럴 날이 이르게 될 것을 외쳤으나, “너희가 내게로 돌아오지 아니하였느니라”(암 4장)고 다섯 번이나 말씀하고 있습니다.

이스라엘의 마지막 선지자인 호세아도 “나팔을 네 입에 댈지어다 원수가 독수리처럼 여호와의 집에 덮치리니 이는 그들이 내 언약을 어기며 내 율법을 범함이로다”(호 8:1)고 경고하였으나 그들은 회개하지 않았습니다. 그리고 그 경고대로 멸망 당했습니다.

⑦ 선민 이스라엘에 보냄을 받은 선지자들은 남북을 막론하고 성공한 선지자는 단 한 사람도 없습니다. 멸망을 막지 못했던 것입니다. 그중에 요나 선지자가 유일하게 성공한 사례인 것 같지마는 실은 그렇지 않습니다. 왜냐하면 하나님께서 요나를 니느웨에 보내신 의도는 이방 니느웨의 회개를 들어서 이스라엘에게 “여호와의 말씀에 너희는 이제라도 금식하고 울며 애통하고 마음을 다하여 내게로 돌아오라 하셨나니 너희는 옷을 찢지 말고 마음을 찢고 너희 하나님 여호와께로 돌아올지어다 그는 은혜로우시며 자비로우시며 노하기를 더디하시며 인애가 크시사 뜻을 돌이켜 재앙을 내리지 아니하시나니”(욜 2:12-13) 라고 말씀하셨던 것입니다. 그러나 이스라엘은 이를 보고도 회개하지 않았다가 약

30-40년 후에 바로 앗수르에 의하여 멸망 당하고 말았다니 얼마나 통탄할 노릇입니까?

⑧ 니느웨 왕은 말합니다. “하나님이 뜻을 돌이키시고 그 진노를 그치사 우리가 멸망하지 않게 하시리라 그렇지 않을 줄을 누가 알겠느냐 한지라”(9).

㉠ 니느웨 왕은 하나님의 심판을 기정사실로 믿고 있는 것입니다. 이 말 속에는 자신들이 심판받아 마땅한 자들이라는 자각이 있습니다.

㉡ 그래서 “악한 길에서 떠나라”(8)고 말했던 것입니다.

㉢ 그러면서 “혹시 뜻을 돌이키사”라고 하나님의 긍휼히 여기심만을 기대하고 있는 것입니다.

⑨ 요엘 선지자도 이스라엘을 향해서 이렇게 회개하면, “뜻을 돌이켜 재앙을 내리지 아니하시리라”고 호소했으나 허사였습니다. 하나님은 이스라엘은 어떻게 행하시고 니느웨는 어떻게 행하실 것인가? 이스라엘은 심판하시고 이방 니느웨에는 “하나님이 그들이 행한 것 곧 그 악한 길에서 돌이켜 떠난 것을 보시고 하나님이 뜻을 돌이키사 그들에게 내리리라고 말씀하신 재앙을 내리지 아니하시니라”(10) 합니다.

그리스도의 표적

① 이 점에서 주님께서 요나서를 인용하셔서 말씀하시고자 하는 핵심이 무엇인가? 이점은 이 시대의 증인들이 명심하고 각성해야 할 점인 것입니다. 그것은 분명합니다.

㉠ 첫째는 “요나가 밤낮 사흘을 큰 물고기 뱃속에 있었던 것같이 인

자도 밤낮 사흘을 땅 속에 있으리라"(마 12:40) 하신 죽으셔서 삼일 동안 무덤에 있게 되리라는 것과,

ⓛ 둘째는 요나가 니느웨 사람들에게 표적이 됨과 같이 "인자도 이 세대에 그러하리라"(눅 11:30)는 부활입니다. 이런 뜻입니다. 주님이 죽으셨다가 사흘 만에 부활하신 것이 확실하다면, 그분이 심판하러 다시 오신다는 말씀은 믿을만한 말씀임이 분명하다는 것입니다.

② 이점을 사도 바울은 "이는 정하신 사람으로 하여금 천하를 공의로 <심판>할 날을 작정하시고 이에 그를 <죽은 자 가운데서 다시 살리신 것으로 모든 사람에게 믿을만한 증거>를 주셨음이니라"(행 17:31)고 증언하고 있습니다. 이러한 바울의 증언은 요나서의 증언과 딱 들어맞고 있는 것입니다.

"심판"이 있을 것을 말씀합니다. 그리고 "그를 <죽은 자 가운데서 다시 살리신 것으로 모든 사람에게 믿을만한 증거>를 주셨음이니라", 이것이 "인자도 이 세대에 그러하리라"는 뜻입니다.

③ 성경은 말씀합니다. "성결의 영으로는 죽은 자들 가운데서 부활하사 능력으로 하나님의 아들로 선포되셨으니"(롬 1:4), 이는 부활하심으로 비로소 하나님의 아들이 되셨다는 그런 뜻이 아닙니다. 주님이 부활하심으로 말미암아 하나님의 아들이심이 입증(立證)되었다는 뜻입니다. 만일 요나가 죽음으로 끝났다면 니느웨의 회개운동은 일어나지 않았을 것입니다. 만일 주님이 죽으심으로 끝마쳤다면, "우리가 전파하는 것도 헛것이요 또 너희 믿음도 헛것이며, 너희가 여전히 죄 가운데 있을 것이요, 잠자는 자도 망하였으리니, 모든 사람 가운데 우리가 더욱 불쌍한 자"(고전 15:14-19)가 되고 말았을 것입니다.

그러나 "부활"하심으로 하나님의 아들 되심이 증명되었다는 것과 심판 주로 재림하신다는 점이 증명된 것입니다. 이런 맥락에서 요나는 그리스도의 예표가 됩니다. 하나님은 이를 계시하시기 위해서 요나를 기어코 니느웨로 보내셨던 것입니다.

④ 요나서를 교훈적인 관점과 구속사적인 관점(성경신학)으로 접근할 때의 차이점을 깨닫게 되셨습니까? 어느 관점이 사람의 입맛을 보다 더 충족시켜주느냐가 아니라 하나님의 의도(意圖)에 충실한가를 보십시오. 교훈적인 관점은 인간중심이 되기 쉽습니다. 그러나 구속사적인 관점은 철두철미하게 하나님 중심입니다.

그러므로 우리는 여기서 큰 깨달음을 얻어야 합니다. 설교자는 마땅히,

㉠ 하나님의 진노 · 심판 · 멸망을 경고하면서 회개를 촉구해야 합니다.

㉡ 그리고 복음의 핵심인 주의 죽으심과 다시 살아나심을 증언하는 데 역점(力點)을 두어야 합니다.

㉢ 왜냐하면 회개의 역사는 우리 범죄함을 위하여 죽으시고, 우리를 의롭다 하심을 위하여 살아나셨다(롬 4:25)는 십자가의 도(道)만이 가능하게 하는 복음의 능력이기 때문입니다. 그럼에도 불구하고 오늘날의 설교는 하나님께로 돌아오라는 하나님 중심이 아니라, 축복을 받으라는 자기중심적인 교인을 양산하고 있는 것은 아닙니까?

⑤ 사도행전에서는 설교자들 즉 베드로 · 스데반 · 바울 등이 한결같이 "부활의 증인"으로 등장합니다. 베드로는 증언합니다. "너희가, 생명의 주를 죽였도다 그러나 하나님이 죽은 자 가운데서 그를 살리셨으니 우리가 이 일에 증인이라"(행 3:14-15). "그런즉 이스라엘 온 집이 정녕 알지니 너희가 십자가에 못 박은 이 예수를 하나님이 주와 그리스도가 되게 하셨느니라 하니라", 주님의

죽으심과 다시 사심이 설교의 출발(행 2:23-24)이자 중심주제(행 2:31-32)요 결론(행 2:36)이었습니다.

그러자 어떤 일이 일어났습니까? "그들이 이 말을 듣고 마음에 찔려, 형제들아 우리가 어찌할꼬"(행 2:37)하는 회개가 일어났던 것입니다. 드디어 예루살렘에서도 회개의 불이 붙었던 것입니다. 이날에 제자의 수가 3000이나 더하더라 합니다. 부흥과 함께 박해도 일어났는데 "예수 안에 부활이 있다고 백성을 가르치고 전함을 싫어"(행 4:2)했기 때문입니다. 미련하다는 말을 들을까 봐, 핍박을 받을까 봐, 교회가 부흥되지 아니할까 봐, "그리스도의 표적"을 외면하고 있는 것은 아닙니까? 만일 그렇게 한다면 형제는 "그리스도의 증인" 되기를 포기하는 것임을 명심하시기 바랍니다. 이것이 "하나님이 뜻을 돌이키사 그들에게 내리리라고 말씀하신 재앙을 내리지 아니 하시니라"는 뜻입니다.

요나서 4장 개관도표

주제 : 은혜롭고 자비로우신 하나님`

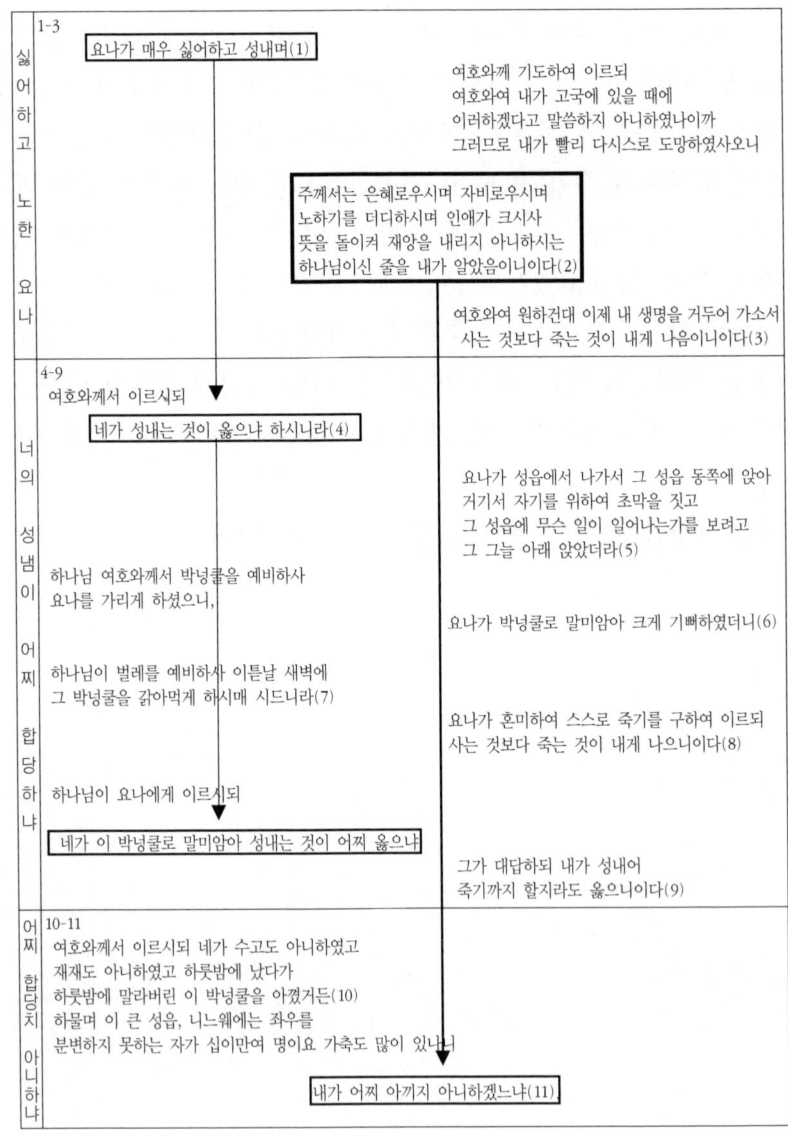

4장

은혜롭고 자비로우신 하나님

[2] 주께서는 은혜로우시며 자비로우시며 노하기를 더디하시며 인애가 크시사 뜻을 돌이켜 재앙을 내리지 아니하시는 하나님이신 줄을 내가 알았음이니이다

4장의 중심점은 도표에서 보시는 바대로 니느웨에 재앙 내리지 아니하심을 "싫어하고 노하는 요나"(첫째 단원)에게, "너의 성냄이 어찌 합당하냐"(둘째 단원)고 책망하시면서 "내가 아끼는 것이 어찌 합당하지 아니하냐"(셋째 단원)고 결론적인 말씀을 하시는 데 있습니다.

이 점에서 핵심은 도표에 굵은 선으로 표시되어있는 대로 이렇게 아끼시는 하나님의 속성, 즉 "은혜로우시며 자비로우시며 노하기를 더디 하시며 인애가 크시사 뜻을 돌이켜 재앙을 내리지

아니하시는 하나님"에 있다는 점을 유념해야 합니다. 이러한 하나님은 누구를 아끼셨는가? 이를 세 단원으로 나누어 상고하겠습니다.

첫째 단원(1–3) **싫어하고 노한 요나**
둘째 단원(4–9) **너의 성냄이 어찌 합당하냐**
셋째 단원(10–11) **아끼는 것이 어찌 합당하지 아니하냐**

첫째 단원(1–3) 싫어하고 노한 요나

"요나가 매우 싫어하고 성내며 여호와께 기도하여 이르되"(1-2상).

① 요나는 지금 "싫어하고, 노하여" 기도합니다. 무엇을 싫어했는가?

㉠ 니느웨가 멸망 받지 아니한 것을 싫어했습니다. 누구에게 노하였는가?

㉡ "뜻을 돌이키사 재앙을 내리지 아니하신" 하나님께 성내고 있는 것입니다.

② 그러면서 항변하는데 "여호와여 내가 고국에 있을 때 이러하겠다고 말씀하지 아니하였나이까" 합니다. 그렇다면 하나님께서 너는 가서, "니느웨가 무너지리라"(3:4)고 외치라 하실 때에 니느웨가 회개함으로 무너지지 않을 것을 요나는 알고 있었단 말인가? 그래서 "내가 빨리 다시스로 도망하였사오니"(2중) 합니다. 만일 요나가 니느웨가 멸망 받지 아니할 것을 알고 이를 싫어하

여 도망을 친 것이 사실이라면, 이는 중대한 문제를 제기하고 있는데 왜냐하면 이는 니느웨가 회개할 것을 알았다고 하기보다는 하나님이 어떠하신 분인가를 알았기 때문입니다. 이는 다름 아닌 이스라엘도 "회개"하기만 하면 멸망 당하지 아니하리라는 것을 확신했다는 것이 되는 것입니다.

옥중 사도 바울은 밖에 있는 성도들을 위해서 기도하는데 첫 제목이 무엇인지 아십니까? "지혜와 계시의 영을 너희에게 주사 하나님을 알게"(엡 1:17)해 달라는 것입니다. 모든 문제의 근원이 어디에 있는가? 하나님을 알아야 할 만큼 알지를 못한다는 데 있는 것입니다. 믿음의 조상 아브라함이 "믿은바 하나님은 죽은 자를 살리시며 없는 것을 있는 것으로 부르시는 분"(롬 4:17)으로 믿었다 합니다. 하나님을 아는 믿음은 "시험을 받을 때에 믿음으로 이삭을 드렸으니 그는 약속들을 받은 자로되 그 외아들을 드렸느니라"(히 11:17) 합니다. 이것이 어떻게 가능했는가? 약속하신 바를 이루시기 위해서 "죽은 자 가운데서 다시 살리실 줄로"(히 11:19) 믿었기 때문입니다.

③ 요나는 "주께서는 은혜로우시며 자비로우시며 노하기를 더디하시며 인애가 크시사 뜻을 돌이켜 재앙을 내리지 아니하시는 하나님이신 줄을 내가 알았음이니이다"(2하) 합니다. 요나가 인식하고 있는 하나님에 대한 고백은 실로 성경의 축(軸)을 이루고 있는 하나님의 자기 계시인 것입니다. 이는 하나님께서 친히 모세에게 "여호와로라 여호와로라 자비롭고 은혜롭고 노하기를 더디하고 인자와 진실이 많은 하나님이로라"(출 34:6)고 친히 반포하심으로 출애굽 1세대들에게 계시하신 자기계시입니다.

이를 알았기에 다윗도 "주는 긍휼히 여기시며 은혜를 베푸시며 노하기를 더디 하시며 인자와 진실이 풍성하신 하나님"(시 86:15)으로 고백하고 있습니다. 이러한 하나님의 속성은 느헤미야서에서도 놓치지 아니하고 "주께서는 용서하시는 하나님이시라 은혜로우시며 긍휼히 여기시며 더디 노하시며 인자가 풍부하시므로 그들을 버리지 아니하셨나이다"(느 9:17)고 붙잡고 기도하고 있는 것을 대하게 됩니다. 이런 뜻입니다.

자신들이 포로에서 귀환할 수 있었던 것도 공로나 자격이 있어서가 아니라 이러하신 하나님이 베풀어 주신 은혜라는 말씀입니다. 그러므로 요나 선지자만이 아니라 요엘 선지자도 백성들을 향해 "그는 은혜로우시며 자비로우시며 노하기를 더디 하시며 인애가 크시사 뜻을 돌이켜 재앙을 내리지 아니하시는"(욜 2:13) 하나님이라 증언하면서 회개를 촉구했던 것입니다.

④ 그런데 요나는 "여호와여 원하건대 이제 내 생명을 거두어 가소서 사는 것보다 죽는 것이 내게 나음이니이다"(3) 라고 니느웨가 구원 얻는 것이 죽기보다 싫다고 불평을 합니다. 2:6절에서는 "주께서 내 생명을 구덩이에서 건지셨나이다"고 감사하던 요나입니다.

그런데 "사는 것보다 죽는 것이 낫다"고 말하고 있지 아니한가? 하나님께서는 "친구여 내가 네게 잘못한 것이 없노라, 내가 선하므로 네가 악하게 보느냐"(마 20:13-15)라고 말씀하고 싶으셨을 것입니다. 실은 그 이상입니다. 이를 다음 단원에서 깨닫게 될 것입니다.

둘째 단원(4–9) 너의 성냄이 어찌 합당하냐

"여호와께서 이르시되 네가 성내는 것이 옳으냐 하시니라"(4).

① 둘째 단원의 중심점은 "네가 성내는 것이 옳으냐"고 하나님의 따지심에 있습니다. "옳으냐"라는 말이 4-11절 안에 네 번이나 등장합니다. 요는 성내는 요나가 옳으냐? 회개하는 니느웨를 보시고 재앙을 내리지 아니하신 하나님이 옳은가를 따져보자는 것입니다. 그런데 요나는 "내가 성내어 죽기까지 할지라도 옳으니이다"(9하) 라고 자기가 옳다고 강변(强辯)하고 있는 것입니다.

요나서의 1차 독자들인 이스라엘 사람들도 "요나서"를 읽으면서 "그렇고 말고요, 성내어 죽기까지 할지라도 옳고 말고요"라고 요나의 항변에 동의했을 것입니다. 자신들은 회개하지 않으면서 말입니다. 앞에서도 말씀드렸습니다만 이 대목에서 요나의 불신앙 만을 보아서는 안 됩니다. 요나는 이스라엘 전체를 대변하고 있다는 점을 유념하시기 바랍니다.

② 이것은 무엇을 말해주고 있느냐 하면 니느웨 사람들과 같은 이방인들과 공존(共存)하느니 차라리 "죽음"을 택하겠다는 그런 뜻입니다. 왜 그렇습니까?

㉠ 자신들은 선민이라는 우월감 때문입니다.

㉡ 그들은 할례 없는 자들이라는 멸시함 때문입니다.

그런데 그들 이방인들은 회개하는데도 이들 이스라엘은 돌아오지 않았습니다. 그렇다면 누가 진정한 이스라엘인가? 성경은 대답합니다. "무릇 표면적(表面的) 유대인이 유대인이 아니요 표면적 육신의 할례가 할례가 아니니라 오직 이면적(裏面的) 유대인이

유대인이며 할례는 마음에 할지니 영(靈)에 있고 율법 조문에 있지 아니한 것이라"(롬 2:28-29). 그러므로 주님께서는 나다나엘이 자기에게 오는 것을 보시고 "이르시되 보라 이는 <참으로 이스라엘> 사람이라 그 속에 간사한 것이 없도다"(요 1:47)라고 말씀하셨던 것입니다.

③ "요나가 성읍에서 나가서 그 성읍 동쪽에 앉아 거기서 자기를 위하여 초막을 짓고", "그 성읍에 무슨 일이 일어나는가를 보려고 그 그늘 아래에 앉았더라"(5) 합니다. "자기중심적인 요나"를 하나님은 어떻게 다루실 것인가? 본문에는 "예비하셨다"는 말이 세 번(6,7,8) 등장합니다. 하나님은 요나를 깨우치시기 위해서 "박넝쿨 · 벌레 · 뜨거운 동풍" 등을 준비하셨습니다.

④ "하나님 여호와께서 박넝쿨을 예비하사 요나를 가리게 하셨으니 이는 그의 머리를 위하여 그늘이 지게 하며 그의 괴로움을 면하게 하려 하심이었더라"(6상).

㉠ "요나가 박넝쿨로 말미암아 크게 기뻐하였더니"(6하) 합니다. 요나가 "기뻐했다"는 말이 유일하게 등장하는데

㉡ "박넝쿨로 말미암아"에 대한 형제의 느낌은 어떠하십니까?

⑤ "하나님이 벌레를 예비하사 이튿날 새벽에 그 박넝쿨을 갉아먹게 하시매 시드니라"(7) 합니다. "해가 뜰 때에 하나님이 뜨거운 동풍을 예비하셨고 해는 요나의 머리에 쪼이매 요나가 혼미하여 스스로 죽기를 구하여 이르되 사는 것보다 죽는 것이 내게 나으니이다 하니라"(8) 합니다. 이에 이르자 "하나님이 요나에게 이르시되 네가 이 박넝쿨로 말미암아 성내는 것이 어찌 옳으냐"(9상)고 따지십니다.

그래도 그 완악한 마음이 깨어지지 않고 "내가 성내어 죽기까지 할지라도 옳으니이다"(9하)고 항변합니다. 이를 대하면서 바울이 "그러나 그들의 마음이 완고하여 오늘까지도 구약을 읽을 때에 그 수건이 벗겨지지 아니하고 있으니 그 수건은 그리스도 안에서 없어질 것이라"(고후 3:14)한 진술을 생각하게 합니다. 그리고 "하나님께서 깨끗하게 하신 것을 네가 속되다 하지 말라"(행 10:15) 하십니다.

⑥ 자, 우리도 좀 생각해보아야 하겠습니다. 박넝쿨로 말미암아 크게 기뻐하고, 박넝쿨이 시듦을 인하여 성내고 있는 요나를 보면서 어떤 마음이 드십니까? 그리고 따져보아야 하겠습니다. 나에게 있는 박넝쿨은 무엇인가? 나의 기뻐함은 무엇으로 말미암은 기쁨이며, 나의 노함은 무엇으로 인한 성냄인가?

셋째 단원(10–11) 아끼는 것이 어찌 합당치 아니하냐

"여호와께서 이르시되 네가 수고도 아니하였고 재배도 아니하였고 하룻밤에 났다가 하룻밤에 말라 버린 이 박넝쿨을 아꼈거든"(10),

① 요나는 하룻밤에 났다가 하룻밤에 망한 "박넝쿨"은 아끼면서 니느웨에 있는 "십이만 여명이나 되는 영혼"은 아끼지 아니할 뿐만이 아니라 싫어하고 성내고 있는 것입니다. 그러므로 셋째 단원의 강조점은 "내가 어찌 아끼지 아니하겠느냐"(11하)는 말씀입니다.

㉠ 하나님은 니느웨를 아끼셨습니다.

㉡ 더욱 "이스라엘"을 아끼십니다.

얼마나 아끼셨는가? "내가 땅의 모든 족속 가운데 너희만을 알았나니"(암 3:2) 하실 만큼 아끼셨습니다. 호세아 선지자를 통해서는, "에브라임(북이스라엘의 대표 지파)이여 내가 어찌 너를 놓겠느냐 이스라엘이여 내가 어찌 너를 버리겠느냐 내가 어찌 너를 아드마같이 놓겠느냐 어찌 너를 스보임같이 두겠느냐 내 마음이 내 속에서 돌이키어 나의 긍휼이 온전히 불붙듯 하도다"(호 11:8) 하십니다.

② 하나님은 "오직 시온이 이르기를 여호와께서 나를 버리시며 주께서 나를 잊으셨다 하였거니와 여인이 어찌 그 젖 먹는 자식을 잊겠으며 자기 태에서 난 아들을 긍휼히 여기지 않겠느냐 그들은 혹시 잊을지라도 나는 너를 잊지 아니할 것이라 내가 너를 내 손바닥에 새겼고"(사 49:14-15) 하십니다.

이렇게까지 아끼신 하나님은 "구원이 이방인(니느웨)에게 이르러 이스라엘로 시기나게"(롬 11:11,14) 하여 회개함에 이르기를 기대하셨던 것입니다. 요나 선지자는 아니 이스라엘은 이러한 하나님의 마음을 알고 있었단 말인가?

③ 하나님은 말씀하십니다. "하물며 이 큰 성읍 니느웨에는 좌우를 분변하지 못하는 자가 십이만여 명이요 가축도 많이 있나니 내가 어찌 아끼지 아니하겠느냐 하시니라"(11). "아끼다"라는 말을 다른 번역에서는 불쌍히 여기심으로 번역하고 있는데, 하나님은 니느웨 사람들을 불쌍히 여기셨습니다. 더욱 이스라엘 백성들을 불쌍히 여기셨습니다. 왜냐하면 "하나님은 은혜로우시며 자비로우시며 노하기를 더디 하시며 인애가 크신"(2) 하나님이시기

때문입니다.

④ 다시 강조합니다만 "하나님이 뜻을 돌이키시고 그 진노를 그치사 우리가 멸망하지 않게 하시리라"(3:9)고, 이를 기대하면서 회개하며 부르짖는 니느웨에 재앙을 내리시는 것이 하나님의 공의에 합당하다는 말인가?

반면 "여호와의 말씀에 너희는 이제라도 금식하고 울며 애통하고 마음을 다하여 내게로 돌아오라 하셨나니 너희는 옷을 찢지 말고 마음을 찢고 너희 하나님 여호와께로 돌아올지어다 그는 은혜로우시며 자비로우시며 노하기를 더디하시며 인애가 크시사 뜻을 돌이켜 재앙을 내리지 아니하시나니"(욜 2:12-13)라고 호소했으나 끝내 돌아오지 아니한 이스라엘에 재앙을 내리심이 합당치 않다는 말인가?

⑤ 요나서에서는 모든 피조물들이 하나님께 순종하는 것으로 나타납니다. "대풍"도 순종하고, 물고기도 순종하고, 박넝쿨도 순종하고, 심지어 벌레도 순종하는 것으로 등장합니다. 그런데 유독 이스라엘만은 순종하지 않고 있다는 것이 요나서를 통한 고발입니다.

요나서에서는 선원도 회개하고, 요나도 회개하고, 니느웨도 회개하고 있습니다. 그런데 유독 이스라엘만은 회개하지 않고 있다는 것이 요나서를 통한 탄식입니다.

⑥ 아모스 4장을 보십시오. 아모스 선지자는 요나와 동시대(同時代)에 다 같이 이스라엘을 위하여 세움을 받은 선지자입니다. 그런데 그들을 회개하기 위해서,

㉠ "양식이 떨어지게 하였으나 너희가 내게로 돌아오지 아니하였느니

라 이는 여호와의 말씀이니라"

ⓛ 한재(旱災)로 회개를 촉구하셨으나 "너희가 내게로 돌아오지 아니하였느니라"

ⓒ 곡식을 마르게 하는 재앙과 깜부기 재앙으로 치셨으나 "너희가 내게로 돌아오지 아니하였느니라"

ⓔ 전염병으로 임하게 하였으나 "너희가 내게로 돌아오지 아니하였느니라"

ⓜ 성읍 무너뜨리기를 소돔과 고모라 같이 하였으나 "너희가 내게로 돌아오지 아니하였느니라"고 다섯 번이나 강조하는 의도가 무엇인가? 이에 대한 답변이 요나서인데

ⓑ "니느웨 사람들이 회개하는 것을 보고도 너희가 내게로 돌아오지 아니하였느니라 이는 여호와의 말씀이니라"!!

⑦ 요나서는 "하룻밤에 났다가 하룻밤에 망할 박넝쿨"을 아끼는 것이 합당하냐? 회개하는 심령을 아끼는 것이 옳으냐?"라는 질문을 던짐으로 끝마치고 있습니다. 또한 하나님은 니느웨의 회개를 표적으로 삼으시기 위해서 "요나 · 태풍 · 큰 물고기 · 박넝쿨 · 벌레"까지 들어 쓰셨습니다. 그 주님은 "만일 누가 무슨 말을 하거든 주가 쓰시겠다 하라, 이는 선지자를 통하여 하신 말씀을 이루려 하심이라 일렀으되 네 왕이 네게 임하나니 그는 겸손하여 나귀, 곧 멍에 메는 짐승의 새끼를 탔도다"(마 21:3-5) 하십니다. 그렇다면 그 나귀 새끼도 선지자로 하신 말씀을 응하게 하기 위해서 그때 그 자리에 예비해 있었다는 것이 됩니다. 이를 대하면서 우리는 마땅히 자문해야 합니다. "나는 무엇을 위해서 이때에 왔는가?"

⑧ 이제 우리가 결단해야 할 차례입니다. 당신을 아끼시는 하

나님, 불쌍히 여기시는 하나님께서는 요나보다 "큰 선지자"를 우리에게 보내주셨습니다. 요나의 표적보다도 더 믿을만한 증거를 보여주셨습니다. "표적"이 부족해서 믿지 못하는 것이 아닙니다. 그래도 회개하지 않는다면 북쪽 이스라엘과 남쪽 유다의 종말이 어떻게 되었는가를 보라고 말할 수밖에 없습니다.

또한 주님은 우리에게 "땅끝까지 이르러 내 증인이 되리라" 하십니다. 무엇에 대한 증인인가? 그리스도의 죽으심과 다시 사신 "요나의 표적"에 대한 증인들입니다. 그리하여 그리스도가 이 세대의 "표적"이 되게 하여 회개를 촉구하라고 보냄을 받은 자들입니다. 요나서를 통해서 말씀하시고자 하는 핵심이 여기에 있습니다. 이것은 복음입니다. 저는 예수 그리스도와 복음을 증언하기 위해서 이 책을 썼습니다. 그리고 이것은 제가 부르심을 받았을 때에 주님과의 약속입니다.

하나님은 니느웨를 아끼셨습니다.
더욱 이스라엘을 아끼셨습니다.
그리고 더욱 더 형제를 아끼십니다.
이것이 "은혜롭고 자비로우신 하나님"입니다. - 아 멘 -

미가

The Letter of Micah

미가서 파노라마

주제 : 주와 같은 신이 어디 있으리이까

성경을 기록한 문서 선지자들은 모두 16명입니다. 이들을 세움을 받은 시기별로 나눈다면, 예루살렘이 심판받기 이전에 11명, 포로 기간 중에 두 명(에스겔 · 다니엘), 포로귀환 후에 세움받은 선지자들이 세 명(학개 · 스가랴 · 말라기), 이렇게 세 부류로 나누어집니다. 하나님은 예루살렘을 심판하시기 전후(前後)해서 문서 선지자들을 집중적으로 투입하셨음을 깨닫게 됩니다. 그러니까 통일왕국이 분열 왕국이 되었다가 멸망 왕국으로 치닫는 비관적인 시기에 문서 선지자들을 세우신 것입니다.

이렇게 하신 하나님의 의도가 무엇인가? 선지자들은 그 이전에도 많이 있었습니다. 그런데 그들은 메시지를 기록하여 문서로 남기지 않았습니다. 그렇다면 하나님의 의도를 깨닫기 위해서 몇 가지 물음을 제기할 필요가 있습니다.

㉠ 선지서를 기록하게 하여 후대에 전해주신 의도가 무엇인가?
㉡ 어찌하여 예루살렘 심판 전후에 선지서들을 기록하게 하셨는가?
㉢ 우리들에게 17권이나 되는 선지서가 필요한 까닭이 무엇인가?

선지서를 기록하게 하신 것은 당대를 위해서가 아니었습니다. 그러므로 첫째는 선지서를 통해서 모든 시대에 말씀하시고자 하는 바가 있으시기 때문이요, 둘째는 예루살렘의 심판을 예표로 해서 깨닫기를 원하시는 바가 있으시기 때문이요, 셋째는 그 메시지가 중요하기 때문에 여러 권의 선지서를 주셨다고 말할 수 있을 것입니다. 그것이 무엇이겠습니까?

여러 권의 선지서를 주신 의도

① 첫째는, 메시아언약 즉 복음을 보수(保守)하고 보존(保存)하여 전수(傳授)하시기 위해서입니다. 신약성경은 "이 복음은 하나님이 선지자들을 통하여 그의 아들에 관하여 성경에 미리 약속하신 것이라"(롬 1:2)고 말씀합니다. 만일 문서 선지자들을 세워주시지 않으셨다면 우리는 복음을 모를 뻔한 것입니다.

② 둘째는, 자력구원의 불가능성입니다. 예루살렘이 멸망하고 백성들이 포로가 되어 끌려갔다는 것이 이를 말해주고 있습니다. 그러므로 하나님께서는 선지서를 통해서 자신들이 죄인임을 깨닫기를 원하시는 것입니다. 왜냐하면 선지서들은 한결같이 죄를 책망하고 심판을 경고하고 있기 때문입니다. 이를 통해서 그들(선지자 당시)의 죄만을 본다면 선지서라는 거울에 비추어진 자신의

모습을 보기 원하시는 하나님의 의도를 외면하는 것이 되고 맙니다.

③ 셋째는, 선지서를 통해서 자신이 죄인임을 깨닫고 "오호라 나는 곤고한 사람이로다 이 사망의 몸에서 누가 나를 건져내랴"(롬 7:24)하고 그리스도를 만나게 하시기 위해서입니다. 왜냐하면 선지서는 "죄와 심판"만을 경고하는 절망(絶望)의 책이 아니라, 한결같이 그리스도를 보내주셔서 회복시켜 주시겠다는 소망(所望)을 약속하고 있기 때문입니다. 그러므로 주님은 자신의 부활을 믿지 못하는 제자들을 향해서, "미련하고 선지자들이 말한 모든 것을 마음에 더디 믿는 자들이여 그리스도가 이런 고난을 받고 자기의 영광에 들어가야 할 것이 아니냐 하시고 이에 모세와 및 모든 선지자의 글로 시작하여 모든 성경에 쓴바 자기에 관한 것을 자세히 설명하시니라"(눅 24:25-27)합니다.

④ 넷째는, 하나님의 신실(信實)하심을 드러내기 위해서입니다. 구약성경의 역사는 불신앙과 불순종과 반역의 역사입니다. 그럼에도 불구하고 하나님께서는 아브라함과 다윗에게 약속하신 바를 묵묵히 이루어 오셨다는 것이 성경의 증언입니다. 아브라함에게는 다섯 번이나 반복적으로 약속을 세워주셨습니다. 우리에게 여러 권의 선지서가 어째서 필요한가? 인간의 불신앙 때문입니다. 이처럼 여러 권의 선지서를 주시면서 반복적으로 말씀하시건만 거짓된 인간은 자신이 전적타락 하고 부패한 죄인임을 깨닫지를 못하고, 그리스도를 찾지를 않고 있는 것입니다. 이를 알았기에 사도 바울은 "사람은 다 거짓되되 오직 하나님은 참되시다 할지어다"(롬 3:4) 하고 선언했던 것입니다.

⑤ 마지막으로 계시의 복합성(複合性) 때문입니다. 선지서의 내용에는 세 측면(側面)이 있습니다.

㉠ 선지자 당시와

㉡ 주님의 초림으로 시작하여

㉢ 재림으로 완성되는 이 세 장면이 겹쳐져 있는 것입니다.

㉮ 예루살렘의 멸망과 포로귀환이 주님의 고난(성전을 헐라)을 통한 회복과 겹쳐져 있고,

㉯ 예루살렘의 심판이 재림 때 임하게 될 심판과 겹쳐진 복합적인 계시임을 알게 됩니다.

그러므로 선지서는 과거의 이야기만이 아닙니다. 과거(선지자 당시)와 현재(우리 당대)와 미래(재림)에 완성될 말씀인 것입니다. 이처럼 선지서는 "오늘이라 일컫는 동안" 계속적으로 말씀하고 있는 것입니다. 이처럼 크게 다섯 가지 목적을 위해서 선지서를 주셨는데, 선지서가 많은 것은 "여호와께서 선지자를 너희에게 보내시되 부지런히 보내셨으나" 함과 같이 지금도 여러 권의 선지서를 통해서 부지런히 말씀하시나 여전히 한 귀로 듣고 한 귀로 흘려보내고 있기 때문이라 할 것입니다. "너희가 순종하지 아니하였으며 귀를 기우려 듣지도 아니하였도다"(렘 25:4) 하십니다. "내 백성이 끝끝내 내게서 물러가나니 비록 그들을 불러 위에 계신 이에게로 돌아오라 할지라도 일어나는 자가 하나도 없도다"(호 11:7) 하십니다.

선지서의 중심주제

그러므로 선지서를 통해서 인문학적 · 심리적 · 자기계발과 같은

교훈만을 구하려 해서는 안 됩니다. 그들이 세움을 받은 시기와 배경은 달라도 선지자들을 통해서 말씀하시고자 하는 하나님의 메시지는 분명하고도 단순한 바가 있기 때문입니다. 왜냐하면 인간의 거짓된 심성(心性)은 예나 이제나 다를 바 없고, 그리하여 인간의 자력구원의 불가능성도 예나 이제나 변함이 없기 때문입니다. 문제는 오늘의 상황이 선지자들이 외치던 당시보다 악하면 악했지 나을 것이 없는데도 오늘의 설교자들이 당시의 거짓 선지자들처럼 "평강하다, 평강하다"라고 헛된 축복만을 말하고 있는 것은 아닌가? 이것이 문제입니다. 또한 성도들도 선지자 당시의 백성들처럼 이를 좋게 여기고 있으니 그 결국에는 어찌하려느냐에 있다 하겠습니다. 선지서를 상고하면서 이점을 심각하게 고민해야 할 것입니다.

다시 강조합니다만 이처럼 많은 선지서를 주셨는데도 율법의 행위로는 의롭다함을 얻을 육체가 없다는 전적타락 하고 전적 부패한 죄인임을 깨닫지를 못하고, 그리하여 인류의 소망이 오직 그리스도에게만 있음을 증언하지 못하고 선지서를 설교할 때에 교훈에 강조점을 두고 엉뚱한 축복을 말하고 있다면, 17개나 주신 선지서가 모자랐기 때문이란 말인가? 성경은 말씀합니다. "이 복음은 하나님이 선지자들을 통하여 그의 아들에 관하여 성경에 미리 약속하신 것이라(롬 1:2), 옛적에 선지자들을 통하여 여러 부분과 여러 모양으로 우리 조상들에게 말씀하신 하나님이 이 모든 날 마지막에는 아들을 통하여 우리에게 말씀하셨으니"(히 1:1-2), 주님은 말씀하십니다. "내가 너희와 함께 있을 때에 너희에게 말한바 곧 모세의 율법과 선지자의 글과 시편에 나를 가리켜 기록된 모든 것이 이루어져야 하리라 한 말이 이것이라 하시고 이에 그들의 마음을 열어 성경을 깨닫게 하시고 또 이르시되 이같이 그리스도가 고난을 받고 제 삼일에 죽은 자 가운데서 살아날 것과 또 그의 이름으로 죄 사함을 받게 하는 회개가 예루살렘에서 시작하여 모든 족속에게 전파될 것이 기록되었으니 너희는 이 모든 일의 증인이라"(눅 24:44-48). 그러므로 선지서를 통해서 그리스도를 힘 있게 증언하는 "그리스도의 증인"이 되어야 마땅합니다.

미가서는 크게 세 부분으로 나누어지는데 이는 "심판을 경고하고, 회복을 약속"하는 세 번의 사이클에 의해서입니다.

세 번의 사이클

① 첫째 사이클
㉠ 심판의경고(1:1-2:11)와
㉡ 회복의약속(2:12,13)

② 둘째 사이클
㉠심판의 경고(3:1-12)와
㉡ 회복의 약속(4-5장)

③ 셋째 사이클
㉠심판의 경고(6:1-7:6)와
㉡회복의 약속(7:7-20)

이 세 번의 사이클을 통해서 하나님께서 우리에게 말씀하시고자 하는 바가 얼마나 강력하고도 간절한지를 깨닫게 됩니다. 그것이 무엇인가? 미가서(모든 선지서)를 인간의 "행위" 중심으로 보면, 심판과 멸망일 수밖에 없다는 것과 하나님의 약속 즉 그리스도를 통한 무조건적인 은혜에만 소망이 있음을 "진실로, 진실로, 진실로 너희에게 이르노니"하는 세 번의 사이클을 통해서 말씀하고 있는 셈입니다. 이처럼 멸망과 소망을 교차적으로 보여주는 패턴은 이미 살펴본 호세아서의 구도에서도 본 바요, 함께 실려 있는 요엘서도 동일합니다. 선지서에서 이를 놓친다면 그야말로 수박 겉핥기식이 되고 맙니다. 이와 같이 모든 선지서는 심판의 경고로 시작하여, 회복의 약속으로 끝나고 있습니다. 여기에 인류의 소망이 있기 때문입니다. 그러므로 선지서를 통해서 말씀하고자 하는 핵심적(核心的)인 주제(主題)는 교훈(敎訓)이 아닙니다. 그리스도를 증언하는 복음입니다.

미가서 개론

미가서 1:1절과 이사야서 1:1절을 대조해보면 두 선지자는 같은 시기에 세움을 받았음을 알 수 있습니다. 미가서는 "백성들아 너희는 다 들을지어다"(1:2)하고 시작됩니다. 이사야서도 "하늘이여 들으라 땅이여 귀를 기울이라"(사 1:2)고 시작됩니다. 이사야 선지자가 "슬프다 범죄한 나라요"(사 1:4)라고 슬픈 음성으로 말씀하고 있듯이, 미가 선지자도 "내가 애통하며 애곡하고, 애통하리니"(1:8)하고 울면서 말씀을 전하고 있습니다. 왜 슬퍼하며 애곡하고 있는가? "여호와의 말씀에 내가 이 족속에게 재앙을 계획하노니"(2:3) 하신 심판의 경고를 들었기 때문입니다.

모든 선지자가 마찬가지입니다만 미가 선지자도 주로 그 시대 지도계급의 잘못을 책망하고 있습니다.

① 첫째로, "야곱의 우두머리들과 이스라엘 족속의 통치자들아" (3:1)하고 정치 지도자들의 죄를 고발합니다. "너희가 선을 미워하고 악을 기뻐하여 내 백성의 가죽을 벗기고 그 뼈에서 살을 뜯어 그들의 살을 먹으며"(3:2-3)라고 원색적으로 책망합니다.

② 둘째로, 선지자들을 고발합니다. "내 백성을 유혹하는 선지자들은 이에 물것이 있으면 평강을 외치나 그 입에 무엇을 채워주지 아니하는 자에게는 전쟁을 준비하는도다"(3:5)라고 책망합니다.

③ 셋째로, 제사장의 죄를 고발합니다. "제사장은 삯을 위하여 교훈"(3:11)한다고 책망합니다. 3:11절은 "우두머리 · 제사장 · 선지자"를 통틀어 책망하고 있는데, "그 우두머리들은 뇌물을 위하여 재판하며 그 제사장은 삯을 위하여 교훈하며 그 선지자는 돈을 위하여 점을 치면서도 여호와를 의뢰하여 이르기를 여호와께서 우리 중에 계시지 아니하냐 재앙이 우리에게 임하지 아니하리라 하는도다"고 지도자들 모두가 타락하였음을 말씀합니다.

이처럼 타락하였음에도 거짓된 인간은 "여호와께서 우리 중에 계시지 아니하냐"고 하나님의 이름을 팔아먹고 있다는 점입니다. 제발 하나님의 이름을 들먹이지 않았으면 좋겠습니다. 이점을 예레미야서에서는 "이 땅에 무섭고 놀라운 일이 있도다 선지자들은 거짓을 예언하며 제사장들은 자기 권력으로 다스리며 내 백성은 그것을 좋게 여기니 마지막에는 너희가 어찌하려느냐"(렘 5:30-31) 하십니다. 우매한 백성들은 거짓말하는 선지자들을 환영하고, 미가와 같은 바른말을 하는 선지자를 향해서는 "너희는 예언하지 말라 이것은 예언할 것이 아니거늘 욕하는 말을 그치지 아니한다”(2:6)고 “욕하는, 저주하는, 악담하는 것으로” 여겼던 것입니다.

지도자들의 책임

왜 이처럼 지도자들을 책망하고 있는가? 예루살렘이 심판받아 멸망하게 된 책임이 지도자들에게 있었기 때문입니다. 그들이 “시온을 피로, 예루살렘을 죄악으로 건축하는도다”(3:10)합니다. “이러므로 너희로 말미암아 시온은 갈아엎은 밭이 되고 예루살렘은 무더기가 되고 성전의 산은 수풀의 높은 곳이 되리라”(3:12)고 경고합니다. 이 경고는 문자적으로 성취되고야 말았던 것입니다. 그리고 이 경고는 자기 땅에 오신 그리스도를 배척하고 십자가에 못 박음으로 “돌 하나도 돌 위에 남지 않고 다 무너뜨려지리라”(마 24:2)하신 제 2차 예루살렘의 멸망으로 이어졌던 것입니다. 이 삼중(三重)적인 복합계시 중에서 이제 하나가 남았는데 주님의 재림의 날에는 어떤 양상으로 나타나게 될 것인가? 오늘의 지도자들은 이를 바라보면서 눈물로 죄와 심판을 경고해야 할 것입니다.

베들레헴에서 나실 왕

그러나 미가는 절망하고 있지 않습니다. “왕과 제사장과 선지자”의 사명을 한 몸에 지니신 참 통치자가 나시게 될 것을 예언하고 있기 때문입니다. 그분은 예상과는 달리 예루살렘이 아닌 작은 고을 베들레헴에서 태어나게 되리라고 말씀합니다. "베들레헴 에브라다야 너는 유다 족속 중에 작을지라도 이스라엘을 다스릴 자가 네게서 내게로 나올 것이라" 합니다. 어찌하여 베들레헴인가? 그리스도는 다윗에게 언약하신 다윗의 자손으로, 다윗의 동네에서 태어나셔야 하기 때문입니다. 그러나 그분은 베들레헴 출신이 아니라 "그의 근본은 상고에, 영원에 있느니라"(5:2)고 태초로부터 예정된 분이라고 말씀합니다. 그렇습니다. 그분은 아득히 먼 창세기 3:15절에서 "여자의 후손"이라는 한 점으로 계시되어, 아브라함과 이삭과 야곱에게 세워주신 언약을 거쳐, 유다 지파 다윗의 자손으로 우리를 향해 점점 가까이 다가오면서 그 모습을 선명하게 드러내고 계셨던 것입니다.

미가와 함께 세움을 입은 이사야 선지자도, "한 아기가 우리에게 났고 한 아들을 우리에게 주신 바 되었는데"(사 9:6)라고 그분이 한 아기로 태어나실 것을 예언했습니다. "그 어깨에는 정사를 메었고 그 이름은 기묘자라 모사라 전능하신 하나님이라 영존하시는 아버지라 평강의 왕이라 할 것임이라"고 그분의 신성과 선재를 말씀합니다. 미가 선지자는 "그가 여호와의 능력과 그의 하나님 여호와의 이름의 위엄을 의지하고 서서 목축하니 그들이 거주할 것이라, 이 사람은 평강이 될 것이라"(5:4-5) 합니다.

이사야서와 마찬가지로 미가서에도 "남은 자"와 "속량"의 교리가 현저합니다. "남은 자"가 다섯 번(2:12, 5:3,7,8, 7:18)이나 언급되어 있습니다. "내가 반드시 이스라엘의 남은 자를 모으고 (2:12), 남은 자의 허물을 사유하시며"(7:18) 합니다. 즉 바벨론에 포로 되었던 자들 중에 남은 자가 돌아오게 될 것을 말씀합니다.

그런데 궁극적인 속량, 곧 구원하심은 사탄의 포로가 돌아와야 하는데 베들레헴에서 나실 이를 통해서 이루어지게 되는 것입니다.

"주와 같은 신이 어디 있으리이까
주께서는 죄악과
그 기업의 남은 자의 허물을 사유하시며
인애를 기뻐하심으로 진노를 오래 품지 아니하시나이다
다시 우리를 불쌍히 여기셔서 우리의 죄악을 발로 밟으시고
우리의 모든 죄를 깊은 바다에 던지시리이다"(7:18-19).

끝으로 미가서의 결정적인 구도(構圖)를 파악하시기 바랍니다.

① 미가서는 "이는 다 야곱의 허물로 말미암음이요 이스라엘 족속의 죄로 말미암음이라"(1:5)고 시작되었습니다. 심판받아 멸망 당하게 되는 원인이 "허물과 죄" 때문이라는 말씀입니다. 이스라엘만 그러한 것이 아닙니다. 이는 인류가 죄와 허물로 말미암아 멸망 당하게 될 것에 대한 경고입니다.

② 그런데 미가서는 마지막 장에 이르러 무엇이라 말씀하고 있는 구도(構圖)인가? 7:18-19절에는 "죄악, 허물, 우리의 죄악, 우리의 모든 죄"가 강조되어 있습니다. 그런데 하나님은 "우리를 긍휼히 여기셔서 우리의 죄와 허물"을 "사유하시며, 넘기시며, 발로 밟으시고, 깊은 바다에 던지시리이다" 즉 다시는 기억하지도 않으신다는 말씀입니다.

③ 이것이 어떻게 가능하여지는가? 베들레헴에서 태어나실 그 분의 대속으로 말미암아서 뿐입니다.

④ 하나님은 어디에 근거하여 이렇게 행해주신다고 말씀하는

가? "주께서 옛적에 우리 조상들에게 맹세하신 대로 야곱에게 성실을 베푸시며 아브라함에게 인애를 더하시리이다"(7:20)고, 아브라함과 이삭과 야곱에게 언약하신 그 언약과 맹세를 지키시기 위해서(창 22:18) 이처럼 인애를 베푸신다는 것입니다.

⑤ 이 찬양을 신약성경에서 처녀의 몸으로 그리스도를 잉태한 마리아의 입을 통해서 듣게 된다는 것은 감격스러운 일이 아닐 수 없습니다.

> 능하신 이가 큰 일을 내게 행하셨으니 그 이름이 거룩하시며
> 긍휼하심이 두려워하는 자에게 대대로 이르는도다,
> 우리 조상에게 말씀하신 것과 같이
> 아브라함과 그 자손에게 영원히 하시리로다"(눅 1:49,55).

형제여, 하나님은 언약하신 바를 신실하게 지켜주셨습니다. 당신의 거룩함으로 언약하시고 맹세하신 바를 어떻게 성실하게 지켜주셨는가를 보여주기 위한 것이 성경의 계시요, 이를 증언하여 하나님 아는데 자라가게 하고 하나님을 더욱 사랑하며, 더욱 경외하기를 배우게 하기 위한 것이 성경을 구속사의 관점에서 보는 목적입니다. 저는 "주와 같은 신이 어디 있으리이까"하고 감격할 수밖에 없는 하나님의 신실하심과 우리의 죄를 대신 담당하여주실 그리스도를 증언하기 위해 미가서를 상고할 것입니다.

형제여, 우리도 이렇게 찬양하십시다. "주께서는 우리의 죄악을 사유하시며, 우리의 허물을 넘기시며, 긍휼히 여기시사 우리의 죄악을 발로 밟으시고, 우리의 모든 죄를 깊은 바다에 던지셨나이다. 진실로 주와 같은 신이 어디 있으리이까" 아멘.

미가서 1장 개관도표

주제 : 사마리아와 예루살렘에 임할 심판을 경고함

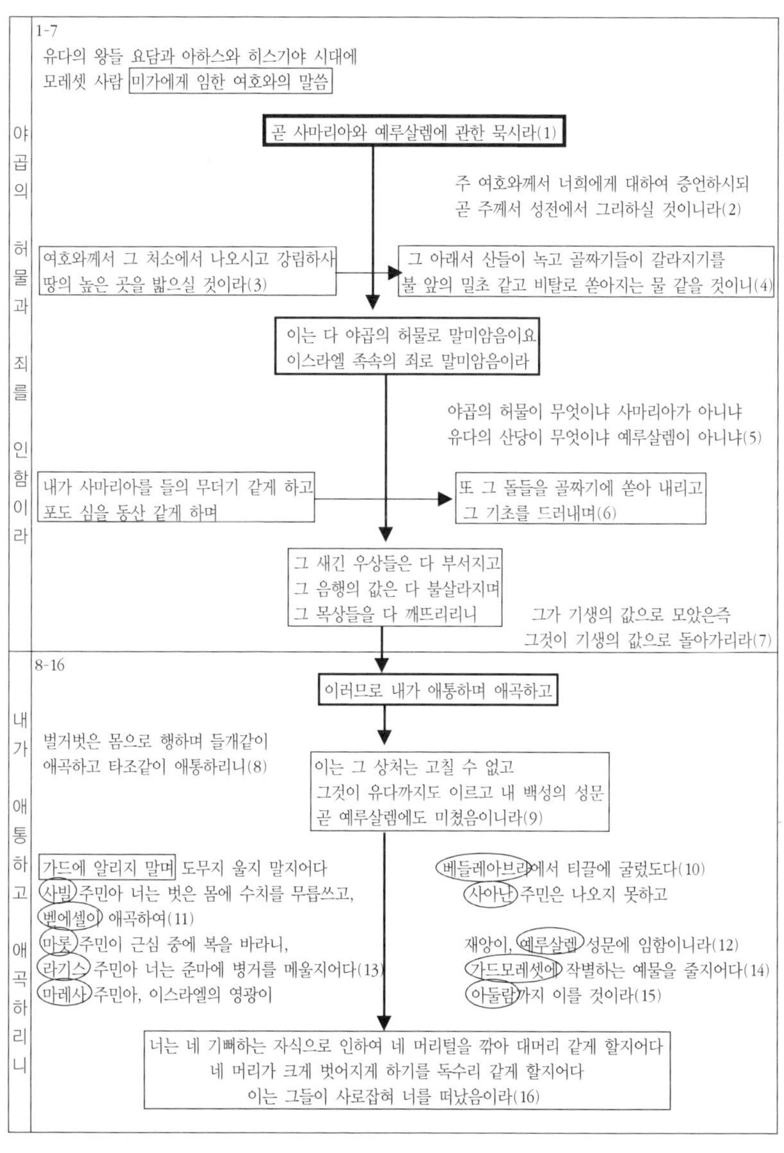

1장

사마리아와 예루살렘에 임할 심판을 경고함

[5] 이는 다 야곱의 허물로 말미암음이요 이스라엘 족속의 죄로 말미암음이라 야곱의 허물이 무엇이냐 사마리아가 아니냐 유다의 산당이 무엇이냐 예루살렘이 아니냐

1장의 중심은 도표에서 보시는 바대로, "사마리아와 예루살렘에 임할 심판을 경고함"에 있습니다. 지금 우리가 상고하고 있는 부분은 첫째 사이클로 "죄와 심판"을 경고하는 부분(1:1-2:11)인데, 도표의 중앙선을 따라 사마리아와 예루살렘이 심판받게 되는 주원인이 우상숭배의 죄 때문임을 보게 됩니다. 미가 선지자는 먼저 "백성들아 너희는 다 들을지어다"(2상)고 호출하여 "야곱의

허물과 이스라엘의 죄"(첫째 단원)로 인한 심판을 경고합니다. 그런 후에 "이러므로 내가 애통하며 애곡"(둘째 단원)하리니 하고 "고칠 수 없는 상처"(9) 즉 만회할 길 없는 심판으로 인하여 선지자 자신이 슬퍼합니다. 이처럼 선지자란 1인 2역, 즉 먼저 하나님을 대신하여 심판을 경고하면서 백성들 편에 서서 "애통하며 애곡하는"(8) 자입니다. 이를 두 단원으로 나누어 상고하겠습니다.

첫째 단원(1–7) **야곱의 허물과 죄를 인함이라**
둘째 단원(8–16) **내가 애통하고 애곡하리니**

첫째 단원(1–7) 야곱의 허물과 죄를 인함이라

"백성들아 너희는 다 들을지어다 땅과 거기에 있는 모든 것들아 자세히 들을지어다 주 여호와께서 너희에게 대하여 증언하시되 곧 주께서 성전에서 그리하실 것이니라"(2).

① 미가서는 "유다의 왕들 요담과 아하스와 히스기야 시대에 모레셋 사람 미가에게 임한 여호와의 말씀이라"(1상)고 시작함으로 미가가 선지자로 활동한 시기를 밝혀주고 있습니다.

㉠ "요담과 아하스와 히스기야 시대"라고 하면, 이 시기는 유다가 북쪽 앗수르와 남쪽 애굽의 양대 강국 사이에 끼어서 "어리석은 비둘기"(호 7:11)처럼 앗수르를 의지했다, 애굽을 의지했다 한 두리번거리던 시기였습니다.

㉡ "모레셋 사람"이라고 말하는데 모레셋은 예루살렘에서 서남방으로

약 20마일 떨어진 가드모레셋(14)이라는 한촌입니다.

② 미가 1:1절과 이사야 1:1절을 대조해보면 두 선지자는 같은 시대에 세움을 받았음을 알게 됩니다. 그런데 이사야가 예루살렘 상류계급 출신인 반면, 미가는 평범한 시골 청년이었다는 점이 다릅니다. 시골 청년 미가를 들어서 그리스도가 예루살렘이 아니라, 작은 동네 베들레헴에서 태어나실 것을 예언하게 하심이 미가서의 핵심입니다. 하나님은 의문(儀文)에 찌든 종교인이 아닌 순수하고 겁 모르는 시골 청년을 들어서 지도자들의 죄를 책망하게 하셨습니다.

③ 미가에게 임한 계시의 대상은,

㉠ "곧 사마리아와 예루살렘에 관한 묵시라"(1하) 합니다. 미가는 주로 남쪽 유다를 향해 대언하였으나 북쪽 사마리아에 관해서도 관심을 기울였습니다.

㉡ "백성들아 너희는 다 들을지어다, 자세히 들을지어다"(2상) 합니다.

㉢ "여호와께서 너희에게 대하여 증언하시되 곧 주께서 성전에서 그리 하실 것이니라"(2하)고 "성전"을 언급하는데 이는 자신은 하늘 성전에서 하시는 하나님의 말씀을 대언할 뿐이라는 뜻입니다.

④ "여호와께서 그의 처소에서 나오시고 강림하사 땅의 높은 곳을 밟으실 것이라"(3) 합니다. 이는 심판자가 등장(암 4:13)하는 장면인데, "그 아래에서 산들이 녹고 골짜기들이 갈라지기를 불 앞의 밀초 같고 비탈로 쏟아지는 물 같을 것"(4)이라는 묘사는 심판의 극렬함이 마치 화산이 폭발하여 용암이 비탈로 쏟아지듯 하리라는 것입니다.

⑤ 무엇에 대한 심판인가? "이는 야곱의 허물로 말미암음이요 이스라엘 족속의 죄로 말미암음이라"(5상) 합니다. 그렇다면 "야

곱의 허물과 이스라엘의 죄"가 구체적으로 무엇인가? "야곱의 허물이 무엇이냐 사마리아가 아니냐 유다의 산당이 무엇이냐 예루살렘이 아니냐"(5하)고 두 가지 면을 지적합니다.

㉠ 첫째는, "산당"(山堂)인데 이는 심판 받게 되는 결정적인 죄가 우상숭배임을 가리킵니다.

㉡ 둘째는 "사마리아와 예루살렘"을 언급하는데, 사마리아는 북쪽 이스라엘의 수도요, 예루살렘은 남쪽 유다의 수도입니다. 그런데 "사마리아와 예루살렘"이 "허물과 죄"의 소굴이 되었다는 뜻입니다. 우상숭배의 본거지도 그곳이고 부패하고 타락한 지도자들이 있는 곳도 사마리아와 예루살렘이기 때문입니다.

죄의 소굴이 된 예루살렘

① 역대기(歷代記)에 의하면 미가 선지자가 활약한 아하스 왕 때, "아하스가 하나님의 전의 기구들을 모아 하나님의 전의 기구들을 부수고 또 여호와의 전(殿)문을 닫고 예루살렘 구석마다 제단을 쌓고 유다 각 성읍에 산당을 세워 다른 신에게 분향하여 그의 조상들의 하나님 여호와를 진노하게 하였더라"(대하 28:24-25)고 말씀합니다. 아하스 왕은 하나님의 성전이 있는 예루살렘을 우상의 소굴로 만들었던 것입니다.

② "이러므로 내가 사마리아를 들의 무더기 같게 하고 포도 심을 동산 같게 하며 또 그 돌들을 골짜기에 쏟아 내리고 그 기초를 드러내며 그 새긴 우상들은 다 부서지고 그 음행의 값은 다 불살라지며 내가 그 목상들을 다 깨뜨리리니"(6-7) 하십니다.

㉠ 그들이 심판받게 된 주원인(主原因)이 우상숭배임을 다시 한번 상기

하시기 바랍니다. 왜냐하면 그들이 누구를 버리고 우상숭배를 하였는가? 하나님이라고 대답하시겠지요. 맞습니다. 그런데 여기에 머물게 되면 교훈(敎訓)만을 말하게 됩니다. 이를 하나님께서 이루어나가시는 구속사라는 맥락에서 바라보면 다름이 아닌

㉡ 아브라함과 다윗에게 세워주신 "메시아언약"을 버리고 우상을 숭배한 것이 되는 것입니다.

③ 좀 더 말씀드려야 하겠습니다. 구약시대 성도들은 누구로 말미암아 구원을 받았는가에 대해 명백해야 합니다. 구약시대 성도들이 율법을 지킴으로 구원을 받은 것이 아닙니다. 만일 이것이 구원의 방도였다면 한 사람도 구원에 이르지 못했을 것입니다. 그렇다고 소나 양 같은 제물로 구원 얻은 것도 아닙니다. 그렇게 말한다면 그리스도께서 헛되이 죽으신 것(갈 2:21)이 됩니다. 왜냐하면 지금도 양으로 제사를 드리면 구원을 얻을 수 있기 때문입니다. 속죄제와 화목제와 번제는 그림자에 불과했습니다. 이를 통해서 그리스도를 대망함으로 구원을 얻을 수 있었던 것이 구약시대입니다. 다시 말하면 하나님께서 아브라함과 다윗에게 세워주신 "메시아언약" 안에서 구원을 얻은 것입니다. 그런데 그들이 우상 앞에 번제를 드렸다는 것은 메시아언약을 배반했다는 명백한 증거였던 것입니다. 그들은 "메시아언약"을 버리고 우상이라는 다른 신을 섬김으로 심판을 당하게 된 것입니다. 신구약을 막론하고 구원의 길도 오직 예수 그리스도요, 멸망 당하게 되는 원인도 그리스도를 배척한 데 있는 것임을 강조하는 바입니다.

④ 이 점에서 미가서 전체 구도를 생각하시기 바랍니다. 무엇에 심판이 떨어졌습니까?

㉠ "허물과 죄"입니다. 그런데 하나님께서는 그 "허물과 죄"를 어떻게 처리하실 것이라고 예언하고 있는가?

㉡ "주와 같은 신이 어디 있으리이까 주께서는 죄악과 그 기업에 남은 자의 허물을 사유하시며"(7:18) 합니다. 그러면 이것이 어떻게 해서 가능하여지는가? 하나님의 공의는 인간의 "죄와 허물"을 그냥 넘기실 수 없는 것입니다. 우리 대신 베들레헴 사람(그리스도)에게 담당시키심으로만이 가능해지는 것입니다. 우리가 받을 심판을 자기 아들에게 대신 쏟으셨기 때문입니다. 이점을 망각하기 때문에 선지서에서 그리스도를 만나지 못하는 것입니다.

둘째 단원(8–16) 내가 애통하고 애곡하리니

"이러므로 내가 애통하며 애곡하고 벌거벗은 몸으로 행하며 들개같이 애곡하고 타조같이 애통하리니"(8).

① "이러므로 내가" 합니다. 이는 하나님의 심판을 경고한 미가 자신을 가리키는데 하나님의 대언자로 말씀을 선포한 미가는 이제 백성의 입장에 서서,

㉠ "애통하며 애곡하는"것입니다. 8절 한 절 안에 "애통 · 애곡"이 네 번이나 강조되어 있습니다.

㉡ "벌거벗은 몸으로 행하며" 합니다. 이사야 선지자도 "삼 년 동안 벗은 몸과 벗은 발"(사 20:3)로 행했습니다. 이는 극도의 슬픔을 나타낼 뿐만이 아니라 백성들이 이런 모습으로 포로로 끌려갈 것을 예시(豫示)하는 행위 계시이기도 합니다.

㉢ "들개같이 애곡하고 타조같이 애통하리니"하는데 빈 들에서 우는 들개의 불길한 울음소리, 사막에서 부르짖는 타조의 슬픈 울음소리, 이

는 "내 백성"(8)의 멸망을 선포하는 선지자의 마음을 나타냅니다.

② "이는 그 상처는 고칠 수 없고 그것이 유다까지도 이르고 내 백성의 성문 곧 예루살렘에 미쳤음이니라"(9) 합니다. 이는 선지자가 이토록 "애통하며, 애곡"하는 이유를 말씀함인 데,

㉠ "그 상처는 고칠 수 없다"고 말씀합니다. 역대하 마지막 장에서는 "여호와의 진노를 그의 백성에게 미치게 하여 회복할 수 없게 하였다"(대하 36:16) 합니다.

㉡ 사랑하는 사람이 암 말기가 되어서 "고칠 수 없다"는 사망진단을 받았다면 형제의 심정이 어떠하겠습니까? 이 암이 사마리아에서 시작이 되어서 유다까지 번졌다는 뜻입니다. 즉 "이미 도끼가 나무뿌리에 놓였다"(마 3:10)는 말씀입니다.

③ 미가는 이 슬픈 소식을 "가드에 알리지 말라"(10상) 하는데, 가드는 블레셋를 가리키는 대명사입니다. 사울 왕이 죽었을 때도 다윗은 "이 일을 가드에도 알리지 말며 아스글론 거리에도 전파하지 말지어다 블레셋 사람들의 딸들이 즐거워할까, 할례받지 못한 자의 딸들이 개가를 부를까 염려로다"(삼하 1:20)고 말했습니다.

④ 그런 후에

㉠ "베들레아브라 · 사빌 · 사아난 · 벧에셀 · 마롯 · 라기스 · 가드모레셋 · 악십 · 마레사 · 아둘람"(10-15) 등 열 고을의 이름을 부르면서 심판 선고가 내려졌다는 점을 알립니다.

㉡ 그리고 1장은 "너는 네 기뻐하는 자식으로 인하여 네 머리털을 깎아 대머리 같게 할지어다 네 머리가 크게 벗어지게 하기를 독수리 같게 할지어다 이는 그들이 사로잡혀 너를 떠났음이라"(16)는 큰 슬픔을 나타냄으로 마치고 있습니다.

㉢ 한 가지 주목하게 되는 것은 "라기스는 딸 시온의 죄의 근본이니 이

는 이스라엘의 허물이 네게서 보였음이니라"(13)는 대목입니다. 이는 라기스가 북이스라엘과 가까운 유다 변방이므로 북이스라엘의 우상숭배를 제일 먼저 받아드려 유다 전역에 퍼지게 한 진원지라는 뜻으로 여겨집니다.

⑤ 매튜 헨리는 이 대목(8-16)을 "우리는 여기서 파멸된 왕국의 장례식(葬禮式)에 참예하는 긴 행렬의 애도객들을 볼 것이다"(기독교문사)라고 말하면서, 예언자 자신이 상주(喪主)로써 "애통하고 애곡하고" 있다고 해설해주고 있습니다. 미가 선지자의 이런 점이 우리와 다른 점입니다. 선지자가 하나님의 말씀을 대언하면서 이처럼 "애통하며, 애곡"하고 있다는 것은 그가 선포한 메시지의 진정성(眞正性)과 선지자의 진실성(眞實性)을 말해주고 있기 때문입니다. 이점을 사도 바울은 "내가 예수 그리스도의 심장으로 너희 무리를 얼마나 사모하는지 하나님이 내 증인이시니라"(빌 1:8)고 말씀합니다. 어찌하여 오늘의 설교에는 이러한 진지함과 진실함, 눈물이 없는 것일까요? 꾸며 쓴 각본을 연기하는 탈렌트도 진실인 양 눈물을 철철 흘리는 것을 봅니다. 하나님의 아들이 우리 죄를 위하여 죽으셨다는 십자가의 도를 증언하는 오늘의 설교에 눈물이 있습니까? 눈물이 말라버린 설교를 듣는 회중들에게 죄에 대한 애통이 있겠습니까? 이것이 "사마리아와 예루살렘에 대한 심판 경고"입니다.

미가 2장 개관도표
주제 : 남은 자를 모아 선두에서 인도하시는 하나님

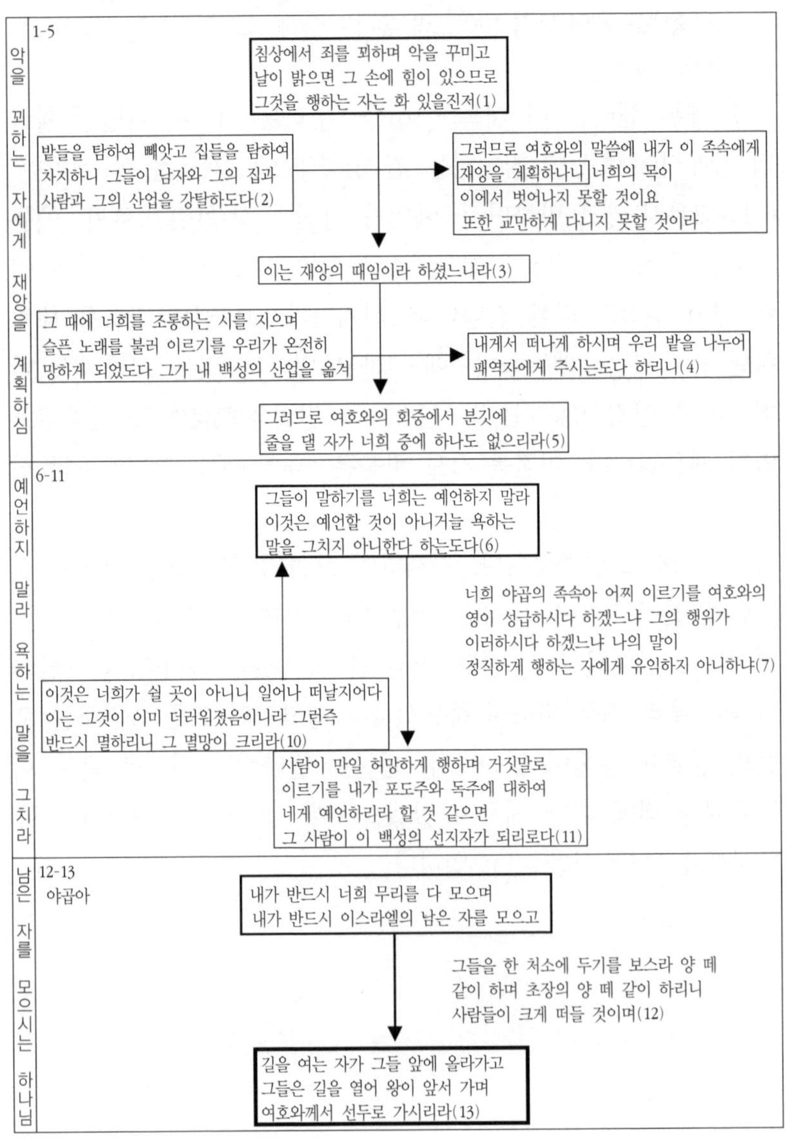

2장

남은 자를 모아 선두에서 인도하시는 하나님

[12] 야곱아 내가 반드시 너희 무리를 다 모으며 내가 반드시 이스라엘의 남은 자를 모으고 그들을 한 처소에 두기를 보스라의 양 떼 같이 하며 초장의 양 떼 같이 하리니 사람들이 크게 떠들 것이며

2장은 도표에서 보시는 바대로 크게 두 부분으로 나누어집니다. 전반부(1-11)는 1장에서 언급한 "죄와 심판"을 경고하는 첫 사이클의 계속입니다. 다른 점은 1장에서는 심판받게 되는 원인을 우상숭배(1:5-7) 때문임을 말씀했는데, 2장에서는 이웃에 대한 악행 즉 불의(1-2) 때문임(첫째 단원)을 말씀하는 차이입니다. 죄는 억만 가지가 있다고 하여도 크게는 경건하지 아니함(하나님께

대한)과 불의(이웃에 대한)요, 하나님의 진노는 언제나 경건하지 아니함과 불의에 대하여(롬 1:18) 임하는 것입니다. 명심해야 할 점은 경건하지 아니함, 즉 하나님과의 관계가 잘못되면 이웃과의 관계도 잘못되게 된다는 점입니다.

그런데 그들은 "너희는 예언하지 말라, 욕하는 말을 그치라"(둘째 단원)고 배척하고 있는 것입니다. 그러나 하나님은 이처럼 패역한 족속들을 향하여, "내가 반드시 이스라엘의 남은 자를 모아 선두에 서서 인도"(셋째 단원)해 오시겠다고 말씀하십니다. 이점이 첫 사이클의 "소망"의 말씀입니다. 앞부분(1-11)은 인간이 행한 죄로 말미암은 결과인데 멸망과 절망뿐입니다. 그런데 뒷부분(12-13)은 무조건적인 하나님의 은혜인데 여기에 소망이 있습니다. 미가서에는 이런 사이클이 세 번 등장하고 있다는 점을 놓치지 마시기 바랍니다. 이를 세 단원으로 나누어 상고하겠습니다.

첫째 단원(1–5) **악을 꾀하는 자에게 재앙을 계획하심**
둘째 단원(6–11) **예언하지 말라 욕하는 말을 그치라**
셋째 단원(12–13) **선두에 서서 인도하시는 하나님**

첫째 단원(1–5) **악을 꾀하는 자에게 재앙을 계획하심**

"그들이 침상에서 죄를 꾀하며 악을 꾸미고 날이 밝으면 그 손에 힘이 있으므로 그것을 행하는 자는 화 있을진저(1).

① 첫째 단원의 중심점은 "여호와의 말씀에 내가 이 족속에게

재앙을 계획하노니"(3상) 라는 말씀에 있습니다. 누구에게 재앙 내리기를 계획하시는가?

㉠ "침상에서 죄을 꾀하며 악을 꾸미는" 자에게 라고 말씀합니다. 그들이 누구인가?

㉡ "그 손에 힘이 있는" 즉 권세 있는 자들입니다.

② 그들이 꾀하는 악이 무엇인가?

㉠ "밭들을 탐하여 빼앗고 집들을 탐하여 차지하니 그들이 남자와 그의 집과 사람과 그의 산업을 강탈하도다"(2) 합니다.

㉡ 이는 이웃들에게 행하는 악 즉 불의(不義)입니다. 서두에서도 말씀했습니다만 이는 먼저 하나님과의 관계가 잘못(경건치 아니함)되었기 때문에 필연적으로 따르게 되는 죄악입니다. 그들은 "침상에서 악을 꾀하며 악을 꾸미고" 있는데, 하나님은 "재앙 내리기를 계획"하고 계신다는 경고입니다.

③ "너희의 목이 이에서 벗어나지 못할 것이요"(3중) 합니다. "너희의 목"이라 함은 그들이 개처럼 포로로 끌려가게 될 것을 가리킵니다. 아모스 선지자는 "그러므로 그들(지도자들)이 이제는 사로잡히는 자 중에 앞서 사로잡히리니"(암 6:7)하고 제일 먼저 끌려가게 될 것을 경고했습니다. "또한 교만하게 다니지 못할 것이라 이는 재앙의 때임이라"(3하)고, 교만하던 그들이 "재앙"을 만나게 될 것을 거듭 강조합니다.

④ "그 때에, 우리가 온전히 망하게 되었도다 그가 내 백성의 산업을 옮겨 내게서 떠나게 하시며 우리 밭을 나누어 패역자에게 주시는도다"(4)고 슬픈 애가(哀歌)를 부르게 될 것이라 말씀합니다. "그러므로 여호와의 회중에서 분깃에 줄을 댈 자가 너희 중에 하나도 없으리라"(5) 하시는데, "분깃에 줄을 댈 자"란 가나안

땅을 기업으로 분배하던 일을 가리킵니다. 이제는 정반대로 하나님이 주신 약속의 땅 기업을 빼앗기게 되리라는 말씀입니다. 이것이 "악을 꾀하는 자에게 재앙 내리기를 계획하심"(3)입니다.

둘째 단원(6–11) **예언하지 말라 욕하는 말을 그치라**

"그들이 말하기를 너희는 예언하지 말라 이것은 예언할 것이 아니거늘 욕하는 말을 그치지 아니한다 하는도다"(6).

① 선지자 미가의 말을 듣는 그들의 반응은 어떠했는가?

㉠ "너희는 예언하지 말라 이것은 예언할 것이 아니거늘 욕하는 말을 그치지 아니한다 하는도다"(6) 하고 하나님의 경고를 욕하는 것으로 여겼다는 것입니다. 예레미야 선지자의 예언에 대해서도 왕에게 상소하기를

㉡ "이 사람이 백성의 평안을 구하지 아니하고 재난을 구하오니 청하건대 이 사람을 죽이소서 그가 이같이 말하여 이 성에 남은 군사의 손과 모든 백성의 손을 약하게 하나이다"(렘 38:4)라고 말했던 것입니다. 어느 시대나 하나님의 경고는 귀에 거슬리는 부정적인 말로 들리는 법입니다. 그래서 성도들이 듣기 좋아하는 긍정적인 설교를 해야 부흥이 된다고 말합니다. 교회 내에서도 바른말을 하면 듣기 싫어합니다. 화목과 일치를 해치는 자로 취급합니다. 듣기 좋은 말만 하라 합니다.

② 그들은 말하기를 "여호와의 영이 성급하시다 하겠느냐(그렇게 성질이 급하신 분이란 말이냐), 그의 행위가 이러하시다 하겠느냐"(그가 실제로 이런 끔찍한 심판을 행하시겠느냐)고 거부했

다는 것입니다. 그들을 향해서 하나님은 말씀하십니다. "나의 말이 정직하게 행하는 자에게 유익이 되지 아니하냐"(7하), 즉 너희들이 정직히 행하였으면 이런 일이 임하겠느냐는 뜻입니다.

③ 그러시면서 "근래에"(8상) 그들이 범하고 있는 악행을 예로 듭니다.

㉠ "전쟁을 피하여 평안히 지나가는 자들의 의복에서 겉옷을 벗기며",

㉡ "내 백성의 부녀들을 그들의 즐거운 집에서 쫓아내고 그들의 어린 자녀에게서 나의 영광을 영원히 빼앗는도다"(9) 합니다. "지나가는 자 · 부녀 · 어린아이"는 모두 힘없는 약자들을 가리키는데 그들의 겉옷은 잠잘 때 덮고 자는 유일한 옷입니다. 그래서 하나님께서는 "해가 지기 전에 그에게 돌려보내라 그것이 유일한 옷이라 그의 알몸을 가릴 옷인즉 그가 무엇을 입고 자겠느냐"(출 22:26-27)고 말씀하셨습니다. 그런데 그들은 빚 값으로 겉옷을 벗기고 부녀를 종으로 삼고 어린이를 노예로 팔아먹었다는 것입니다.

④ "이것은 너희의 쉴 곳이 아니니 일어나 떠날지어다"(10상)고 선고하십니다. 하나님께서 그들을 애굽에서 인도하여 내사 가나안 땅을 기업으로 주신 것을,

㉠ "너희에게 안식을 주사 너희로 평안히 거주하게"(신 12:10) 하신 것이라고 말씀했습니다.

㉡ 그러나 지금은 "그것이 이미 더러워졌음이라"(10중) 하십니다. 하나님은 미리 경계하시기를 "너희도 더럽히면 그 땅이 너희가 있기 전 주민(가나안 거민)을 토함같이 너희를 토할까 하노라"(레 18:28) 하셨습니다.

㉢ "그런즉 반드시 멸하리니 그 멸망이 크리라"(10하) 하십니다. 이는 그들이 이방으로 추방당하게 될 것을 뜻합니다. 이런 처지에 놓였음에도 그들은 "너희는 예언하지 말라, 욕하는 말을 그치라"고 거부하

고 있는 것입니다.

⑤ "사람이 만일 허망히 행하며 거짓말로 이르기를"(11상), 그렇다면 그들이 선지자의 경고는 듣기 싫어하고 어떤 말 듣기를 좋아했는가?

㉠ "허망(虛妄)한 것, 거짓말"을 의뢰하고 있다는 것입니다.

㉡ 예를 들어 "내가 포도주와 독주에 대하여 네게 예언하리라"(11중) 할 것 같으면, 그 사람을 선지자로 여긴다(11하)는 것입니다. 여기서 "포도주와 독주"란 세속적인 향락, 즉 물질축복, 만사형통 같은 것을 가리키는데 이런 말을 하면 "아멘" 하면서 좋아한다는 그런 뜻입니다. 이점을 예레미야 선지자는, "이 땅에 무섭고 놀라운 일이 있도다 선지자들은 거짓을 예언하며 제사장들은 자기 권력으로 다스리며 내 백성은 그것을 좋게 여기니 마지막에는 너희가 어찌 하려느냐"(렘 5:30-31)고 탄식했던 것입니다. 제발 이 땅에는 이러한 "무섭고 놀라운 일"이 없기를 바랍니다.

셋째 단원(12-13) 선두에 서서 인도하시는 하나님

"야곱아 내가 반드시 너희 무리를 다 모으며 내가 반드시 이스라엘의 남은 자를 모으고 그들을 한 처소에 두기를 보스라의 양 떼같이 하며 초장의 양 떼같이 하리니 사람들이 크게 떠들 것이며(12).

① 셋째 단원의 중심점은 추방당한 그들을 "그들의 왕이 앞서, 선두"(13)에서 인도해 돌아오게 하시겠다는 데 있습니다. 이는 소망(所望)을 말씀하는 첫 사이클입니다. 1:1-2:11절까지는 인간이 행한 일인데 그 결과는 멸망이요, 절망뿐입니다. 그런데, 13절에

는 "내가 반드시"라는 말이 두 번 강조되어 있는데, 이는 하나님이 반드시 하시겠다는 굳은 의지(意志)를 나타내심입니다. 이처럼 배은망덕하고 절망적인 그들에게,

㉠ "내가 반드시 너희 무리를 다 모으며"(12상) 하십니다. 이렇게 행해주심이 그들에게 그럴만한 가치와 공로가 있기 때문이란 말인가? 아닙니다. 이는 전적인 은혜인 것입니다. 지금 그들은 열방에 흩음을 당하고 내어 쫓기는 처지에 놓인 것입니다. 그러나 그것이 끝이 아닙니다.

㉡ "내가 반드시 이스라엘의 남은 자를 모으고 그들을 한 처소에 두기를 보스라 양 떼같이 하며 초장의 양 떼같이 하리니"(12중) 라고 포로에서 귀환하게 하실 것을 약속하십니다.

② 그뿐만이 아닙니다. "사람들이 크게 떠들 것이며"(12하) 라는 표현은 많은 수로 번성하게 될 것을 가리킵니다. 이 말씀이

㉠ 1차 적으로는 유대인들이 바벨론에서 귀환하므로 성취되었습니다. 그런데 여기서 머물러서는 안 됩니다. 왜냐하면 하나님께서 인류의 시조가 범죄한 현장에서 "내가, 여자의 후손은 네 머리를 상하게 할 것이요"(창 3:15)라고 선언하신 말씀은 그들이 "출애굽하고, 출바벨론"한다고 성취되는 것이 아니기 때문입니다.

㉡ 아브라함에게 "내가 네게 큰 복을 주고 네 씨가 크게 번성하여 하늘의 별과 같고 바닷가의 모래와 같게 하리니"(창 22:17)라고 세워주신 언약이, 바벨론에서 돌아와 "사람들이 많으므로"에서 성취될 언약이란 말인가? 이는 복음시대에 성취될 예언인 것입니다.

③ 포로귀환의 약속은 미가 선지자만이 한 것은 아닙니다. 예레미야 선지자도 "바벨론에서 칠십 년이 차면 내가 너희를 돌보고 나의 선한 말을 너희에게 성취하여 너희를 이곳으로 돌아오게 하리라"(렘 29:10)고 약속했습니다. 그런데 그 약속이 어떤 문맥

에서 주어졌는지를 주목해야 합니다. "내가 이스라엘과 유다 집에 새 언약을 세우리니"(렘 31:31) 한 "새 언약"과 결부되고 있습니다. "곧 내가 나의 법을 그들의 속에 두며 그들의 마음(돌비가 아닌)에 기록하여 나는 그들의 하나님이 되고 그들은 내 백성이 될 것이라"(렘 31:33) 하십니다. 이는 예수 그리스도로 말미암아 성취될 복음이지 율법이 아닙니다.

④ 에스겔 선지자를 통해서도 포로귀환을 말씀하시면서, "이스라엘 족속아 내가 이렇게 행함은 너희를 위함이 아니요 너희가 들어간 그 여러 나라에서 더럽힌 나의 거룩한 이름을 위함이라"(겔 36:22) 하십니다. 그렇다면 이스라엘 족속이 바벨론에서 귀환함으로 더럽힌 하나님의 거룩하신 이름이 온전히 회복되는 것입니까? 아닙니다. 에덴에서 추방당한 아담의 후예들이 돌아옴으로 회복되는 것입니다. 그러므로 에스겔서의 문맥은, "또 새 영을 너희 속에 두고 새 마음을 너희에게 주되"(겔 36:26)라는 말씀과 결부되고 있습니다. 이는 영이요 복음이지 의문이나 율법이 아닙니다. 그러므로 하나님은 "잃어버린 자를 찾아 구원하시기 위해서" 자기 아들을 대속제물로 보내주셨던 것입니다. 구속사역에는 하나님의 거룩하신 이름 · 명예가 걸려있음을 명심해야 합니다.

내가 정녕히 너희 무리를 다 모으며

① "길을 여는 자가 그들의 앞에 올라가고"(13상) 합니다. 13절은 남은 자를 모아 데리고 올라오는 광경(光景)인데 "앞에"라는 말이 두 번, 선두(先頭)라는 말이 한 번, 도합 세 번 강조되어 있

습니다. 눈이 밝아진 자라면 이는 참으로 감사와 감격할 말씀인 것입니다. 누가 선두에서 인도하시는가?

㉠ "길을 여는 자"라고 말씀합니다. "왕이 앞서가며"라고,

㉡ "왕"(王)이라고 말씀합니다. 출애굽 때에도, "하나님이여 주의 백성 앞에서 앞서 나가사 행진하셨을 때에"(시 68:7)하고, 하나님께서 선두에서 인도해주셨음을 생각하며 감격해 합니다.

② "길을 여는 자"라는 묘사를 구속사라는 맥락으로 바라보면 얼마나 영광스러운 말씀인가를 알게 될 것입니다. "길을 여는 자"란 선두에서 없는 길을 개척하는 것을 뜻하는데 죄로 말미암아 하나님께 나아가는 길은 막혀있었습니다. 잠시 동안 막혀있었던 것이 아닙니다. 구약시대 내내 막혀있었습니다. 이를 실물 적으로 계시한 것이 성막의 휘장입니다. 성경은 말씀합니다.

㉠ "성령이 이로써(성막의 휘장을 통해서) 보이신 것은 첫 장막이 서 있을 동안(구약시대)에는 성소에 들어가는 길이 아직 나타나지 아니한 것이라"(히 9:8). 그렇다면 그 길이 언제 열려졌는가? 주님이 십자가상에서 "다 이루었다"고 선언하셨을 때 비로소 열린 것입니다. 성경은 말씀합니다.

㉡ "그러므로 형제들아 우리가 예수의 피를 힘입어 성소에 들어갈 담력을 얻었나니 그 길은 우리를 위하여 휘장 가운데로 열어놓으신 새롭고 살 길이요 휘장은 곧 그의 육체니라"(히 10:19).

③ "우리의 왕은, 길을 여는 자"이십니다.

㉠ 출애굽 당시 광야를 행진할 때에도 "선두로 유다 자손의 진영의 군기에 속한 자들"(민 10:14)이 진행했습니다. 이는 하나님의 명령에 의한 것인데 유다 진영의 선두에 서서 길을 열면서 진행해나갔습니다. 이는 무심한 일이 아니라 유다를 통하여 나실 그리스도께서 선두에서 인도하셨음을 계시해주고 있는 것입니다. 그때 "바다(홍해)는

이를(왕의 행차) 보고 도망하며 요단은 물러갔으며"(시 114:1-2)라고 감동적으로 노래하고 있습니다. 구약의 희미한 빛 아래서도 이처럼 신령한 것을 보았거늘 밝히 드러난 신약의 빛 아래서 이 영광스러움을 보지 못한다면 얼마나 통탄할 노릇입니까? 미가서는 이를 증언하기 위해서 우리에게 주어진 것입니다.

ⓛ 만일 선지서를 설교하면서 "우리는 그들처럼 범죄하지 말자"라고 교훈만을 전하고 "그리스도"를 증언하지 않는다면, 첫째 우리도 심판을 면할 길이 없을 것입니다. 왜냐하면 율법의 행위로 그의 앞에 의롭다함을 얻을 자가 없기 때문입니다. 둘째 기쁨과 감사와 찬양이 우러나오지 않을 것입니다. 도리어 의문(儀文)이 마음을 짓누르게 될 것입니다. "길을 여는 자, 선두로 행하시는 자" 곧 "왕 중 왕"이신 그리스도를 증언해야 합니다. 율법은 무섭고 떨리는 법이었으나 구원만이 아니라 성화도 주지 못했습니다. 복음을 통한 사랑만이 가능하게 해줄 수 있기 때문입니다. 이것이 "남은 자를 모아 선두에서 인도하시는 왕"입니다.

미가서 3장 개관도표
주제 : 지도자 계급의 죄악을 책망함

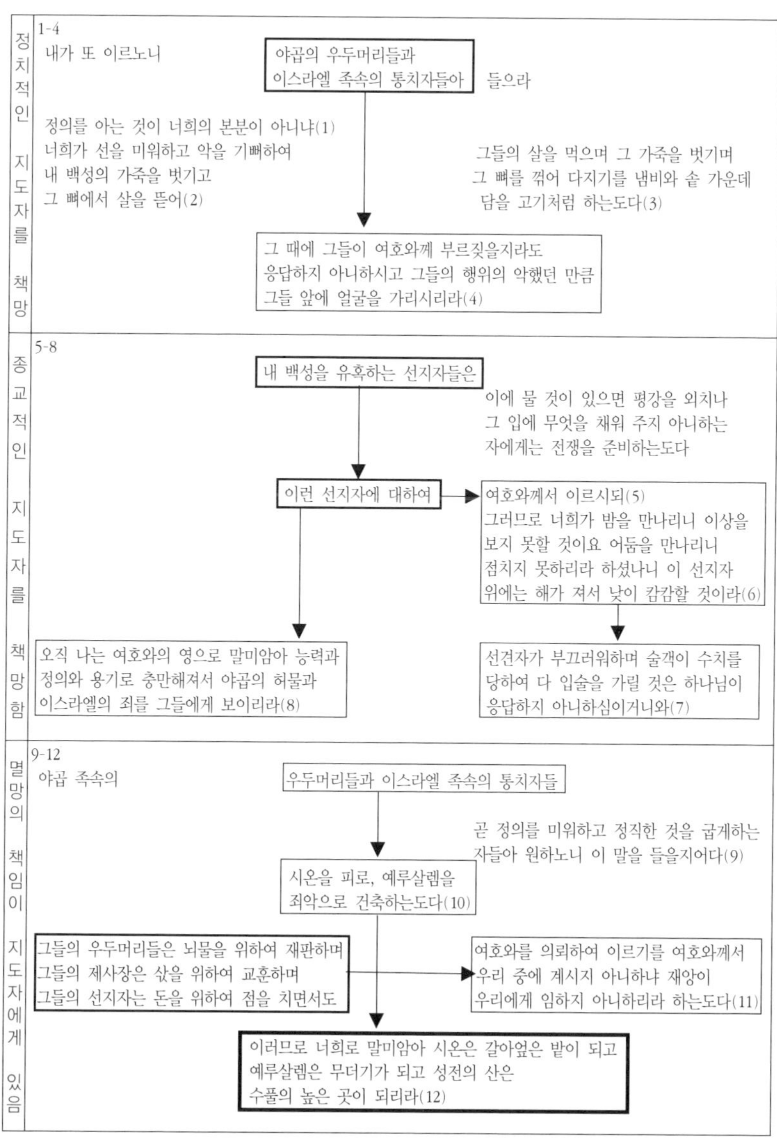

3장

지도자 계급의 죄를 책망함

> [12] 이러므로 너희로 말미암아 시온은 갈아엎은 밭이 되고 예루살렘은 무더기가 되고 성전의 산은 수풀의 높은 곳이 되리라 하시더라

3장은 "절망과 소망"을 말씀하는 두 번째 사이클 중 "절망"을 말씀하는 내용입니다. "시온은 갈아엎은 밭이 되고 예루살렘은 무더기가 되고 성전의 산은 수풀의 높은 곳이 되리라"(12) 합니다. 그런데 강조점이 "멸망의 책임이 누구에게 있는가?"를 말씀함에 있습니다. "정치적인 지도자를 책망"(첫째 단원)하고, "종교적인 지도자를 책망"(둘째 단원)하면서 "너희로 말미암아"하고 "멸망의 책임이 지도자들에게 있음"(셋째 단원)을 지적합니다. 주님의 초림 때도 그러했으며 다시 오시는 재림의 때도 "선생 된 우

리가 더 큰 심판을 받을 줄 알고 선생이 많이 되지 말라"(약 3:1) 고 경계합니다. 그렇다면 오늘의 지도자들은 어떠한가? 이를 세 단원으로 나누어 상고하겠습니다.

첫째 단원(1–4) **정치적인 지도자를 책망함**
둘째 단원(5–8) **종교적인 지도자를 책망함**
셋째 단원(9–12) **멸망의 책임이 지도자들에게 있음**

첫째 단원(1–4) 정치적인 지도자를 책망함

"내가 또 이르노니 야곱의 우두머리들과 이스라엘 족속의 통치자들아 들으라 정의를 아는 것이 너희의 본분이 아니냐"(1).

① 첫째 단원은 "우두머리와 통치자" 즉 정치적인 지도자의 죄를 책망하는 내용입니다.

㉠ "정의를 아는 것이 너희의 본분이 아니냐" 한 "정의"가 지도자의 통치강령(統治綱領) 임을 말씀합니다. 이 정의는 이방 나라 지도자들에게도 필수적입니다만 하나님은 지금

㉡ "야곱의 우두머리들과 이스라엘의 통치자들아 들으라"(1)고 야곱의 우두머리들에게 말씀하고 계심을 유념해야 합니다. 어찌하여 "야곱의 우두머리들"은 정의로 다스려야 하는가? 이방의 우두머리와 야곱의 우두머리가 어떤 점에서 다른 것인가? "야곱의 우두머리들"은 다름 아닌 정의로 다스리실 메시아 왕국의 예표이기 때문입니다. 아브라함에게 언약을 세워주시고 그 줄기에서 다윗을 택하셔서 세우신 왕국은 바로 이 메시아 왕국의 예표였던 것입니다. 성경은 말씀합니다.

"이는 한 아기가 우리에게 났고, 또 다윗의 왕좌와 그의 나라에 군림하여 그 나라를 굳게 세우고 지금 이후로 영원히 정의와 공의로 그것을 보존하실 것이라"(사 9:6-7).

② 그런데 "너희가 선을 미워하고 악을 기뻐하여 내 백성의 가죽을 벗기고 그 뼈에서 살을 뜯어 그들의 살을 먹으며 그 가죽을 벗기며 그 뼈를 꺾어 다지기를 냄비와 솥 가운데에 담을 고기처럼 하는도다"(2-3)고 원색적으로 책망하십니다. 이는 정치 지도자들이 백성들을 압제하고 수탈하는 정치를 행했음을 가리킵니다. 누구의 살과 뼈인가?

ⓒ "내 백성" 곧 하나님의 백성입니다. 에스겔 선지자도 "너희가 살진 양을 잡아 그 기름을 먹으며 그 털을 입되 양 떼는 먹이지 아니하는도다"(겔 34:3)고 책망합니다.

③ 그런데 에스겔 선지자의 메시지는 책망이 끝이 아닙니다. "내가 한 목자를 그들 위에 세워 먹이게 하리니 그는 내 종 다윗이라 그가 그들을 먹이고 그들의 목자가 될지라 나 여호와는 그들의 하나님이 되고 내 종 다윗은 그들 중에 왕이 되리라 나 여호와의 말이니라"(겔 34:23-24)고 물어뜯는 왕, 이리 같은 목자 대신에 "참 목자요, 왕"을 세우시겠다고 말씀합니다. 그 "목자요, 왕"을 "내 종 다윗이라" 하십니다. 이는 명백한 그리스도에 대한 예언인 것입니다. 구약시대에 세움을 받은 왕은 이러한 그리스도의 예표의 인물이었던 것입니다. 그래서 "정의를 아는 것이 너희의 본분이 아니냐"(1하)고 말씀하는 것입니다. 이처럼 죄를 책망하고 심판을 경고하면서 메시아 왕국의 소망을 말씀하는 것이 선지서의 패턴입니다.

④ "그 때에"(4상) 하는데 어느 때인가? 하나님의 진노의 날,

심판의 날을 의미합니다. "그들이 여호와께 부르짖을지라도 응답하지 아니하시고"(4중), 응답만 하지 않는 것이 아니라 "그들의 행위의 악했던 만큼 그들 앞에 얼굴을 가리시리라"(4하) 하십니다. 잠언 21:13절을 보십시오. "귀를 막고 가난한 자가 부르짖는 소리를 듣지 아니하면 자기가 부르짖을 때에도 들을 자가 없으리라" 하십니다.

둘째 단원(5-8) 종교적인 지도자를 책망함

"내 백성을 유혹하는 선지자들은 이에 물것이 있으면 평강을 외치나 그 입에 무엇을 채워주지 아니하는 자에게는 전쟁을 준비하는도다 이런 선지자에 대하여 여호와께서 이르시되"(5).

① 둘째 단원은 "내 백성을 유혹하는 선지자들"(5상) 즉 종교적인 지도자를 책망하는 내용입니다. 정치 지도자들은 하나님의 백성들의 "가죽을 벗기고 그 뼈에서 살을 뜯어"(2) 먹는 자라 하셨는데, 종교지도자들을 향해서는 "내 백성을 유혹하는 선지자"(5)라고 말씀합니다. 그러면 "살을 뜯어먹는 자와 유혹하는 자" 중 어느 편이 더 치명적으로 해독을 끼치는가? 그것은 분명합니다. 계시록에 보면 교회의 대적 중에는 "짐승(적 그리스도)과 거짓 선지자"(계 16:13)가 있습니다. 짐승은 육을 물어뜯을 수는 있어도 영을 죽이지는 못합니다. 그러나 거짓 선지자의 유혹은 아담 하와에서 보는 바대로 사망을 가져오는 것입니다. 이것이 주님께서 "너희보다 배나 더 지옥 자식이 되게 하는도다"(마 23:

15)하신 차이입니다. 그러니까 불과 같은 박해보다는 거짓 선지자의 달콤한 유혹이 영혼을 죽이는 데 있어서 치명적이라는 말씀입니다.

② 그러면 어떻게 하는 것이 백성을 유혹하는 것인가? 이 점을 에스겔 선지자는

㉠ "그들이 내 백성을 유혹하여 평강이 없으나 평강이 있다 함이라 어떤 사람이 담을 쌓을 때에 그들이 회칠을 하는도다"(겔 13:10)고 말씀하고. 예레미야 선지자는 심판이 다가오는데도

㉡ "선지자로부터 제사장까지 다 거짓을 행함이라 그들이 딸 내 백성의 상처를 가볍게 여기면서 말하기를 평강하다, 평강하다 하나 평강이 없도다"(렘 8:11)고 진술합니다. 이것이 유혹하는 것입니다. 오늘날도 마치 담에 회칠하듯 성도들을 유혹하는 설교는 횡행하고 있습니다.

③ 어찌하여 이처럼 유혹을 하는 선지자로 타락을 하게 되는가?

㉠ "유혹하는 선지자들은 이에 물것이 있으면 평강을 외치나 그 입에 무엇을 채워주지 아니하는 자에게는 전쟁을 준비하는도다"(5중) 한 "두어 움큼 보리와 두어 조각 떡을 위하여"(겔 13:19) 그런 거짓말을 하고 있다는 것입니다. 이점을 신약성경에서도

㉡ "그들의 입을 막을 것이라 이런 자들이 더러운 이득을 취하려고 마땅하지 아니한 것을 가르쳐 가정들을 온통 무너뜨리는도다"(딛 1:11) 합니다.

④ "그러므로 너희가 밤을 만나리니 이상을 보지 못할 것이요 어둠을 만나리니 점치지 못하리라 하셨나니 이 선지자 위에는 해가 져서 낮이 캄캄할 것이라"(6) 하십니다. "밤을 만나리니, 어둠을 만나리니"하는 것은 그들은 "밤이나 어둠"은 결코 만나지 않

으리라고 유혹했기 때문인데, 그러나 그런 날은 닥치고야 만다는 것입니다. "밤과 어둠"은 심판 날을 상징합니다. 그들은 해가 져서 낮이 캄캄함과 같은 밤(예루살렘의 멸망)을 만났습니다. 인류의 밤(최후심판)은 우리 앞에도 다가오고 있습니다.

거짓 선지자와 참 선지자의 특성

① 이 경고는 현대교회 성도들에게도 적실성(適實性)이 있는 경계입니다. 오늘날은 "긍정적인 설교"를 해야 교회가 부흥된다고 가르치고, 그리하여 너도 나도 "평안하리라, 평안하리라" 말하고 있기 때문입니다. 설교자의 첫째 되는 사명은 부흥이 아니라 하나님의 말씀을 가감 없이 전하는 데 있습니다. 성경은 경고합니다. "그들이 평안하다 안전하다 할 그 때에 임신한 여자에게 해산의 고통이 이름과 같이 멸망이 갑자기 그들에게 이르리니 결코 피하지 못하리라"(살전 5:3). 그런데 오늘날은 "평안하다 안전하다"하는 "만사형통"이 판치고 있습니다. 아닙니다. 성도들은 "환난을 만나고, 시련을 만날" 대비(對備)를 해야 합니다. 만사형통이라는 거짓말을 믿다가 시련을 만나게 되면 낙심하게 되고 불신앙에 빠질 염려가 있습니다. 우리 몸은 병이 들 수 있습니다. 사업은 어려움에 봉착할 수도 있습니다. 태풍과 홍수는 예배당도 쓸어버립니다. 그러나 "나는 여호와로 말미암아 즐거워하며 나의 구원의 하나님으로 말미암아 기뻐"(합 3:18)하는 법을 배워야 하는 것입니다.

② 참과 거짓이 적나라하게 드러나는 것은 따사로운 해가 미소

지으며 훈풍이 불고 있을 때가 아닙니다. "비가 내리고 창수가 나고 바람이 불어 그 집에 부딪히는"(마 7:25) 어둠을 만날 때입니다. 그날에 거짓말로 유혹하던, "선견자가 부끄러워하며 술객이 수치를 당하여 다 입술을 가릴 것은 하나님이 응답하지 아니하심이거니와"(7) 합니다. 더 이상 미혹할 수 없는 날이 올 것입니다. 그들의 말이 유혹하는 거짓말이었음이 드러날 날이 다가온다는 것입니다.

③ 그날에 참 선지자는 "오직 나는 여호와의 영으로 말미암아 능력과 정의와 용기로 충만해져서 야곱의 허물과 이스라엘의 죄를 그들에게 보이리라"(8) 합니다. 이에 대한 적절한 장면이 예레미야 28:8-9절에 나오는데

㉠ 한 선지자는 "전쟁과 재앙과 전염병"을 예언합니다.

㉡ 다른 선지자는 "평화"를 예언합니다. 백성들에게 인기가 있기는 "평화"를 말하는 선지자입니다. 그러나 참과 거짓이 판명이 나는 것은

㉢ "말이 응한" 그날에 가보아야만 안다고 말씀합니다. 그러나 판명이 나는 그날에는 돌이키기에는 이미 늦은 때임을 명심해야 합니다. 이를 알았기에 바울은 목회사역의 목표를 "우리 주 예수의 날에는 너희가 우리의 자랑이 되고 우리가 너희의 자랑이 되는 것"(고후 1:14)에 두었던 것입니다. 지금이 아닙니다. "우리 주 예수의 날"입니다.

셋째 단원(9–12) 멸망의 책임이 지도자들에게 있음

"야곱 족속의 우두머리들과 이스라엘 족속의 통치자들 곧 정의를 미

워하고 정직한 것을 굽게 하는 자들아 원하노니 이 말을 들을지어다"(9).

① 셋째 단원은 정치적인 지도자와 종교적인 지도자 모두에게 하시는 말씀인데, 중심점은 "예루살렘이 멸망 받게 된 책임이 이들 지도자들에게 있음"을 지적함에 있습니다.

② "시온을 피로 예루살렘을 죄악으로 건축하는도다"(10) 하십니다. 이는 비극의 극치입니다. "시온 · 예루살렘"은 하나님께서 택하신(시 78:68) 영광스러운 도성입니다.

> 터가 높고 아름다워 온 세계가 즐거워 함이여
> 큰 왕의 성 곧 북방에 있는 시온 산이 그러하도다 (시 48:2)

> 사람이 내게 말하기를
> 여호와의 집에 올라가자 할 때에 내가 기뻐하였도다
> 예루살렘아 우리 발이 네 성문 안에 섰도다
> 예루살렘아 너는 잘 짜여진 성읍과 같이 건설되었도다
> 지파들 곧 여호와의 지파들이
> 여호와의 이름에 감사하려고 이스라엘의 전례대로
> 그리로 올라가는도다
> 거기에 심판의 보좌를 두셨으니 곧 다윗의 집의 보좌로다
> (시 122:1-5).

③ 이처럼 영광스럽던 "시온을 피로, 예루살렘을 죄악으로 건축"했다는 것입니다. 이 맥락은, 주님의 탄식으로까지 이어지고 있습니다. "예루살렘아, 예루살렘아 선지자들을 죽이고 네게 파송

된 자들을 돌로 치는 자여 암탉이 제 새끼를 날개 아래에 모음 같이 내가 너희의 자녀를 모으려 한 일이 몇 번이냐 그러나 너희가 원하지 아니하였도다"(눅 13:34). 급기야 예루살렘은 하나님의 아들의 피와 그의 증인들의 피로 건설하고 말았던 것입니다.

④ "시온 · 예루살렘"은 신약에 와서 교회를 상징합니다. 그러므로 교회를 무엇으로 "건축"(10)하느냐 하는 주제는 대단히 중요합니다. 사도들은 터를 닦아 두었습니다.

㉠ "각각 어떻게 그 위에 세울까를 조심할지니라, 만일 누구든지 금이나 은이나 보석이나 나무나 풀이나 짚으로 이 터 위에 세우면 각 사람의 공적이 나타날 터인데 그날이 공적을 밝히리니 이는 불로 나타내고 그 불이 각 사람의 공적이 어떠한 것을 시험할 것임이라 만일 누구든지 그 위에 세운 공적이 그대로 있으면 상을 받고 누구든지 공적이 불타면 해를 받으리니"(고전 3:10-15) 합니다. 불타버릴 것으로 건축한 교회도 있을 것이요, 그날에 빛을 발할 교회도 있을 것입니다. 이는 성도 개인에게도 적용됩니다.

㉡ "사랑하는 자들아 너희는 너희의 지극히 거룩한 믿음 위에 자신을 세우며"(유 1:20) 하십니다. 지도자나 성도들 모두가 "각 사람의 공적을 시험할 날이 다가오고 있다"는 이 한 가지만이라도 명심한다면 얼마나 좋겠습니까?

공력을 시험할 날이 온다

① 11절에서는 정치 · 종교지도자들을 통틀어 모두를 책망합니다.

㉠ "그들의 우두머리들은 뇌물을 위하여 재판하며"

㉡ "그들의 제사장은 삯을 위하여 교훈하며"

㉢ "그들의 선지자는 돈을 위하여 점을 치면서도 여호와를 의뢰하여 이르기를 여호와께서 우리 중에 계시지 아니하냐"고 하나님의 이름을 팔아먹고 있다는 것입니다. 그러면서 "재앙이 우리에게 임하지 아니하리라"고 영합하는 말을 한다는 것입니다. 이는 타락의 극치입니다. 미가 당시만이 아니라 그 이후의 지도자들도 이처럼 타락할 것을 아셨기 때문에 이를 기록하게 하여 전해주게 하셨던 것입니다.

② 이런 일은 주님 당시에도 일어났습니다. 주님은 이들을 향해서 "뱀들아 독사의 새끼들아 너희가 어떻게 지옥의 판결을 피하겠느냐"(마 23:33)고 격렬한 진노를 퍼부으셨습니다. 이런 일은 초대교회 때도 있었습니다. 사도 바울은 "누가 너희로 종을 삼거나 잡아먹거나 빼앗거나 스스로 높이거나 뺨을 칠지라도 너희가 용납하는도다"(고후 11:20)고 탄식합니다. 그렇다면 오늘날은 어떠한가? 이는 미가서를 상고하고 있는 우리가 자문해야 할 몫입니다.

③ 12절은 결론입니다.

㉠ "이러므로 너희로 말미암아", 즉 "우두머리 · 제사장 · 선지자들"로 말미암아

㉡ "시온은 갈아엎은 밭이 되고 예루살렘은 무더기가 되고 성전의 산은 수풀의 높은 곳이 되리라" 하십니다. 이 예언은 역사적으로 성취되고 말았습니다. 예루살렘이 얼마나 황폐하여졌는가를 느헤미야 11:1절의 기사를 통해서 짐작할 수 있는데, "백성의 지도자들은 예루살렘에 거주하였고 그 남은 백성은 제비뽑아 십분의 일은 거룩한 성 예루살렘에서 거주하게" 했다고 말씀하고 있습니다. 70년 만에 포로에게 귀환해 보니 예루살렘이 황폐하여 누구도 거하려 하지 않았기 때문에 이처럼 제비뽑아 거할 자를 할당했다는 것입니다. 이렇게 된 책임이 지도자들에게 있다는 말씀입니다.

④ “예루살렘은 무더기가 되리라” 한 미가 선지자의 12절의 책망은 예레미야 선지자 때(렘 26:17-19)에 다시 거론됩니다. 예레미야 선지자가 예루살렘의 멸망을 외치자 제사장들과 선지자들(종교지도자들)은 “이 사람은 죽음이 마땅하다”고 말합니다. 이때 지도자들과 백성들은 “죽임이 부당하다”라고 말하면서 이를 변호하기 위해 인용한 것이 본문 12절입니다. 미가 선지자가 “시온은 갈아엎은 밭이 되고 예루살렘은 무더기가 되고 성전의 산은 수풀의 높은 곳이 되리라”(미 3:12)고 말했을 때 당시 히스기야 왕이 그를 죽였느냐 여호와를 두려워하여 여호와께 간구하매 뜻을 돌이키시지 않으셨느냐고 죽이는 것이 부당함을 말했던 것입니다.

⑤ 예레미야 선지자는 말했습니다. “여호와께서 나를 보내사 너희가 들은바 모든 말로 이 성전과 이 성을 향하여 예언하게 하셨느니라 그런즉 너희는 너희 길과 행위를 고치고 너희 하나님 여호와의 목소리를 청종하라 그리하면 여호와께서 너희에게 선언하신 재앙에 대하여 뜻을 돌이키시리라 보라 나는 너희 손에 있으니 너희 의견에 좋은 대로, 옳은 대로 하려니와 너희는 분명히 알아라 너희가 나를 죽이면 반드시 무죄한 피를 너희 몸과 이 성과 이 성 주민에게 돌리는 것이니라 이는 여호와께서 진실로 나를 보내사 이 모든 말을 너희 귀에 말하게 하셨음이니라”(렘 26:12-15).

⑥ 역사는 반복되고 있는데 “가까이 오사 성을 보시고 우시며 이르시되 너도 오늘 평화에 관한 일을 알았더라면 좋을 뻔하였거니와 지금 네 눈에 숨겨졌도다 날이 이를지라 네 원수들이 토둔을 쌓고 너를 둘러 사면으로 가두고 또 너와 및 그 가운데 있는

네 자식들을 땅에 메어치며 돌 하나도 돌 위에 남기지 아니하리니 이는 네가 보살핌을 받는 날을 네가 알지 못함을 인함이니라"(눅 19:41-44) 하신 말씀으로 이어지고 있는 것입니다.

⑦ 그리스도께서 초림하셨을 때에 바라고 기다리던 자들에 의하여 배척을 당했다는 것은 재림의 주님을 기다리고 있는 신약교회에 거울이 되고 경계가 되는 말씀입니다. 초림 당시 이처럼 백성들을 잘못 지도하여 비극적인 심판을 되풀이하게 한 것이 누구의 책임이었습니까? 당시의 제사장 · 서기관 · 장로와 같은 종교지도자들입니다. 그렇다면 이제 주님의 재림을 기다리는 오늘의 지도자들은 "삯을 위하여 교훈하며 돈을 위하여 점을 치고" 있는 자는 없는가? 교회를 무엇으로 "건축"하고 있는가? 심각하게 고민해야 마땅할 것입니다. 한 가지 부언할 점은 어느 시대를 막론하고 자신의 잘못됨을 한결같이 모르고 있다는 점입니다. 오히려 충성하고 있는 줄로 착각하고 있다는 것입니다. 우리 모두는 스스로 속이는 자와 속는 자가 되지 말아야 할 것입니다. 이것이 "지도자 계급을 책망함"입니다.

미가서 4장 개관도표
주제 : 메시아 왕국의 대망

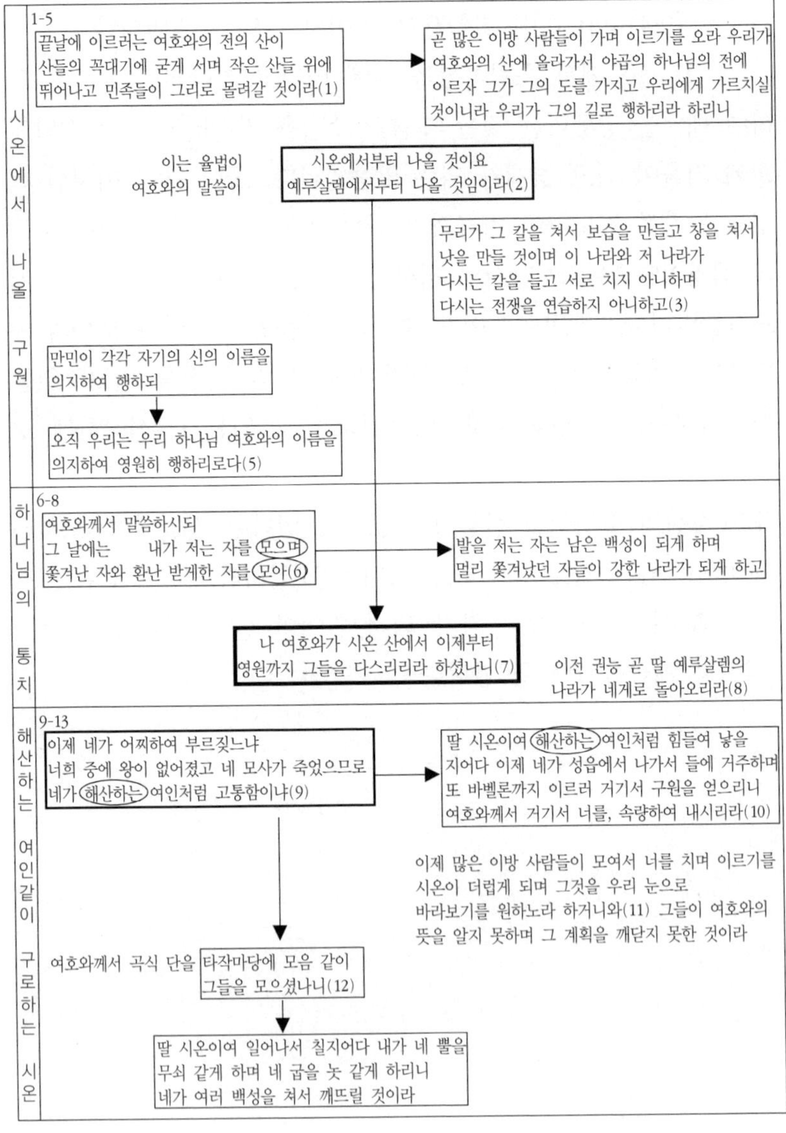

4장

메시아 왕국의 대망

[2] 곧 많은 이방 사람들이 가며 이르기를 오라 우리가 여호와의 산에 올라가서 야곱의 하나님의 전에 이르자 그가 그의 도를 가지고 우리에게 가르치실 것이니라 우리가 그의 길로 행하리라 하리니 이는 율법이 시온에서부터 나올 것이요 여호와의 말씀이 예루살렘에서부터 나올 것임이라

4장은 "절망과 소망"을 말씀하는 두 번째 사이클 중 "소망"을 말씀하는 내용입니다. 3장에서 인간의 죄악으로 말미암아 "시온은 갈아엎은 밭이 되고 예루살렘은 무더기가 될 것"(3:12)이라는 절망적인 심판을 경고했는데, 4장에서는 그와는 정반대로 "여호와의 전의 산이 산들의 꼭대기에 굳게 서며, 율법이 시온에서부터 나올 것이요 여호와의 말씀이 예루살렘에서부터 나올 것임이

라 여호와의 전의 산이 산들의 꼭대기에 굳게 서며, 율법이 시온에서부터 나올 것이요 여호와의 말씀이 예루살렘에서부터 나올 것임이라"(1-2)하고 소망을 말씀하고 있는 것입니다. 어떻게 해서 이런 불가사의(不可思議)한 놀라운 일이 있게 되는가? "율법이 시온에서부터 나온다"는 말은 "구원이 시온에서 나온다"(첫째 단원)는 구약적인 표현(시 14:7, 요 4:22)입니다. 그리하여 도표에서 보시는 바대로 "여호와가 시온 산에서 이제부터 영원까지 그들을 다스리리라"(둘째 단원) 하시는 것이 4장의 중심주제입니다. 그러나 "이제 네가 어찌하여 부르짖느냐, 네가 해산하는 여인처럼 고통함이냐"(셋째 단원)고 현재는 고통의 때임을 말씀합니다. 이렇게 세 단원으로 나누어 상고하겠습니다.

첫째 단원(1–5) **시온에서 나올 구원**
둘째 단원(6–8) **하나님의 영원한 통치**
셋째 단원(9–13) **해산하는 여인같이 고통하는 시온**

첫째 단원(1–5) 시온에서 나올 구원

"끝날에 이르러는 여호와의 전의 산이 산들의 꼭대기에 굳게 서며 작은 산들 위에 뛰어나고 민족들이 그리로 몰려갈 것이라"(1).

① 첫째 단원의 핵심은 "이는 율법이 시온에서부터 나올 것이요 여호와의 말씀이 예루살렘에서부터 나올 것임이라"(2하)는데 있습니다. 이 점에서 "율법"이라는 문자(文字)만을 보고 의문(儀

文)으로 여겨서는 안 됩니다. 1-5절까지의 전체적인 맥락을 음미해보십시오. 율법으로 말미암아 이러한 역사가 일어나게 됩니까? 이는,

㉠ "구원"이 시온에서 나올 것에 대한 구약적인 표현입니다.

㉡ 다윗은 "이스라엘의 구원이 시온에서 나오기를 원하도다"(시 14:7상)고 구원이 시온에서 나실 것을 믿고 있었습니다. 하나님은 말씀하십니다. "내가 나의 왕을 내 거룩한 산 시온에 세웠다 하시리로다"(시 2:6). 그런데 본문은 "시온에서부터 나올 것이요, 예루살렘에서부터 나올 것이라"고 말씀하는 것입니다. "시온에서, 예루살렘"에서 나올 것이 무엇인가? 그리스도입니다. 복음입니다. 그래도 수긍하지 못한다면, 묻습니다. "율법"이 시온에서 나온 것입니까? "시내 산"에서 나온 것입니까?

② 성경은 말씀합니다.

㉠ "너희의 이른 곳은" 시내 산이 아니요, "너희가 이른 곳은 시온 산과 살아 계신 하나님의 도성인 하늘의 예루살렘"(히 12:18-22)이라고 말씀합니다. 본문을 율법(교훈)으로 여긴다면 그는 성도들을 시내 산으로 데리고 가는 사람이요, 예수가 그리스도이심을 부인하는 유대주의 학자들처럼 해석하는 것이 되고 맙니다. 주님께서도, "이는 구원이 유대인에게서 남이니라"(요 4:22)하셨습니다. 이는 그리스도께서 시온에서 나실 것에 대한 또 다른 표현일 뿐입니다. 계시록 14:1절을 보십시오.

㉡ "또 내가 보니 보라 어린양이 시온 산에 섰고 그와 함께 십사만 사천이 서 있는데" 합니다. 본문 7절에서도 "나 여호와가 시온 산에서 이제부터 영원까지 그들을 다스리리라" 하십니다.

③ 이런 맥락에서 "끝날"에 이런 일이 있을 것이라는 끝날도 역사적인 종말이라기보다는 계시사(啓示史)적인 말일(末日)을 의

미합니다. 성경은 말씀합니다. "옛적에 선지자들을 통하여 여러 부분과 여러 모양으로 우리 조상들에게 말씀하신 하나님이 이 모든 날 마지막(말일)에는 아들을 통하여 우리에게 말씀하셨으니" (히 1:1-2). 미가 선지자 당시는 "여러 부분과 여러 모양"으로 말씀하시던 시기입니다. 그런데 나타날 실체(實體)는 "끝날에 이르러", 즉 마지막 계시라는 말씀입니다. 더 이상 보여주실 계시가 없다는 뜻입니다.

④ 그러므로 첫 절에서,

㉠ "여호와의 전"(1상)이 굳게 서리라 하신 말씀도 예루살렘 성전과 같은 물리적인 건물이 아니라, 구원 얻은 자들의 공동체인 "교회"로 보아야 합니다. 신약성경은 "너희가 하나님의 성전"(고전 3:16)이라고 말씀합니다.

㉡ 여호와의 전이 "산들의 꼭대기, 작은 산들 위에 뛰어난다"는 것은 구원에 참여하게 될 자들의 많음을 상징적으로 묘사한 것입니다. 이 상징성을 시편에서는 "너희 높은 산들아 어찌하여 하나님이 계시려 하는 산을 시기하여 보느냐 진실로 여호와께서 이 산에 영원히 계시리로다"(시 68:16)고 진술합니다.

㉢ 그래서 "민족들이 그리로 몰려갈 것이라, 곧 많은 이방 사람들이 가며 이르기를"(1하-2상)하고, "산들, 작은 산들"로 묘사된 무리들이 이방 사람들임을 나타내고 있습니다. 그리고 이 예언은 말씀대로 성취된 것입니다. "산에 계시는" 하나님과는 반대로 계시록에서는 적그리스도를 "많은 물 위에 앉은 큰 음녀"(계 17:1)로 묘사하면서, "음녀가 앉아 있는 물은 백성과 무리와 열국과 방언들"(계 17:15)이라고 설명하는 것을 보게 됩니다.

계시사적 종말

① "민족들이 그리로 몰려갈 것이라 곧 많은 이방 사람들이 가며 이르기를 오라 우리가 여호와의 산에 올라가서 야곱의 하나님의 전에 이르자 그가 그의 도를 가지고 우리에게 가르치실 것이라 우리가 그의 길로 행하리라 하리니"(1하-2상)합니다. 많은 이방 사람들이 "몰려가며" 그들이 하는 말이 무엇인가?

㉠ "야곱의 하나님 전에 이르자" 합니다.

㉡ "그가 그의 도를 가지고 우리에게 가르치실 것이라 우리가 그의 길로 행하리라" 합니다. 이는 더 이상 시내 산에서 베푸신 율법이 아니라 복음임이 명백하게 드러납니다. 왜냐하면 복음만이 "무할례파요, 이스라엘 나라 밖의 사람이라, 약속의 언약들에 대하여는 외인이었던"(엡 2:11-12) 이방인들을 하나님의 전에 이르게 할 수 있기 때문입니다. 이는 하나님께서 일찍이 아브라함에게 세워주신 "또 네 씨로 말미암아 천하만민이 복을 얻으리니"(창 22:18) 하신 언약의 성취로 많은 이방 사람들이 구원에 참여하게 될 것을 가리킵니다.

② 이 예언이 얼마나 중요한 것인가는 같은 시기에 세움을 받은 이사야 선지자를 통해서도 거듭 말씀하시는 것을 보아 깨닫게 됩니다. "아모스의 아들 이사야가 받은바 유다와 예루살렘에 관한 말씀이라 말일에 여호와의 전의 산이 모든 산꼭대기에 굳게 설 것이요 모든 작은 산 위에 뛰어나리니 만방이 그리로 모여들 것이라 많은 백성이 가며 이르기를 오라 우리가 여호와의 산에 오르며 야곱의 하나님의 전에 이르자 그가 그의 길을 우리에게 가르치실 것이라 우리가 그 길로 행하리라 하리니 이는 율법이 시온에서부터 나올 것이요 여호와의 말씀이 예루살렘에서부터 나올 것임이니라"(사 2:1-3)합니다. "그가 그의 길을 우리에게 가르

치실 것이라 우리가 그 길로 행하리라" 한 "도(道)와 길"이 무슨 도며 길이겠습니까? "십자가의 도"(고전 1:18)입니다. 사도행전에서는 복음을 "도"(道)로 표현(행 4:2, 6:7, 8:21)하고 있는 것이 15회 이상 나옵니다.

③ "그가 많은 민족들 사이의 일을 심판하시며 먼 곳 강한 이방 사람을 판결하시리니"(3상) 합니다.

㉠ 이는 7절에서 "나 여호와가 시온 산에서 이제부터 영원까지 그들을 다스리리라"는 것과 결부되는 말씀입니다. "시온에서 이제부터 영원까지" 다스리실 나라가 무슨 나라인가? 이는 주님의 초림으로 시작하여 재림으로 완성될 메시아 왕국을 전망(展望)하는 말씀입니다. 이 점이 이어지는 말씀

㉡ "무리가 그 칼을 쳐서 보습을 만들고 창을 쳐서 낫을 만들 것이며 이 나라와 저 나라가 다시는 칼을 들고 서로 치지 아니하며 다시는 전쟁을 연습하지 아니하고"(3하) 한 말씀이 뒷받침해 줍니다.

④ "각 사람이 자기 포도나무 아래와 자기 무화과나무 아래에 앉을 것이라 그들을 두렵게 할 자가 없으리니 이는 만군의 여호와의 입이 이같이 말씀하셨음이라"(4상) 하는데, 이는 평화의 시대 즉 메시아 시대가 도래하였다는 구약적인 묘사입니다. 스가랴 3:10절에서도 "그 날에 너희가 각각 포도나무와 무화과나무 아래로 서로 초대하리라"고 말씀합니다. 이를 "만군의 여호와의 입이 이같이 말씀하셨음이니라"(4하) 하심은, 이 약속은 절대적으로 신실하고 확고한 말씀이라는 보장을 나타냅니다.

⑤ 5절에서 "만민이 각각 자기의 신의 이름을 의지하여 행하되 오직 우리는 우리 하나님 여호와의 이름을 의지하여 영원히 행하리로다"하는 것은, 이제까지의 말씀(1-4)에 대한 화답이라 할 것

입니다. 이는 메시아 왕국이 도래한 후에도 "자기의 신" 즉 우상 숭배가 있다는 뜻이 아니라 "여호와의 이름을 의지" 즉 여호와의 이름만을 영원히 부르겠다, 찬양하겠다는 송영과 같은 뜻입니다.

둘째 단원(6–8) 하나님의 통치

"여호와께서 말씀하시되 그 날에는 내가 저는 자를 모으며 쫓겨난 자와 내가 환난 받게 한 자를 모아"(6).

① 둘째 단원의 중심점은 "이제부터 영원까지 그들을 다스리리라"(7) 하신 하나님의 통치하심에 있습니다. 그러면 "그들을 다스리리라" 하신 "그들"은 누구인가? "저는 자, 쫓겨난 자, 환난 받게 한자"라고 말씀합니다. 이는 모두가 하나님을 멀리 떠났던 자들로써, 탕자 같은 상하고 찢긴 자들을 가리킵니다. 그런 자들을 "모으며, 모아(6), 발로 저는 자는 남은 백성이 되게 하며 멀리 쫓겨났던 자들이 강한 나라가 되게"(7상) 하겠다고 말씀합니다. 예레미야 선지자를 통해서도 "보라 나는 그들을 북쪽 땅에서 인도하며 땅끝에서부터 모으리라 그들 중에는 맹인과 다리 저는 사람과 잉태한 여인과 해산하는 여인이 함께 있으며 큰 무리를 이루어 이곳으로 돌아오리라"(렘 31:8)고 말씀합니다. "맹인 · 절뚝발이 · 잉태한 여인 · 해산한 여인"이라는 묘사는 자력으로는 원방(遠邦)으로부터 돌아오기에 불가능한 자들을 상징적으로 말씀함입니다. 이는 율법으로 가능해지는 것이 아닙니다. 율법은 이런 자들을 정죄할 뿐 이처럼 돌아올(회복) 수 있게 해주지 못합니다.

이 대목은 주님께서 말씀하신 "천국 잔치비유"를 연상하게 합니다. "그 종에게 이르되 빨리 시내의 거리와 골목으로 나가서 가난한 자들과 몸 불편한 자들과 맹인들과 저는 자들을 데려오라"(눅 14:21) 하십니다.

② 그들로 "남은 백성, 강한 나라"가 되게 하겠다고 말씀합니다. "남은 백성, 강한 나라"가 무엇인가? 하나님의 교회입니다. 성경은 말씀합니다. "너희를 부르심을 보라 육체를 따라 지혜로운 자가 많지 아니하며 능한 자가 많지 아니하며 문벌 좋은 자가 많지 아니하도다 그러나 하나님께서 세상의 미련한 것들을 택하사 지혜 있는 자들을 부끄럽게 하려 하시고 세상의 약한 것들을 택하사 강한 것들을 부끄럽게 하려 하시며 하나님께서 세상의 천한 것들과 멸시받는 것들과 없는 것들을 택하사 있는 것들을 폐하려 하시나니"(고전 1:26-28)합니다. 바로 우리가 이러한 자들입니다. "이제부터 영원까지 그들을 다스리리라"(7하) 하십니다.

③ "너 양 떼의 망대요 딸 시온의 산이여 이전 권능 곧 딸 예루살렘의 나라가 네게로 돌아오리라"(8) 하시는데, 8절은 본 단원의 결론이라 할 수 있습니다. 강조점은 "이전 권능이, 네게로 돌아오리라"하고 있는데, 이는 이전 영광이 회복(恢復)될 것을 뜻합니다. 이제 유다는 심판받아 "시온은 갈아엎은 밭이 되고 예루살렘은 무더기가 되고 성전의 산은 수풀"(3:12)이 될 처지에 놓였습니다. 인간의 소행으로 하면 그리고 원시(遠視)하지 못하는 인간의 안목(眼目)으로 보면 여기가 끝이요, 절망일 수밖에 없습니다. 그러나 하나님은 인간이 절망한 그 지점에서 다시 시작하십니다. 구원계획이란 회복의 역사입니다. "그날에 내가 다윗의 무너진

장막을 일으키고 그것들의 틈을 막으며 그 허물어진 것을 일으켜서 옛적과 같이 세우고"(암 9:11) 하십니다. 다윗 · 솔로몬 때와 같이 회복시켜 주시겠다 하십니다. 이것이 "이전 권능이, 네게로 돌아오리라"는 뜻입니다. 그런데 이 회복운동은 율법으로 또는 바벨론으로부터 돌아옴으로 가능해지는 것이 아닙니다. "말일에" 시온에서부터 일어날 복음운동을 통해서만 가능하여지는 것이요, 그리스도의 재림으로 완성될 운동입니다.

셋째 단원(9–13) 해산하는 여인같이 고통하는 시온

"이제 네가 어찌하여 부르짖느냐 너희 중에 왕이 없어졌고 네 모사가 죽었으므로 네가 해산하는 여인처럼 고통함이냐"(9).

① 셋째 단원의 중심점은 "시온이 해산하는 여인처럼 고통"(9-10)하리라는 데 있습니다. "해산"(解産)이라는 말이 두 번, "고통"이라는 말도 한 번 나오는데 여기에는 두 가지 요점이 있습니다.

㉠ 첫째는 유다가 겪어야 하는 해산의 고통은 무엇이며,

㉡ 둘째는 무엇을 낳기 위한 해산의 고통이냐 하는 점입니다. 여기에 본 단원의 핵심이 있는 것입니다.

② 본 단원은 "이제"(9상)하고 시작됩니다. 1-8절까지를 통해서 장래의 소망을 말씀했는데

㉠ "이제"하고 현실(現實)로 돌아온 것입니다.

㉡ 현실은 "왕도 모사도 포로로 끌려가고 없는"(9) 절망적인 상황, 즉 머지않아 멸망 당할 처지에 놓여있는 상황입니다. 이점을 호세아 선

지자는 "이스라엘 자손들이 많은 날 동안 왕도 없고 지도자도 없고 제사도 없고 주상도 없고 에봇도 없고 드라빔도 없이 지내다가 그 후에 이스라엘 자손이 돌아와서 그들의 하나님 여호와와 그들의 왕 다윗을 찾고 마지막 날에는 여호와를 경외함으로 여호와와 그의 은총으로 나아가리라"(호 3:4-5)고 말씀합니다.

③ "이제 네가 성읍에서 나가서 들에 거주하며 또 바벨론까지 이르러 거기서 구원을 얻으리니 여호와께서 거기서 너를 네 원수들의 손에서 속량하여 내시리라"(10) 합니다. 먼저 유다가 겪어야 할 해산의 고통이란 성읍에서→ 들로, 들에서→ 급기야는 바벨론으로 포로가 되는 이것이 유다가 겪어야 할 해산의 고통이라는 것입니다. 하와가 범죄 함으로 해산하는 고통을 겪어야만 했듯이, 그들의 범죄로 말미암아 이런 고통을 겪어야만 했던 것입니다.

④ 그렇다면 무엇을 위한 해산의 고통이라 하시는가?

㉠ "거기서 구원을 얻으리니, 속량하여 내시리라"(10중) 한 "구원과 속량"을 위한 고통이라 합니다. 하나님은 패역한 그들을 멸절시키려는 것이 아닙니다. 연단을 통과한 "남은 백성"(7)을 모아 회복시켜 주시려는 계획을 갖고 계시는 것입니다. 그러므로 그들이 구원을 받기 위해서는 광야(들)의 시련과 바벨론의 불시험을 통과해야 한다는 것입니다. 본문은 하나님의 백성들이 바벨론에 포로가 되어 당하게 될 고난을 마치

㉡ "구원"을 낳기 위한 해산의 수고인 양 말씀하고 있습니다. "딸 시온이여 해산하는 여인처럼 힘들여 낳을지어다"(10상) 합니다. 그렇습니다. 하나님의 자녀들이 받는 고난에는 무의미한 것이라고는 없습니다. 결론은 합력하여 선이요, 소망을 이루심입니다.

무엇을 위한 해산의 고통인가?

① 그런데 여기 사활적으로 중요한 요점이 있습니다.

㉠ "구원"이 그들이 당한 고통의 대가(代價)로 주어지는 것이 절대 아니라는 점입니다. 그렇게 말한다면 그리스도의 죽으심을 헛되게 하는 것이 되고 맙니다.

㉡ "여호와께서 거기서 너를 네 원수들의 손에서 속량하여 내시리라"(10하) 한 "속량"(贖良)으로 말미암아 라는 점을 놓쳐서는 안 됩니다. "속량"이란 직역을 하면 종을 놓아 양민 즉 자유자가 되게 한다는 뜻인데, 속량이란 구속(救贖) · 대속(代贖)과 같은 뜻입니다. 그렇다면 누가 그들의 죄를 속량하기 위한 대속제물이 되어준다는 말씀인가?

② 5:2절에서 탄생할 "베들레헴" 사람입니다. 구약 역사를 보십시오. 마치 해산하기 위하여 "아파서 부르짖는" 여인과 같은 양상입니다. 누구를 낳기 위한 해산의 고통인가? 계시록 12:1-2절에서는 "하늘에 큰 이적이 보이니 해를 옷 입은 한 여자가 있는데 그 발아래는 달이 있고 그 머리에는 열두 별의 면류관을 썼더라 이 여자가 아이를 배어 해산하게 되매 아파서 애를 쓰며 부르짖더라"고 말씀합니다. 이는 그리스도가 오시기까지의 진통을 가리킵니다. 본문에서 "딸 시온이여 해산하는 여인처럼 힘들여 낳을지어다"(10) 함이 이를 뜻합니다. 마태복음 1장에 수록된 그리스도의 족보가 이를 증언하고 있는데 그리스도의 족보는 영예로운 것이 아닙니다. 상처투성이인 난산(難産)의 역사입니다.

③ "이제 많은 이방 사람들이 모여서 너를 치며 이르기를 시온이 더럽게 되며 그것을 우리 눈으로 바라보기를 원하노라 하거니와"(11),

㉠ 이는 이스라엘을 둘러싼 "많은 이방"들이 이스라엘이 징벌을 당하는

것을 고소하게 생각하면서 망하는 것을 보기를 원한다는 뜻입니다. 그러나 성경은 말씀하기를

ⓛ "그들이 여호와의 뜻을 알지 못하며 그의 계획을 깨닫지 못한 것이라"(12상) 합니다. 하나님의 뜻, 하나님의 계획이 무엇인가? 하나님은 녹이 쓴 연장을 풀무에 단련하듯 하시려는 것입니다. 그러므로 "발을 저는 자는 남은 백성이 되게 하며 멀리 쫓겨났던 자로 강한 나라가 되게"(7) 하시려는 것입니다. 예레미야 선지자를 통해서는,

ⓒ "바벨론에서 칠십 년이 차면 내가 너희를 돌보고 나의 선한 말을 너희에게 성취하여 너희를 이곳으로 돌아오게 하리라 여호와의 말씀이니라 너희를 향한 나의 생각을 내가 아나니 평안이요 재앙이 아니라 너희에게 미래와 희망을 주는 것이니라"(렘 29:10-11)하십니다. 많은 이방 사람들은 이러한 하나님의 뜻과 계획을 알지 못했던 것입니다.

④ 이 점에서 분명해야 할 점이 있는데 구약의 역사는 인간의 안목으로 볼 때는 실패의 역사라는 사실입니다. 예루살렘은 완전히 멸망했습니다. 화려하고 영광스럽던 성전도 불타버리고 말았습니다. 그 후로 바벨론 · 바사 · 헬라 · 로마의 지배를 받아야 했습니다. 그렇다면 묻습니다. 이것이 예레미야 선지자를 통해서 말씀하신 평안입니까? 소망입니까? 아닙니다. 그렇다면 하나님의 "뜻과 계획"은 무엇이란 말인가?

⑤ 실패한 구약역사를 통해서

㉠ 첫째는 자력구원의 불가능성입니다. "구스인이 그의 피부를, 표범이 그의 반점을 변하게 할 수 있느냐 할 수 있을진대 악에 익숙한 너희도 선을 행할 수 있으리라"(렘 13:23)고 그 불가능성을 말씀하십니다. "그러므로 율법의 행위로 그의 앞에 의롭다 하심을 얻을 육체가 없나니 율법으로는 죄를 깨달음이니라"(롬 3:20)는 결론에 이르게

되는 것입니다.

ⓛ 둘째는 "사람은 다 거짓되다"(롬 3:4)는 것을 깨닫기를 원하십니다. "만물보다 거짓되고 심히 부패한 것"(렘 17:9)을 알기를 원하시는 것입니다. 그렇다면 구약의 역사가 지향하는 결론은 분명해지는데,

ⓒ 그리스도만을 의지하기를 원하시는 것입니다. 성경은 "율법이 우리를 그리스도께로 인도하는 초등교사"(갈 3:24)라고 말씀합니다. 이것이 하나님의 뜻이요, 하나님 속에 감추었던 지혜입니다. 이것이 "이는 율법이 시온에서부터 나올 것이요 여호와의 말씀이 예루살렘에서부터 나올 것임이라"(2하)를 통해서 가능해지는 것입니다. 오직 여기에 소망이 있습니다. 이것이 "메시아 왕국의 대망"입니다.

미가 5장 개관도표

주제 : 베들레헴에서 목자요 왕이 나리라

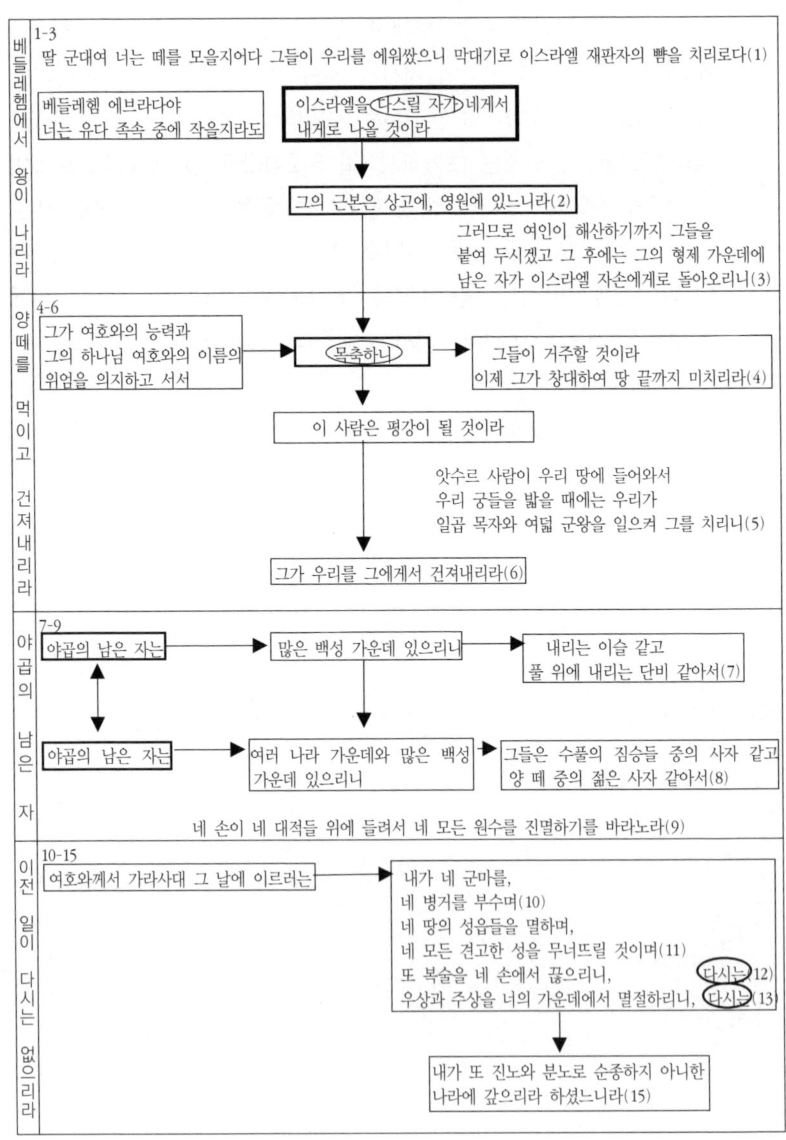

5장

베들레헴에서 목자요 왕이 나리라

[2] 베들레헴 에브라다야 너는 유다 족속 중에 작을지라도 이스라엘을 다스릴 자가 네게서 내게로 나올 것이라 그의 근본은 상고에, 영원에 있느니라

5장의 중심점은 "베들레헴에서 목자요 왕이 나리라"는 예언에 있습니다. 4장에서 "해산하는 여인처럼 힘들여 낳을지어다"(4:10) 했는데, 5장에서는 그분이 "베들레헴에서 다스릴 자가 나시리라"(첫째 단원) 즉 "왕"이 태어나게 된다는 말씀입니다. 4-5장은 "소망"을 말씀하는 두 번째 사이클인데, 이 점에서 우리가 유념해야 할 점은 "베들레헴에서 다스릴 자가 나시리라"는 예언이 동떨어진 말씀이 아니라는 점입니다. 하나님은 인류의 시조가 실패한

그 자리에서 "여자의 후손"을 보내주시겠다는 원복음을 주셨습니다. 그 "여자의 후손"이 아브라함과 다윗의 자손으로 오시게 될 것을 약속하셨습니다. "처녀"의 몸을 통해서 나실 것을 말씀합니다. 그리고 다윗의 동네 "베들레헴"에서 나실 것을 말씀하시는 것입니다. "해산하는 여인처럼 힘들여"한 "난산"(難産)은 벌써 창세기에서부터 시작되었던 것입니다. "그가 양 떼를 먹이고, 건져내리라"(둘째 단원), 즉 목자가 될 것을 말씀합니다. "야곱의 남은 자"(셋째 단원)가 있을 것을 말씀합니다. "이전 일이 다시는 없으리라"(넷째 단원) 말씀합니다. 이는 그리스도의 탄생으로 말미암아 새로운 시대가 도래하게 될 것을 가리킵니다. 이를 네 단원으로 나누어 상고하겠습니다.

첫째 단원(1–3) **베들레헴에서 왕이 나시리라**
둘째 단원(4–6) **그가 양 떼를 먹이고 건져내리라**
셋째 단원(7–9) **야곱의 남은 자의 사명**
넷째 단원(10–15) **이전 일이 다시는 없으리라**

첫째 단원(1–3) 베들레헴에서 왕이 나시리라

"베들레헴 에브라다야 너는 유다 족속 중에 작을지라도 이스라엘을 다스릴 자가 네게서 내게로 나올 것이라 그의 근본은 상고에, 영원에 있느니라"(2).

① 첫째 단원의 중심점은 "다스릴 자" 즉 "왕"(王)이 "베들레헴

에서 나시리라"는 예언에 있습니다. 미가서 5:2절은 메시아 예언으로 유명한 구절 중 하나인데 동방으로부터 박사들이 예루살렘에 이르러 "유대인의 왕으로 나신 이가 어디 계시냐 우리가 동방에서 그의 별을 보고 그에게 경배하러 왔노라"고 말하자 헤롯은 물었습니다. "그리스도가 어디서 나겠느냐". 대제사장과 서기관들은 "유대 베들레헴이오니 이는 선지자로 이렇게 기록된바"(마 2:1-5)하고 본 절을 들어 대답했던 것입니다.

② 5:1절에서 "딸 군대여 너는 떼를 모을지어다 그들이 우리를 에워쌌으니 막대기로 이스라엘 재판자의 뺨을 치리로다"(1) 한 언급은 그리스도가 탄생할 당시의 정치적인 배경으로 여겨집니다.

㉠ "그들(대적)이 우리를 에워쌌으니"

㉡ "막대기로 이스라엘 재판자(왕)의 뺨을 치리로다"한 것은 선민 이스라엘이 극도의 수치와 멸시를 당하는 상황에서 그리스도가 탄생하게 되리라는 의미입니다. 바벨론에 의하여 예루살렘이 멸망한 후 그리스도가 탄생하기까지 유대 나라는 주권을 회복하지 못한 상태에 있었습니다. 이점을 다니엘서에서는 "그러므로 너는 깨달아 알지니라 예루살렘을 중건하라는 영이 날 때부터 기름 부음을 받은 자 곧 왕이 일어나기까지 일곱 이레와 예순두 이레가 지날 것이요 그 곤란한 동안에 성이 중건되어 광장과 거리가 세워질 것이며"(단 9:25) 하고 "곤란한 동안"임을 말씀합니다.

③ "이스라엘을 다스릴 자"(2)란 "왕"(王)을 가리키는데 그렇다면 당연히 왕도(王都)인 예루살렘에서 탄생해야 되는 것이 아닌가? 그런데 성경은 "베들레헴 에브라다야 너는 유다 족속 중에 작을지라도"하고, 작은 고을 베들레헴에서 나실 것을 말씀합니다.

㉠ 첫째는 다윗의 동네에서 나셔야만 다윗에게 하신 언약의 성취임이 입증되기 때문이요,

㉡ 둘째는 예루살렘은 이제 하나님의 도성이 아니라, "이 세상 임금"에게 점령당했기 때문으로 여겨집니다. 이점이 주님께서 나귀 타시고 예루살렘에 입성하실 때에 드러납니다. 사람들은 "호산나 찬송하리로다 주의 이름으로 오시는 이 곧 이스라엘의 왕이시여"(요 12:13)하고 "왕의 입성"으로 환영했습니다.

㉢ 그런데 주님은 "이제 이 세상에 대한 심판이 이르렀으니 이 세상의 임금이 쫓겨나리라"(31)고 이 세상 임금을 몰아내기 위해서 예루살렘에 입성하시는 양 말씀하셨습니다.

④ "그의 근본은 상고에 영원에 있느니라"(2하) 하십니다. 그분은 베들레헴에서 탄생하나 베들레헴 분이 아니라 그의 본질은 "상고, 영원"이라 하는데 이는 그리스도의

㉠ 선재(先在)하심과

㉡ 성 부자간의 구원계획이 태초부터 세워졌음을 드러냅니다.

이사야 선지자도 "그의 이름은 기묘자라 모사라 전능하신 하나님이라 영존하시는 아버지라 평강의 왕이라 할 것임이라"(사 9:6)고 말씀합니다.

⑤ "그러므로 여인이 해산하기까지 그들을 붙여 두시겠고"(3상) 합니다. "그들을 붙여 두시겠다"는 것은 이방인의 손에 붙여 두시겠다는 뜻인데 이는 주님께서 말씀하신바, "예루살렘은 이방인의 때가 차기까지 이방인들에게 밟히리라"(눅 21:24) 하신 말씀과 부합합니다. 그렇다면 "여인이 해산하기까지"의 기간이란, 주님의 초림으로 시작하여 재림으로 완성되는 전 기간을 일컫는 것이 됩니다. "그 후에는 그의 형제 가운데에 남은 자가 이스라

엘 자손에게로 돌아오리니"(3하) 합니다. 이는 "이방인의 충만한 수가 들어오기까지 이스라엘의 더러는 우둔하게"(롬 11:25) 되었다가 그 후에 구원에 참여하게 될 것을 가리킴으로 여겨집니다. 선지자로 말씀하심같이 그리스도는 베들레헴에서 탄생하셨습니다.

둘째 단원(4–6) 그가 양 떼를 먹이고 건져내리라

"그가 여호와의 능력과 그의 하나님 여호와의 이름의 위엄을 의지하고 서서 목축하니 그들이 거주할 것이라 이제 그가 창대하여 땅끝까지 미치리라"(4).

① 둘째 단원의 중심점은 베들레헴에서 탄생할 "그"분의 사역을 말씀함인데 크게 세 가지를 언급합니다.

㉠ 첫째는 "하나님 여호와의 이름의 위엄을 의지하고 서서 목축하니 그들이 거주할 것이라"(4중)고, 목자(牧者)가 되실 것을 말씀합니다. 이 점을 에스겔 선지자를 통해서는 "내가 한 목자를 그들 위에 세워 먹이게 하리니 그는 내 종 다윗이라 그가 그들을 먹이고 그들의 목자가 될지라"(겔 34:23) 하십니다.

㉡ 이는 "내 백성의 가죽을 벗기고 그 뼈에서 살을 뜯어"(3:2) 먹는 거짓 목자와는 정반대의 사역입니다. 왜냐하면 주님은 "내 살을 먹고 내 피를 마시라"(요 6:53) 하고 도리어 자신을 주셨기 때문입니다. 그러므로 주님은 "나보다 먼저 온 자는 다 절도요 강도"(요 10:8)라고 말씀하셨던 것입니다.

② 둘째로 "이 사람은 평강이 될 것이라"(5상) 하는데 이 "평

강"은 "앗수르(대적) 사람이 우리 땅에 들어와서 우리 궁들을 밟을 때에"(5중)와 대조되는 사역입니다. 대적은 "궁들을 밟기" 위해서 옵니다. 그러나 베들레헴에서 나실 분은 "평강의 왕이라"(사 9:6) 말씀합니다. 주님은 말씀합니다. "도둑이 오는 것은 도둑질하고 죽이고 멸망시키려는 것뿐이요", 그러나 "내가 온 것은 양으로 생명을 얻게 하고 더 풍성히 얻게 하려는 것이라"(요 10:10).

③ 셋째는 "그가 우리를 그에게서 건져내리라"(6하) 합니다. 5-6절에서 "우리 궁들을 밟을 때에는 우리가 일곱 목자와 여덟 군왕을 일으켜 그를 치리니(5하), 그가 우리를 그에게서 건져내리라"(6하) 하심은 신약시대에 복음으로 승리하게 될 것을 당시의 인식수준으로 표현한 것뿐입니다. 이 점을 "이제 그가 창대하여, 땅끝까지 미치리라"(4하) 하신 말씀이 뒷받침해 줍니다. 이는 복음이 "땅끝까지" 확장될 것을 말씀하기 때문입니다. 세 가지 사역을 요약하면 양 떼를 먹이고(4), 대적으로부터 건져내심(6)으로, 우리의 평강이 되리라(5)는 말씀입니다.

셋째 단원(7–9) **야곱의 남은 자의 사명**

"야곱의 남은 자는 많은 백성 가운데 있으리니 그들은 여호와께로부터 내리는 이슬 같고 풀 위에 내리는 단비 같아서 사람을 기다리지 아니하며 인생을 기다리지 아니할 것이며"(7).

① "야곱의 남은 자"가 있을 것을 말씀합니다. "남은 자"의 교

리는 선지서가 공통적(共通的)으로 증언하는 중요한 교리 중 하나입니다. 이사야 선지자는 "남은 자 곧 야곱의 남은 자가 능하신 하나님께로 돌아올 것이라 이스라엘이여 네 백성이 바다의 모래 같을지라도 남은 자만 돌아오리니"(사 10:21-22) 합니다. 그러면 어떻게 해서 "남은 자"가 있게 되는가?

첫째는 하나님의 "은혜"입니다. 이미 4:7절에서 "발을 저는 자는 남은 백성이 되게" 하시겠다고 말씀하심으로 남은 자들이 자신의 공로나 자격이 있기 때문이 아님을 말씀했습니다. 엘리야 당시도 "내가 나를 위하여 바알에게 무릎을 꿇지 아니한 사람 칠천을 남겨 두었다"(왕상 19:18)고 말씀합니다. 바벨론 포로에서 귀환한 에스라는 기도하기를 "이제 우리 하나님 여호와께서 우리에게 잠시 동안 은혜를 베푸사 얼마를 남겨두어 피하게 하신 우리를 그 거룩한 처소에 박힌 못과 같게 하셨다"(스 9:8)고 말씀합니다.

② 둘째로 "남은 자"가 있게 된다는 것은 "소망"을 주는 말씀입니다. 성경은 말씀합니다. "만군의 여호와께서 우리를 위하여 생존자를 조금 남겨 두지 아니하셨더면 우리가 소돔 같고 고모라 같았으리로다"(사 1:9), 즉 남은 자를 주시지 않았다면 멸절되었으리라는 뜻입니다. 셋째로 남은 자의 교리는 어떠한 경우, 처지 형편에서도 하나님의 계획하심은 폐하여지지 않고 이루신다는 하나님의 주권적인 행사를 나타냅니다. 어찌하여 예루살렘이 멸망당하게 되었습니까? 인간의 죄 때문입니다. 그러나 이러한 인간의 불신앙도 하나님의 선하심을 폐하게는 못한다는 말씀입니다. 이점을 사도 바울은 "어떤 자들이 믿지 아니하였으면 어찌하리요

그 믿지 아니함이 하나님의 미쁘심(계획하시고 이루어 나가심)을 폐하겠느냐 그럴 수 없느니라 사람은 다 거짓되되 오직 하나님은 참되시다 할지어다"(롬 3:3-4)라고 선언합니다.

③ 그렇다면 "남은 자"의 사명이 무엇인가? 이를 두 방면으로 말씀하는데,

㉠ 첫째는 여호와로부터 내리는 "이슬과 단비"(7) 같다고 말씀합니다. 이는 남은 자들이 많은 심령을 소성(蘇醒)시키는 역할 즉 복음 증언의 사명이 있음을 의미합니다.

㉡ 둘째는 "수풀의 짐승들 중의 사자 · 양 떼 중의 젊은 사자"(8)같다고 말씀하는데, 이는 "승리"(계 5:5)할 것을 가리킵니다.

㉢ 그래서 "네 손이 네 대적들 위에 들려서 네 모든 원수를 진멸하기를 바라노라"(9) 하시는 것입니다. "이와 같이 지금도 은혜로 택하심을 따라 남은 자가 있느니라"(롬 11:5) 한 남은 자들에게는 이처럼 "단비와 사자" 같은 상반된 사명이 있음을 명심해야 하겠습니다. 이를 달리 표현한다면, "왕 같은 제사장" 사명이라 할 것입니다.

넷째 단원(10–15) 이전 일이 다시는 없으리라

"내가 또 복술을 네 손에서 끊으리니 네게 다시는 점쟁이가 없게 될 것이며"(12).

① 넷째 단원의 중심점은 "다시는(12), 다시는 섬기지(우상) 아니하리라"(13)는 말씀에 있습니다. 지난날의 잘못된 행실을 "다시는" 행하지 않게 되리라, 즉 이전 것은 지나갔으니 새것이 되었다는 말씀입니다. 메시아 왕국이 임하는 날에는, 전에는 그런 일

이 있었고 그런 일을 행하였으나, 그러나 "다시는" 이런 일이 없을 것이라는 말씀입니다.

② 그것들이 무엇인가?

㉠ 하나님을 의지하지 않고 군마와 병거를 의지했던 일입니다. 그래서 "군마를 네 가운데에서 멸절"하며 "병거를 부수며"(10) 라고 말씀합니다.

㉡ 하나님을 의지하지 않고 "견고한 성"을 의지했던 일입니다. 그래서 "성읍들을 멸하며, 견고한 성을 무너뜨릴 것이라"(11) 합니다.

㉢ 하나님께 묻지 않고 "점쟁이"에게 물었던 일입니다. 그래서 "네게 다시는 점쟁이가 없게 될 것이며"(12) 하십니다.

③ "우상과 주상(13), 아세라 목상"(14)을 섬기던 일입니다. 그래서 이런 것들을 "멸절하리니 네가 네 손으로 만든 것을 다시는 섬기지 아니하리라"(13) 하십니다.

④ "내가 또 진노와 분노로 순종하지 아니한 나라에 갚으리라 하셨느니라"(15)고 말씀합니다. 무엇에 대한 "진노와 분노"인가? 본 단원에서 언급하고 있는 죄의 목록들은 이웃에 대한 "불의"이기보다는 하나님을 배신한

㉠ "경건하지 아니함", 즉 하나님을 우상으로 바꾼 죄임을 유념할 필요가 있습니다. 사도 바울도 "썩어지지 아니하는 하나님의 영광을 썩어질 사람과 새와 짐승과 기어 다니는 동물 모양의 우상으로 바꾸었느니라"(롬 1:23) 합니다. 그들은 하나님께 예배만 하지 않고 가만히 있었던 것이 아닙니다. 우상을 섬김으로 예배대상을 바꿔치기했던 것입니다.

㉡ 이 배은망덕한 행위가 얼마나 미우셨으면 "진노(震怒)와 분노"로 갚으시겠다 하시겠습니까?

⑤ 이 점에서 문맥을 주목하게 되는데 메시아 예언(4-5장)이

“시온은 갈아엎은 밭이 되고 예루살렘은 무더기가 되고 성전의 산은 수풀의 높은 곳이 되리라”(3장 끝) 하신 심판과, “내가 또 진노와 분노로… 갚으리라”(5장 끝) 하시는 “진노” 사이에 끼어 있음을 유념할 필요가 있습니다. 왜냐하면 그들만이 아니라 우리는 다 하나님께 “진노와 분노”을 받아 마땅한 죄인들이기 때문입니다.

그런데 우리에게 쏟으셔야 할 “진노와 분노”를 자기 아들에게 대신 쏟으심으로 우리의 “죄악을 사유하시며, 허물을 넘기시며, 우리의 죄악을 발로 밟으시고 우리의 모든 죄를 깊은 바다에 던지시리이다”(7:10-19)하는 그렇게 처리하여 주신다는 문맥이기 때문입니다. 이를 알았다면 우리도 “주와 같은 신이 어디 있으리이까”하고 감사하고 감격하지 않을 수 없을 것입니다. 이것이 “베들레헴에서 왕이요 목자가 나시리라” 입니다.

미가서 6장 개관도표

주제 : 하나님이 우리에게 기대하시는 것

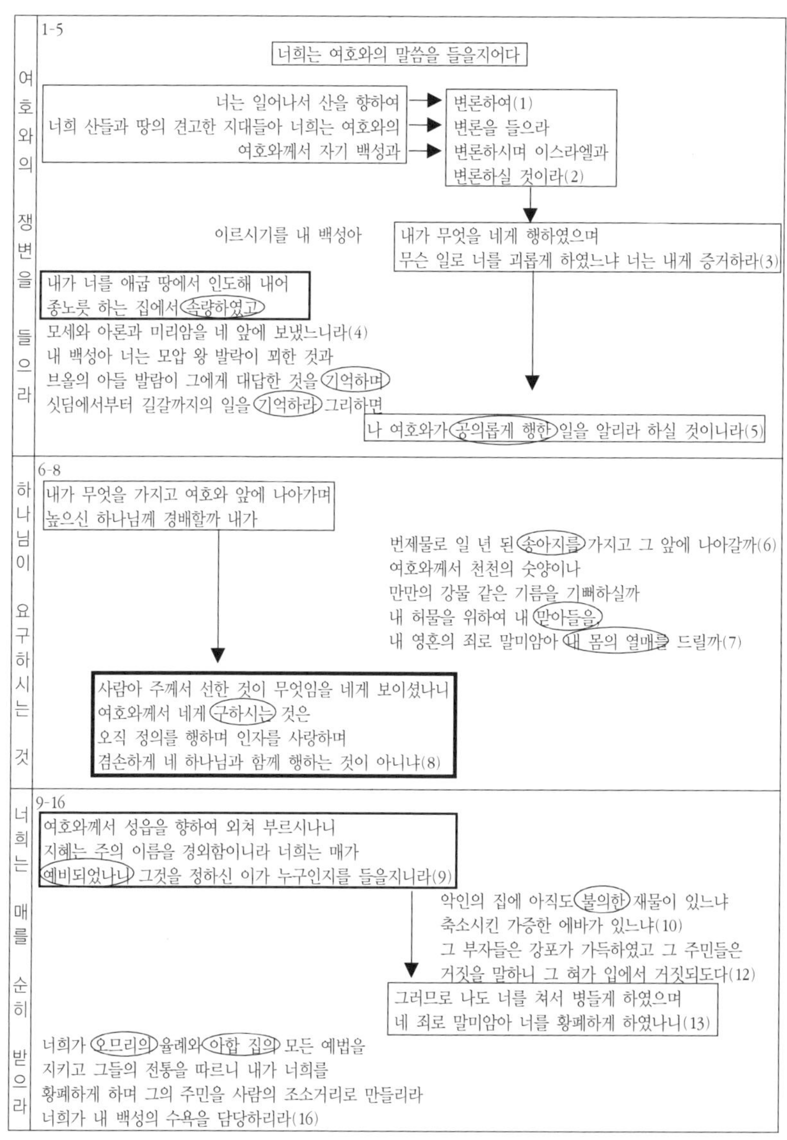

6장

하나님이 우리에게 기대하시는 것

[8] 사람아 주께서 선한 것이 무엇임을 네게 보이셨나니 여호와께서 네게 구하시는 것은 오직 정의를 행하며 인자를 사랑하며 겸손하게 네 하나님과 함께 행하는 것이 아니냐

6장의 중심점은 "하나님이 우리에게 기대하시는 바가 무엇인가"(8)를 말씀함에 있습니다. 8절은 구약성경 전체에 있어서도 요절 중 하나로 꼽히는 중요한 말씀입니다. 6:1-7:6절까지는 인간의 거짓됨을 드러내는 세 번째 사이클인데 먼저 "여호와의 변론을 들으라"(첫째 단원) 하십니다. 1-3절에는 "변론"이라는 말이 세 번 등장하는데, 누가 옳고 그른가를 한번 따져보자는 그런 뜻입니다. 5장 마지막 절에서 "내가 또 진노와 분노로 순종하지 아니

한 나라에 갚으리라" 하셨는데, 하나님의 심판이 어째서 정당한가를 말씀함입니다. 그리고 "하나님께서 우리에게 요구하시는 바가 무엇인가"(둘째 단원)를 말씀하시는데 6장의 핵심이 여기에 있습니다. 그런 후에 "너희는 매를 순히 받으라"(셋째 단원)는 결론에 이르게 되는데, 이는 아비가 자녀를 징계하듯 그들을 징벌하심으로 하나님의 기대치(期待値)에 이르게 하시려는 것입니다. 이렇게 세 단원으로 나누어 상고하겠습니다.

첫째 단원(1-5) **여호와의 변론을 들으라**
둘째 단원(6-8) **하나님이 우리에게 요구하시는 것**
셋째 단원(9-16) **너희는 매가 예비되었나니**

첫째 단원(1-5) 여호와의 변론을 들으라

"너희는 여호와의 말씀을 들을지어다 너는 일어나서 산을 향하여 변론하여 작은 산들이 네 목소리를 듣게 하라 하셨나니"(1).

① 첫째 단원의 중심은 "너희는 여호와의 변론을 들으라"는데 있는데 말하자면 시비를 가리는 재판 석상인 셈입니다. 변론을 제기한 원고는

㉠ "하나님"이시고 피고는

㉡ "내 백성아"(3상)한 이스라엘 백성들입니다. 그리고 "산을 향하여 변론하여 작은 산들이 네 목소리를 듣게 하라"(1중) 하심은 이것들을

㉢ "증인"으로 세우라는 뜻입니다. 예로부터 "산"은 움직임이 없이 그 자리에 묵묵히 서서 모든 역사를 지켜보고 있는 증인(證人)처럼 여겼

던 것입니다.

② "이르시기를 내 백성아 내가 무엇을 네게 행하였으며 무슨 일로 너를 괴롭게 하였느냐 너는 내게 증언하라"(3) 하십니다. 도대체 내가 너희들에게 무엇을 잘못했는지 말해보라는 뜻입니다. 31절에서는 "무슨 연고(緣故)로 내 백성이 말하기를 우리는 놓였으니 다시는 주께로 가지 않겠다 하느냐", 그렇게 말하는 이유가 무엇이냐 하십니다. 예레미야 선지자를 통해서도 "나 여호와가 이와 같이 말하노라 너희 조상들이 내게서 무슨 불의함을 보았기에 나를 멀리하고 헛된 것을 따라 헛되이 행하였느냐"(렘 2:5) 하십니다. 이는 실로 비통(悲痛)한 말씀입니다. 이렇게 말씀하시는 하나님은 마음은 어떠하셨으랴! 이 말씀을 듣는 우리의 마음은 부끄러워 얼굴을 들 수 없습니다.

③ 그런 후에 하나님께서 그들에게 행해주신 일들을 진술합니다. "내가 너를 애굽 땅에서 인도하여 내어"(4상), 첫 번으로 꼽는 것이 애굽에서 해방시켜 주신 일입니다. 이곳에서만이 아니라 다른 곳에서도 이스라엘의 배은망덕을 일깨워주기 위해 하나님께서 첫손에 꼽는 것이 "출애굽" 사건입니다. 이점을 관심을 가지시고 관찰하시기 바랍니다. 혼란한 사사 시대에도 "내가 너희를 애굽에서 올라오게 하여 내가 너희의 조상들에게 맹세한 땅으로 들어가게 하였으며"(삿 2:1)라고 말씀하여 그들의 배은망덕을 상기시키십니다. 예레미야 선지자를 통해서도 "너희 조상들이 애굽 땅에서 나온 날부터 오늘까지 내가 내 종 선지자들을 너희에게 보내되 끊임없이 보내었으나"(렘 7:25)라고 그들의 배은망덕을 책망하십니다.

④ 하나님의 변론은 좀 더 나아가고 있습니다. "내가 너를 애굽 땅에서 인도해 내어 종 노릇하는 집에서 속량하였다"(4상)고

말씀하십니다. 그들을 바로의 노예에서 해방시키신 일이 무력 같은 것으로 하신 것이 아닙니다. 그렇다고 1-9까지의 재앙으로 가능한 것도 아닙니다.

"속량"하였다는 말씀은 "유월절 양의 피"로 구속하여주셨음을 상기시키는 언급인데 이렇게 말씀하시는 하나님의 마음에는 생축인 유월절 양이 아니라 대속제물로 내어주실 아들이 있었다는 점을 생각해야 마땅합니다. 그래서 신약성경에서는 "너희가 알거니와 너희 조상이 물려준 헛된 행실에서 대속함을 받은 것은 은이나 금 같이 없어질 것으로 된 것이 아니요 오직 흠 없고 점 없는 어린양 같은 그리스도의 보배로운 피로 된 것이니라"(벧전 1:18-19)고 말씀하는 것입니다. 이는 이스라엘의 정체성을 일깨워주는 원리가 되는 말씀이요, 바로 우리의 우리 됨, 나의 나 됨을 일깨우는 정체성(正體性)인 것입니다.

⑤ "모세와 아론과 미리암을 네 앞에 보냈느니라"(4하) 하십니다. 이는 구속하여 내신 그들을 목자 없는 양같이 버려두신 것이 아니라 좋은 지도자를 주셔서 인도하게 하셨음을 가리킵니다. "모세와 아론"은 모두 그리스도를 예표하는 인물들입니다. "모세와 아론"을 주신 하나님은 우리의 영도자로 모세 같은 선지자, 아론 같은 대제사장으로 "그리스도"를 보내주신 것입니다. 그리하여 우리를 사탄의 종 노릇하는 "너를 해방하였음이라"는 영적 출애굽을 행해주신 것입니다.

⑥ "내 백성아 너는 모압 왕 발락의 꾀한 것과 브올의 아들 발람이 그에게 대답한 것을 기억하며"(5상) 하고 거짓 선지자 "발람"을 언급하심은

㉠ "하나님이 발람에게 이르시되 너는 그들과 함께 가지도 말고 그 백성을 저주하지도 말라 그들은 복을 받은 자들이니라"(민 22;12)고 저주를 축복으로 바꾸신 일을 상기시키는 말씀입니다.

㉡ "싯딤에서부터 길갈까지의 일을 기억하라"(5중) 하시는데, "싯딤"은 이스라엘 백성들이 요단강을 건너기 전에 마지막으로 머물렀던 곳이고, "길갈"은 가나안에 들어가 첫 번으로 진을 친(수 4:19) 곳입니다. 이는 애굽에서 구속하여 내셔서 가나안 땅까지 인도하여주신 은혜를 망각한 배은망덕을 일깨우는 말씀인 것입니다.

⑦ 이처럼 하나님께서 행해주신 일을 기억하고 상기한다면, "그리하면 나 여호와가 공의롭게 행한 일을 알리라"(5하)는 결론에 이르게 되는 것입니다. 모세는 이렇게 될 것을 내다보면서 "어리석고 지혜 없는 백성아 여호와께 이같이 보답하느냐 그는 네 아버지시오 너를 지으신 이가 아니시냐 그가 너를 만드시고 너를 세우셨도다 옛날을 기억하라 역대의 연대를 생각하라 네 아버지에게 물으라 그가 네게 설명할 것이요 네 어른들에게 물으라 그들이 네게 말하리로다"(신 32:6-7)고 호소했던 것입니다. 진실로 "여호와의 의롭게 행하신 것을 알고도" 남음이 있는 것입니다.

⑧ 5절에는 "기억하라"는 말씀이 두 번 나오는데 신앙생활에 있어서 "기억한다" 즉 "생각한다"(롬 8:18, 엡 2:11, 벧후 1:15)는 것은 대단히 중요한 요점이 됩니다. 신앙생활이 무미건조하고 침체에 빠져있지는 않습니까? 어떤 시련으로 인하여 고민하고 있지는 않습니까? 시편에 좋은 예가 있습니다.

주께서 영원히 버리실까

다시는 은혜를 베풀지 아니하실까
그의 인자하심은 영원히 끝났는가
그의 약속하심도 영구히 폐하였는가

시편 기자도 환난 당하여 우리처럼 시험에 들었습니다. 그러나 이내 "이는 나의 연약함이라" 하고 자신의 잘못을 깨닫습니다. 그 치료책이 무엇인가?

지존자의 오른손의 해
곧 여호와의 일들을 기억하며
주께서 옛적에 행하신 기이한 일을 기억하리이다
또 주의 모든 일을 작은 목소리로 읊조리며
주의 행사를 낮은 소리로 되뇌이리이다(시편 77편 7-12)

이것입니다. "주의 행사를 깊이 생각"하는 일입니다. 문제를 생각하는 것이 아닙니다. 하나님께서 형제를 사랑하셔서 자기 아들까지 아끼지 아니하시고 내어주신 하나님의 행사를 "기억"하는 것이 치료책입니다. 기쁨과 감사는 자동으로 일어나는 것이 아닙니다. 하나님의 말씀을 기억할 때에 주어지는 것입니다.

둘째 단원(6-8) 하나님이 우리에게 요구하시는 것

"내가 무엇을 가지고 여호와 앞에 나아가며 높으신 하나님께 경배할까 내가 번제물로 일 년 된 송아지를 가지고 그 앞에 나아갈까"(6).

① 둘째 단원의 중심점은 "하나님이 우리에게 요구하시는" 바가 무엇인가? 다시 말하면 우리는 어떻게 보답해야 하는가를 말씀함에 있습니다. 첫째 단원(1-5)에서는 전적으로 하나님이 행해주신 행사를 진술했습니다. 이렇게 행해주신 하나님께서 우리에게 요구하시는 바는 "제물"(생축)이 아닙니다. "예물"(물질)도 아닙니다. 그러면 무엇인가? 이를 알아듣기 쉽도록 문답(問答) 형식으로 말씀합니다.

㉠ "내가 무엇을 가지고 여호와 앞에 나아가며 높으신 하나님께 경배할까"(6상) 하고 묻습니다. 그러면 사람들은 무엇이라 대답하는가? "번제"를 드리라, 그것도 "일년 된 송아지", 즉 제일 좋은 제물을 드리라 말할 것이라는 것입니다. 우리 식으로 말하면 감사예물을 드리라, 금식기도를 하라고 말할 것이라는 뜻입니다.

㉡ "여호와께서 천천의 숫양이나 만만의 강물 같은 기름을 기뻐하실까?"고 의문을 제기합니다. 솔로몬은 성전 낙성식 때에 "여호와께 드린 소가 이만이천 마리요 양이 십이만 마리라"(왕상 8:63) 합니다. 아마 이를 염두에 두고 한 말씀일 것입니다.

㉢ 그래서 "내 허물을 위하여 내 맏아들을, 내 영혼의 죄로 말미암아 내 몸의 열매를 드릴까"(7하) 합니다. 인간이 생각하기에 여호와 앞에 가지고 나아가 드릴 제일 귀한 예물을 상정(想定)한다면 이 이상은 없을 것입니다. 과연 하나님이 이를 기뻐하실 것인가?

② "사람아 주께서 선한 것이 무엇임을 네게 보이셨나니 여호와께서 네게 구하시는 것은"하고 가르쳐주는데 "오직 정의를 행하며 인자를 사랑하며 겸손하게 네 하나님과 함께 행하는 것이 아니냐"(8)고 대답합니다. 본 절은 구약성경 전체에 있어서도 요절 중 하나로 꼽히는 구절입니다. 세 마디로 되어있는데,

㉠ "오직 정의를 행하며" 합니다. 이는 이웃과의 관계성인데 3:1절에서

"이스라엘 족속의 통치자들아 들으라 정의를 아는 것이 너희의 본분이 아니냐" 한 것과 결부되는 말씀입니다. 이스라엘의 지도자들은 정의를 행하지 않고 "내 백성의 가죽을 벗기고 그 뼈에서 살을 뜯어 먹는다"(3:2)고 말씀했습니다. 이를 아모스 선지자를 통해서는 "오직 정의를 물같이 공의를 마르지 않는 강같이 흐르게 할지어다"(암 5:24) 하십니다.

㉡ "인자를 사랑하며" 합니다. 이는 하나님과의 관계성이라 할 것인데 호세아 선지자를 통해서는 "인자(仁慈)와 사랑"을 합쳐서 "나는 인애(仁愛)를 원하고 제사를 원하지 아니하며 번제보다 하나님을 아는 것을 원하노라"(호 6:6)고 말씀하십니다.

㉢ "겸손하게 네 하나님과 함께 행하는 것이 아니냐" 하십니다. 이는 자신과의 관계성이라 할 것입니다. 이점을 신약성경에서는 "신중함과(자신관의 관계) 의로움과(이웃과의 관계) 경건함으로(하나님과의 관계) 이 세상에 살고"(딛 2:12)라고 말씀합니다.

③ 좀 더 해설한다면 하나님이 자녀 된 우리에게 기대하시는 바는

㉠ 어떤 일정한 장소(場所), 예를 들면 교회 내에서 어떻게 행하느냐 하는 것도 아니고,

㉡ 어떤 일정한 때, 예를 들면 예배를 드릴 때만으로 한정한 것이 아니고,

㉢ 어떤 날, 예를 들면 주일에만 잘하기 바라시는 것이 아니고,

㉣ 어떤 의식(儀式), 예를 들면 고난주간에 금식기도하고, 성탄절을 성대하게 지키기를 바라시는 것이 아니라 날마다 순간마다 "하나님과 함께" 동행하는 삶을 살아가기를 기뻐하신다는 말씀입니다.

④ 이런 요구는 여기가 처음이 아닙니다. 모세를 통해서도 "이스라엘아 네 하나님 여호와께서 네게 요구하시는 것이 무엇이냐 곧 네 하나님 여호와를 경외하여 그의 모든 도를 행하고 그를 사

랑하며 마음을 다하고 뜻을 다하여 네 하나님 여호와를 섬기고 내가 오늘 네 행복을 위하여 네게 명하는 여호와의 명령과 규례를 지킬 것이 아니냐"(신 10:12-13)고 말씀하셨습니다.

⑤ 이 점에서 주목(注目)해야 할 점은 인간은,

㉠ "내가 무엇을 가지고 여호와 앞에 나아가며"라고 "무엇"이라는 물질에 관심(關心)하고 있으나, 하나님이 원하시는 것은 무엇이라는 물질이 아니라 바로

㉡ "너 자신"을 원하신다는 점입니다. 이를 누구보다도 일찍 깨달은 사람은 다윗입니다. 그는 하나님께 은혜를 입은 후에 예물을 드리려 했습니다. 그런데 "주께서 내 귀를 통하여 내게 들려주시기를 제사와 예물을 기뻐하지 아니하시며 번제와 속죄제를 요구하지 아니하신다 하신지라", 다윗은 즉각적으로 하나님이 나 자신을 요구하신다는 것을 깨닫고는

㉢ "그 때에 내가 말하기를 내가 왔나이다 나를 가리켜 기록한 것이 두루마리 책에 있나이다"(시 40:6-7)고 고백했던 것입니다. 그런데 이 계시는 놀랍게도 예수 그리스도께서 자기 자신을 드려주심으로 성취될(히 10:5-7) 예언이었던 것입니다.

⑥ 지금 하나님께서 "내가 무엇을 네게 행하였으며 무슨 일로 너를 괴롭게 하였느냐 너는 내게 증언하라"(3)고 변론하시는 문맥인데,

㉠ 제물을 안 드렸다, 드리되 조금 드렸다는 것을 책망하시는 것이 아닙니다. 하나님의 선민 이스라엘이 심판받게 되는 결정적인 죄가 무엇인가?

㉡ "내가 네가 새긴 우상과 주상을 너희 가운데에서 멸절하리니 내가 또 네 아세라 목상을 너희 가운데에서 빼버리고"(5:13-14) 하신 우상숭배(偶像崇拜)인 것입니다.

그러므로 "내가 무엇을 네게 행하였으며 무슨 일로 너를 괴롭게"(3) 하였기에 나를 버리고 우상을 섬기느냐고 변론하시는 것입니다.

⑦ 이스라엘은 언약 백성입니다. 그런데 우상을 숭배했다는 것은 조상에게 세워주신 메시아언약(言約)을 버렸다는 명백한 증거입니다. 제가 이점을 강조하는 이유는, "우상숭배"라는 문제를 십계명 중 하나로만 여기고 교훈적으로만 접근하고 있기 때문입니다. 그렇게 말한다면 성도들은 우리 중에 우상을 숭배하는 사람은 한 사람도 없다고 대답할 것입니다. 문제는 마음 속에도 우상이 없느냐에 있습니다. "탐심은 우상숭배니라" 하십니다. 자기중심적인 신앙은 우상숭배와 상통하는 것입니다. 어째서 자기중심이 됩니까? 메시아언약 즉 "너희는 너희 것이 아니라 값으로 사신 것"이라는 복음을 망각했기 때문입니다.

⑧ 그리스도인이란 "우리 중에 누구든지 자기를 위하여 사는 자가 없고 자기를 위하여 죽는 자도 없도다 우리가 살아도 주를 위하여 살고 죽어도 주를 위하여 죽나니 그러므로 사나 죽으나 우리가 주의 것이로라"(롬 14:7-8)고 고백하는 사람들입니다. 저는 지금 이런 온전한 그리스도인을 찾자고 말하는 것이 아닙니다. 이에 미치지 못한다 해도, 우리의 정체성은 이런 사람들이라고 설교하고 있느냐? 이렇게 살기를 열망하고 있느냐? 이렇게 살지를 못해서 애통하고 있느냐고 묻고 있는 것입니다. 하나님께서 요구하시는 것은 예배의식이 아닙니다. "마음중심"입니다. 이사야 선지자는 메시아언약을 떠나서 드리는 제물이란 우상의 제물(사 66:3)이나 다를 바가 없다고 책망합니다. 새 언약(복음)에 근거하

지 않은 기복신앙은 "하나님"이라는 동명이인(同名異人)을 믿는 우상숭배일 수 있습니다. 그러므로 참 교회냐 거짓 교회냐의 표지(標識)는 하나님의 말씀이 바르게 선포되느냐 여부에 있다고 말하는 것입니다. 이를 알았기에 "너는 말씀을 가지고 여호와께로 돌아오라"(호 14:2) 하시는 것입니다.

셋째 단원(9–16) 너희는 매가 예비되었나니

"여호와께서 성읍을 향하여 외쳐 부르시나니 지혜는 주의 이름을 경외함이니라 너희는 매가 예비되었나니 그것을 정하신 이가 누구인지 들을지니라"(9).

① 셋째 단원의 중심점은 "너희는 매가 예비되었나니"에 있습니다. 이는 이방을 채찍으로 사용하셔서 자기 백성의 종아리를 치시려는 여호와의 정하신 징벌을 순히 받으라는 말씀입니다. 1-5절의 변론을 통해서 하나님은 의로우신 반면, 그들의 배은망덕이 명백히 드러났기 때문에 징계는 불가피한 것입니다. 이럴 경우 요점은 하나님의 의도를 깨닫는 "지혜"입니다. 그래서 "완전한 지혜는"(9중) 하고 "지혜"를 말씀하는 것입니다. 지혜는

㉠ 첫째로 "주의 이름을 경외"(9중), 즉 매 맞을 짓을 하지 않는 것이라 합니다.

㉡ 둘째는 매 맞을 짓을 했으면 이를 깨닫고 매(징계)를 달게 받으라는 말씀입니다.

불평하거나 원망하지 않습니다. 합력해서 선을 이루어주실 것

을 믿기 때문입니다. 이것이 "매가 예비되었나니 그것을 정하신 이가 누구인지 들을지니라"(9하)의 뜻입니다. 이에 대한 좋은 예가 예레미야애가에 있습니다.

> 내 고초와 재난 곧 쑥과 담즙을 기억하소서
> 내 마음이 그것을 기억하고 내가 낙심이 되오나
> 이것을 내 마음에 담아 두었더니
> 그것이 오히려 나의 소망이 되었사옴은
> 여호와의 인자와 긍휼이 무궁하시므로
> 우리가 진멸되지 아니함이니이다
>
> 이것들이 아침마다 새로우니
> 주의 성실하심이 크시도소이다
> 내 심령에 이르기를 여호와는 나의 기업이시니
> 그러므로 내가 그를 바라리라 하도다
> 기다리는 자들에게나 구하는 영혼들에게
> 여호와는 선하시도다
>
> 사람이 여호와의 구원을 바라고
> 잠잠히 기다림이 좋도다
> 사람이 젊었을 때에 멍에를 메는 것이 좋으니
> 혼자 앉아서 잠잠할 것은 주께서 그것을 그에게 메우셨음이라
> 그대의 입을 땅의 티끌에 댈지어다
> 혹시 소망이 있을지로다(애 3:19-29).

이것이 "매를 순히 받는 자"의 자세입니다.

② 10-16절에서 열거하고 있는 그들의 죄는 크게

㉠ "악인의 집에 아직도 불의한 재물이 있느냐"(10) 하신 "불의"(不義)와

㉡ "너희가 오므리의 율례와 아합 집의 모든 예법을 지키고"(16) 한 경건(敬虔)하지 아니함(우상숭배), 두 가지로 요약됩니다. 오므리는 아합 왕의 아비인데 그 부자(父子)는 "느밧의 아들 여로보암의 죄(금송아지 우상을 만든)를 따라 행하는 것을 오히려 가볍게 여기며 시돈 사람의 왕 엣바알의 딸 이세벨로 아내를 삼고 가서 바알을 섬겨 예배하고, 또 아세라 상을 만들었으니 그는 그 이전의 이스라엘의 모든 왕보다 심히 이스라엘의 하나님 여호와를 노하시게 하였더라"(왕상 16:31-33) 한 자입니다. 그런데 유다도 "오므리와 아합"의 행위를 따르고 있다는 것입니다.

㉢ "그러므로 나도 너를 쳐서 병들게 하였으며 네 죄로 말미암아 너를 황폐하게 하였나니"(13) 라고 매를 맞아도 "중히 상하게" 맞게 됨을 말씀하십니다.

③ 이제 생각해보아야 하겠습니다. 하나님께서 교회를 향하여 변론하시는 바가 무엇입니까? "자기 아들을 아끼지 아니하시고 우리 모든 사람을 위하여 내주신"(롬 8:32), 즉 하나님께서 행해주신 일을 기억해보라는 것입니다. "그리하면 나 여호와의 공의롭게 행한 것을 알리라"(5하) 하십니다. 개인이나 교회가 안고 있는 모든 문제는 하나님께서 행해주신 구속의 은총을 잊어버리고, 자신의 정체성을 망각한 데 원인이 있는 것입니다. 이를 알았기에 사도 바울도 많은 문제를 안고 있는 고린도 교회를 향하여 "너희가 하나님의 성전인 것과 하나님의 성령이 너희 안에 거하시는 것을 알지 못하느냐"(고전 3:16, 6:19)고, 그들의 정체성을 일깨워주었던 것입니다. 이처럼 하나님께서 행해주신 일을 상기

하기 위해서는 설교의 우선순위를 인간이 행해야 할 일보다는 하나님께서 행해주신 은혜와 복음을 우선적으로 더 많이 자주자주 전해주는 일입니다. 그리하여 하나님의 행사를 주야로 묵상(추억)하도록 하는 것입니다. 이것만이 하나님께 감사와 찬양을 돌리며 기뻐하며 즐거워하면서 기대하시는 바에 어긋나지 않는 삶을 살기를 사모하게 하는 비결입니다.

④ 이것이 사도 바울이 행한 방법이기도 합니다. 바울 서신들을 보면 먼저 하나님께서 자기 아들을 통해서 행해주신 복음을 증언합니다. 그런 후에 "그러므로 형제들아 내가 하나님의 모든 자비하심으로 너희를 권하노니 너희 몸을 하나님이 기뻐하시는 거룩한 산 제물로 드리라 이는 너희가 드릴 영적 예배니라"(롬 12:1)고, 성도들이 행해야 할 윤리를 말씀하는 것입니다. 이것이 하나님의 은혜와 복음이 이끄는 삶인 것입니다. 구원도 성화도 복음의 능력으로만이 가능하여진다는 점을 명심하십시다. 이것이 "하나님이 우리에게 기대하신 것"입니다.

미가서 7장 개관도표
주제 : 아브라함의 언약을 지켜주시는 하나님

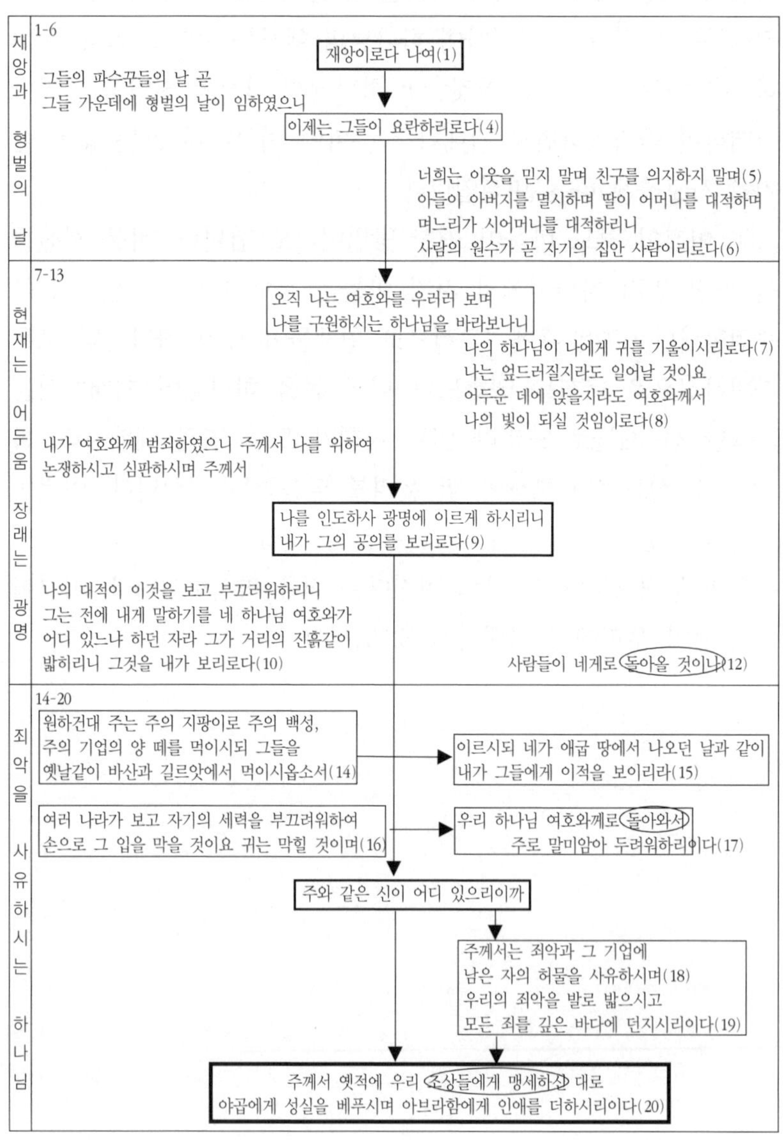

7장

아브라함의 언약을 지켜주시는 하나님

[20] 주께서 옛적에 우리 조상들에게 맹세하신 대로 야곱에게 성실을 베푸시며 아브라함에게 인애를 더하시리이다

미가서 마지막 장에 이르렀습니다. 7장은 "파멸과 소망"을 말씀하는 세 번째이자 마지막 사이클인데, 1-6절은 6장의 계속으로 심판에 대한 경고요, 7-20절은 하나님께서 행해주시겠다는 "소망" 곧 복음입니다. 먼저 "재앙이로다"(1)하고 "재앙과 형벌의 날"(첫째 단원)이 임하게 됨을 경고합니다. 그러나 선지서는 절망으로 끝나고 있지 아니합니다. "현재는 어두움이나 장래는 광명"

(둘째 단원)임을 확신합니다. 이것이 어떻게 가능해지는가? "주께서 죄악을 사유하시며, 넘기시며, 발로 밟으시며, 우리의 모든 죄를 깊은 바다에 던져주실"(셋째 단원), 즉 죄를 사유하시고 회복시켜주심으로 가능해진다고 말씀합니다. 왜 이렇게 행해주시는가? 자신들에게 자격이나 공로가 있어서가 아니라 "주께서 옛적에 우리 조상들에게 맹세하신"(20), 즉 아브라함과 이삭과 야곱에게 언약하시고 맹세로 보증하여주셨기 때문이라는 것입니다. 여기가 미가서의 절정입니다. 이를 세 단원으로 나누어 상고하겠습니다.

첫째 단원(1–6) **재앙과 형벌의 날**
둘째 단원(7–13) **현재는 어두움, 장래는 광명**
셋째 단원(14–20) **죄악을 사유하시는 하나님**

첫째 단원(1–6) **재앙과 형벌의 날**

"재앙이로다 나여 나는 여름 과일을 딴 후와 포도를 거둔 후 같아서 먹을 포도송이가 없으며 내 마음에 사모하는 처음 익은 무화과가 없도다"(1).

① "재앙이로다 나여"(1상) 합니다. 첫 단원의 "재앙과 형벌의 날"에 대한 경고는 6장의 계속인데 6장은 "너희가 오므리의 율례와 아합 집의 모든 예법을 지키고 그들의 전통을 따르니"(6:16)하고 끝을 맺었습니다. "오므리의 율례와 아합 집의 모든 예법"이

라는 묘사는 북이스라엘의 가장 어두웠던 시기를 가리키는 묘사입니다. 그런데 남쪽 유다도 그런 암흑시대가 되고 말았다는 것입니다. 예레미야서에서는 "배역한 이스라엘은 반역한 유다보다 자신이 더 의로움이 나타났나니"(렘 3:11) 합니다. 무슨 뜻이냐 하면 유다가 북이스라엘보다 "더 부패하여졌다"(겔 23:11)는 말씀입니다. 그렇다면 "재앙이로다, 그들의 형벌의 날이 임하였으니"(1,4)는 불가피한 것입니다.

② "나는 여름 과일을 딴 후와 포도를 거둔 후 같아서 먹을 포도송이가 없으며 내 마음에 사모하는 처음 익은 무화과가 없도다"(1하) 합니다. "먹을 포도송이, 익은 무화과"란 비유인데, "경건한 자가 세상에서 끊어졌고 정직한 자가 사람들 가운데 없도다"(2)라는 뜻입니다. 즉 "경건한 자와 정직자"가 없다는 말씀입니다. 하나님은 "정의를 행하며 진리를 구하는 자를 한 사람이라도 찾으면 내가 이 성읍을 용서하리라"(렘 5:1) 하셨는데, 한 사람도 없다는 뜻입니다. 그래서 선지자는 "내 마음에 사모하는 처음 익은 무화과가 없도다"하는 것입니다.

③ 이런 맥락에서 첫째 단원을 해석하는 열쇠는 4절에 네 번이나 등장하는 "그들"과 5절에 나오는 "너희"의 대조(對照)를 인식하는 데 있습니다. 여기서 말씀하는 "그들"이란 2-3절의 "지도자 · 재판관 · 권세자"와 같은 불의한 지도계급입니다. 그런데 "너희"는 "아합"의 시대에도 바알에게 무릎을 꿇지 아니한 자 칠천 명을 남기리니(왕상 19:18) 하신 "남은 자들"(18)을 가리킵니다. 어느 시대나 "그들과 너희"는 있는 것입니다.

㉠ "그들의 가장 선한 자라도 가시 같고 가장 정직한 자라도 찔레 울타

리보다 더하도다 그들의 파수꾼들의 날 곧 그들 가운데에 형벌의 날이 임하였으니 이제는 그들이 요란하리로다"(4) 합니다.

㉡ 그러면 "너희"는 누구인가? 출애굽 당시 시내 산에서 황금 송아지를 섬겼을 당시도 모세는 말했습니다. "누구든지 여호와의 편에 있는 자는 내게로 나아오라"(출 32:26). 바울은 디모데에게 "경건의 모양(믿노라 하는 형식)은 있으나 경건의 능력은 부인하는니 이같은 자들(그들)에게서 네가 돌아서라"(딤후 3:5)고 명합니다.

④ 언제나 "그들"은 다수(多數)이고, "너희"는 소수(小數)였습니다. 이처럼 다수가 세속화되고 마는 것은 세상풍조 때문인데 이런 말이 있습니다. "에베레스트 산이 어째서 높은지 아느냐?", 정답은 히말라야산맥에 있기 때문이라는 것입니다. 그런 고원지대에 있기에 높은 것이지 평지에 8000미터가 넘는 산이 솟을 수는 없다는 것입니다. 이 점에서 그 시대의 시류(時流) · 풍조(風潮) · 경향(傾向)의 무서움을 깨닫게 됩니다. 노아 시대에 "죄악이 세상에 가득했다"(창 6:5)는 것도 당시의 세상풍조가 그러했기 때문입니다. 주님은 잡히시던 날 밤에 제자들에게 "때가 이르면 무릇 너희를 죽이는 자가 생각하기를 이것이 하나님을 섬기는 일이라 하리라"(요 16:2)고 경계하셨습니다. 오늘날도 "예배 풍조 · 설교 풍조 · 찬양 풍조 · 목회 풍조" 등이 있습니다. 그래서 뒤질세라 다수가 그 풍조를 따르고 있는 것입니다. 이는 두려워해야 할 유행(流行)입니다.

⑤ 본문에서도 "너희는 이웃을 믿지 말며 친구를 의지하지 말며 네 품에 누운 여인에게라도 네 입의 문을 지킬지어다"(5)고 경계합니다. 이는 그 누구도 신뢰할 수 없을 정도로 악한 풍조의 시대가 되었다는 점을 나타냅니다. 심지어 "이웃 · 친구 · 아내"와

같은 가까운 사람도 본받아야 할 신앙의 표준은 결코 될 수 없다는 의미이기도 합니다. 그러므로 "오직 나는 여호와를 우러러보며 나를 구원하시는 하나님을 바라보나니"(7) 하고 하나님 곧 하나님의 말씀만이 신앙의 표준이 될 수 있음을 고백합니다.

⑥ "아들이 아버지를 멸시하며 딸이 어머니를 대적하며 며느리가 시어머니를 대적하리니 사람의 원수가 곧 자기의 집안 사람이리로다"(6) 합니다. 이 구절은 주님께서도 인용하신 말씀인데 주님은 이 구절을 인용하시면서 "검을 주러, 분쟁하게 하려"(마 10:35, 눅 12:53) 오셨다고 말씀하십니다. 이런 분쟁은 "내가 너(뱀 곧 사탄)로 여자와 원수가 되게 하겠다"(창 3:15)고 말씀하셨을 때부터 예고된 바입니다. "분쟁"이란 누구도 원하는 바는 아닙니다. 그러나 "의와 불의, 진리와 비진리, 참 복음과 다른 복음" 즉 "그들과 너희" 간에는 분쟁이 불가피한 것입니다. 이것이 바울이 싸운 "선한 싸움"이기도 합니다. "그러나 우리나 혹은 하늘로부터 온 천사라도 우리가 너희에게 전한 복음 외에 다른 복음을 전하면 저주를 받을지어다"(갈 1:8) 한 것은 복음을 보수하기 위한 분쟁인 것입니다. 그런데 현대교회는 진리의 검을 박물관으로 보내고 "분쟁"은 종식된 듯이 보입니다. 이는 진리가 그만치 혼잡이 되고 세속화되었다는 증거이기도 합니다. 사탄은 한 번도 적개심을 완화한 적이 없고 도리어 우는 사자같이 삼킬 자를 찾는다고 말씀하고 있건만, 오늘의 "아모스 · 미가 · 바울"은 도대체 어디에 있단 말인가?

둘째 단원(7-13) 현재는 어두움, 장래는 광명

"내가 여호와께 범죄하였으니 그의 진노를 당하려니와 마침내 주께서 나를 위하여 논쟁하시고 심판하시며 주께서 나를 인도하사 광명에 이르게 하시리니 내가 그의 공의를 보리로다"(9).

① 둘째 단원과 셋째 단원은 장래의 소망을 말씀하는 마지막 사이클인데 여기가 미가서의 심장이라 할 것입니다. 첫째 단원의 인칭대명사가 "그들"인 것과는 대조적으로, 둘째 단원의 인칭대명사는 "나"로 되어있습니다. 이는 선지자 자신이 온 백성, 특히 경건한 자를 대표하여 진술하고 고백하고 있기 때문입니다. "오직 나는 여호와를 우러러보며 나를 구원하시는 하나님을 바라보나니 나의 하나님이 나에게 귀를 기울이시리로다"(7) 합니다. "우러러보며, 바라보나니"라는 말은 하나님 외에는 기대할 것이 없음을 나타내는 신앙고백입니다.

하늘에 계시는 주여
내가 눈을 들어 주께 향하나이다
상전의 손을 바라보는 종같이
여주인의 손을 바라보는 여종의 눈같이
우리의 눈이 여호와 우리 하나님을 바라보며
우리에게 은혜 베풀어 주시기를 기다리나이다(시 123:1-2).

② "나의 대적이여 나로 말미암아 기뻐하지 말지어다"(8상)고 선언합니다. 현재(現在)는 어떤 상태인가?,

㉠ "나는 엎드러질지라도" 한 엎드러진 상태인데 "일어날 것이요" 합니

다.

㉡ "어두운 데에 앉을지라도" 한 상태인데 "여호와께서 나의 빛이 되실 것임이로다"(8하)를 믿고 있습니다.

㉢ "내가 여호와께 범죄하였으니 그의 진노를 당하려니와"라고 자신의 죄를 인정하고 현재의 징벌을 달게 받겠다 하면서,

㉣ "마침내!! 주께서 나를 위하여 논쟁하시고 심판하시며 주께서 나를 인도하사 광명에 이르게 하시리니 내가 그의 공의를 보리로다"(9)는 확신을 나타냅니다. 이것이 믿음이구나! 라는 생각이 듭니다.

③ 여기에는 놀라운 대조(對照)가 나타나는데,

㉠ "어두움"(8)과 "광명"(9)

㉡ "범죄와 그의 공의"(9)가 대조되어 있습니다. "어두움, 범죄"는 인간이 행한 일입니다. 그러나 "광명과 그의 공의"는 하나님께서 행해주실 은혜입니다.

④ 그리고 놀라운 짝을 발견하게 되는데,

㉠ "어두움과 심판"

㉡ "광명과 그의 공의"가 짝을 이루고 있습니다. 인간의 범죄로 말미암은 어두움은 심판을 가져오지만, 하나님의 은혜로 말미암은 광명은 그냥 주어지는 것이 아니라 하나님의 "공의"를 만족시키고야 주어진다는 뜻입니다. 이점을 로마서에서는 "곧 이 때에 자기의 의로우심(공의)을 나타내사 자기도 의로우시며 또한 예수 믿는 자를 의롭다 하려 하심이라"(롬 3:26)고 말씀합니다. 설명을 가한다면 하나님은 우리 죄를 그냥 용서해주실 수 없으셔서 우리 대신 자기 아들에게 공의를 나타내시고야 우리를 의롭다고 여겨주셨다는 뜻입니다. 이점을 이사야서에서는 "흑암에 행하던 백성이 큰 빛을 보고 사망의 그늘진 땅에 거주하던 자에게 빛이 비치도다"(사 9:2)고 말씀합니다.

⑤ 그러므로 "네 성벽을 건축하는 날 곧 그날에는 지경이 넓혀질 것이라"(11) 합니다. 11-12절은 두 가지를 말씀해주고 있는데,

㉠ 첫째는 "네 성벽을 건축하는 날 곧 그날에는 지경이 넓혀질 것이라"는 뜻은 파괴당했던 성벽을 회복시켜 주실 것을 말씀하고 있습니다. 그런데 이를 아모스서의 "그날에 내가 다윗의 무너진 장막을 일으키고 그것들의 틈을 막으며 그 허물어진 것을 일으켜서 옛적과 같이 세울 것이라"(암 9:11)한 말씀과 결부시킨다면 주요한 구속사적인 의미가 있는 것입니다. 어찌하여 "다윗의 무너진 장막"이라 말씀하시는가? 다윗 계통의 왕위가 바벨론에 포로로 끌려가게 되었다는 것은 하나님께서 다윗에게 세워주신 메시아언약이 무너지는 것과 같았기 때문입니다. 그런데 하나님은 "허물어진 성벽, 무너진 다윗의 장막"을 세우셔서 "그 조상 다윗의 왕위를 예수 그리스도"(눅 1:32)로 성취하셨던 것입니다.

㉡ 둘째는 "그 날에는 앗수르에서 애굽 성읍들에까지, 애굽에서 강까지, 이 바다에서 저 바다까지, 이 산에서 저 산까지의 사람들이 네게로 돌아올 것이나"(12) 하고, 하나님의 영역이 확장될 것을 말씀합니다. 이는 복음이 이방인에게까지 확장될 것을 가리킵니다. 이점을 시편에서는 "이제부터 영원까지, 해 돋는 데에서부터 해지는 데에까지"(시 113:2-3)라고 말씀합니다. 이는 율법으로 가능해지는 것이 아닙니다. 베들레헴에서 나실 왕으로 말미암은 복음이 천하만민에게 확장될 것을 가리키는 말씀입니다.

⑥ "재앙이로다 나여"(1)한 것은 분명 인간이 행한 죄로 말미암은 절망이지만, "나를 인도하사 광명에 이르게 하시리니 내가 그의 공의를 보리로다"(9)가 가능해지는 것은 전적인 하나님의 은혜입니다. 참으로 "주와 같은 신이 어디 있으리이까"하고 감격할 따름입니다.

셋째 단원(14–20) 죄악을 사유하시는 하나님

"주와 같은 신이 어디 있으리이까 주께서는 죄악과 그 기업에 남은 자의 허물을 사유하시며 인애를 기뻐하시므로 진노를 오래 품지 아니하시나이다"(18).

① 셋째 단원은 미가서의 절정(絶頂)입니다. 핵심은 "죄악을 사유하신다"는데 있습니다. 18-19절에는 "죄악 · 허물(18), 죄악 · 모든 죄"(19)가 반복적으로 언급되고 있습니다. 이는 패역한 인간이 저질은 추악한 죄악들입니다.

② 이를 하나님께서는 어떻게 처리하여주셨는가?

㉠ 주께서는 죄악을 "사유하시며"

㉡ 남은 자의 허물을 "넘기시며"

㉢ 우리의 죄악을 "발로 밟으시고"

㉣ 우리의 모든 죄를 "깊은 바다에 던지시리이다" 합니다.

이는 한 마디로 우리의 죄악을 사하시고 다시는 기억지도 아니하신다는 뜻입니다. 이점을 시편에서는 "동이 서에서 먼 것같이 우리의 죄과를 우리에게서 멀리 옮기셨다"(시 103:12)고 말씀하고, 이사야 선지자는 "내 모든 죄를 주의 등 뒤에 던지셨나이다"(사 38:17) 합니다. 이점을 예레미야서에서는 "내가 그들의 악행을 사하고 다시는 그 죄를 기억하지 아니하리라 여호와의 말씀이니라"(렘 31:34, 히 10:17) 합니다.

그러면 "우리 죄악을 "넘기시며, 발로 밟으시고, 깊은 바다에 던지시고, 멀리 옮기시고, 등 뒤에 던져주셨다"는 것이 어떻게 가능해지는가? 이는 저절로 되는 것이 아니라 "세상 죄를 지고 가는 하나님의 어린 양"의 대속(代贖)으로 말미암아서만이 가능해지는 하나님의 은혜인 것입니다. 이점을 자주 묵상하시기 바랍니다. 그러노라면 우리도 미가 선지자처럼 "주와 같은 신이 어디 있으리이까"하고 감격하여 찬양하게 될 것입니다.

③ "이르시되 네가 애굽 땅에서 나오던 날과 같이 내가 그들에게 이적을 보이리라"(15)고 출애굽을 상기시키시는데 출애굽!! 이는 이스라엘의 정체성을 일깨워주는 언급입니다. 신약적으로 말한다면 "내가 나 된 것은 하나님의 은혜로 된 것이니"(고전 15:10)라는 뜻입니다. "내가 그들에게 이적을 보이리라"(15하) 하십니다. 그러면 보이시겠다는 "이적"이 무엇인가? 출애굽 때 보여주신 이적은 한 가지에 초점이 맞춰져 있습니다.

이를 출애굽기에서는 "한 가지 재앙, 표징"(출 11:1, 10:1)이라 하면서, "내가 애굽에서 행한 일들 곧 내가 그 가운데서 행한 표징을 네 아들과 네 자손의 귀에 전하기 위함이라"(출 10:2) 하십니다. 이스라엘 백성들이 애굽에서 구원될 수 있었던 것은 자력(自力)으로 된 것이 아닙니다. 그렇다고 애굽에 내린 1-9까지의 재앙으로 된 것도 아닙니다. 오직 "유월절 양의 피"로 가능했던 것입니다. 이것이 자손 대대로 전해주어야 할 표징이요, 하나님께서 보이시겠다는 이적인 것입니다.

④ 이 구속의 은총이 "주의 백성, 주의 기업"(14)이라는 말씀 속에 함의되어 있습니다. 바로의 노예였던 저들이 하나님의 백성이 되고, 하나님의 기업(소유)이 될 수 있었던 유일한 방도는 "속량하여 내 백성을 삼고"(출 6:6-7) 즉 값을 지불하고 사신 속량으로 말미암아서 뿐입니다.

주의 백성, 주의 기업

① 왜 이렇게 행해주시겠다 하시는가? "주께서 옛적에 우리 조상들에게 맹세하신 대로"(20), 즉 아브라함에게 하신 언약을 지키심이라고 말씀합니다. 하나님께서는 아브라함에게 "네 씨로 말미암아 천하만민이 복을 얻으리니"(창 22:18)라고 언약하시고 맹세로 보증하여주셨던 것입니다.

② 그러므로 16-17절에서는 "여러 나라가 보고(16상), 우리 하나님 여호와께로 돌아와서 주로 말미암아 두려워하리이다"(17하)고 "여러 나라가 여호와께로 돌아오게 되리라"고 말씀하는 것입니다. 이는 복음이 이방에까지 전파되어 구원에 참여하게 될 것을 의미합니다. 이점은 이미 11-12절에서 "이 바다에서 저 바다까지, 이 산에서 저 산까지", 즉 복음이 만방으로 확장될 것을 말씀한 바입니다. 그리고 이 약속과 예언은 예수 그리스도로 말미암아 성취되었던 것입니다.

③ 이제 구속사의 관점에서 본 미가서를 마쳐야 하겠습니다. 우리가 여기까지 미가서를 바르게 해석했는가 여부를 검증하는 시금석이 있는데 그것은 미가서를 상고한 후에, "주와 같은 신이 어디 있으리이까"(18상) 하는 감사와 감격이 우러나오고 있는가? "하나님의 사랑이 우리들의 마음에 부은 바 되었는가"(롬 5:5)를 검증(檢證)해 보면 됩니다. 교훈적인 관점으로 접근했다면, 율법적인 두려움이 마음을 짓누를 뿐 이런 감사와 감격에 이를 수 없는 것입니다. 그러므로 다시 한번 강조하며 상기시킵니다만 미가서에는 "절망과 소망"의 사이클이 세 번 반복되고 있다는 점입니

다. 인간의 소행으로 하면 예나 이제나 절망뿐입니다. 오직 하나님이 행해주신 복음에 소망이 있을 뿐입니다. 그러므로 미가서를 통해서 하시고자 하는 말씀도 "율법이 육신으로 말미암아 연약하여 할 수 없는 그것을 하나님은 하시나니 곧 죄로 말미암아 자기 아들을 죄 있는 육신의 모양으로 보내어 육신에 죄를 정하실"(롬 8:3) 예수 그리스도와 복음인 것입니다.

④ 복음은 구약성경 안에도 금맥(金脈)처럼 이어져 내려왔습니다. 다만 모세가 수건으로 얼굴을 가렸듯이 의문(儀文)이라는 보자기에 싸여있었을 뿐입니다. 그러나 이제는 휘장이 제거되었고 그의 성도들에게 밝히 나타났습니다(골 1:26). 그런데도 미가서에서 그리스도를 증언하여 만나게 하지 못한다면, "마음에 수건이 덮여있기"(고후 3:14-16) 때문이라고 밖에는 달리는 변명할 길이 없는 것입니다. 예수 그리스도와 복음을 우선적으로 더 많이, 굳세게 증언하여야 할 책임이 설교자들에게 있는 것입니다. 이렇게 복음을 증언하고 믿음을 강조하면 어떤 분들은 "그러면 행함이 약해지지 않느냐"고 염려를 합니다. 바로 이점은 로마서에서 바울이 예상했던 질문(롬 6:1)입니다. 그러면 저도 묻겠습니다. 성화의 삶을 살도록 이끌어주는 동력(動力)이 어디서 나옵니까? 그것은 율법적인 정죄에서 나오는 것이 아닙니다. 기복적인 축복이 주는 것도 아닙니다. "그리스도의 사랑이 우리를 강권하시는도다 우리가 생각하건대"(고후 5:14 12:1)한 복음이 이끄는 힘입니다. 율법은 죄인을 의롭다고 여겨주지 못한 것만이 아니라, 의로운 삶을 살아갈 능력도 주지 못했습니다. 예수 그리스도만이 "우리에게 지혜와 의로움과 거룩함과 구원함"(고전 1:30)이 되십니다.

만일 복음을 믿노라 하면서도 성화의 삶을 살기를 열망하지 않는 사람이 있다면 그는 자신의 죄를 위해서 하나님의 아들이 대신 죽어주셨다는 복음을 아직 모르는 사람이라고 밖에는 달리는 설명할 길이 없습니다. 이렇게 할 때만이 "주와 같은 신이 어디 있으리이까"라고 감사와 감격과 기쁨이 우러나오게 되고 자발적인 순종이 따르게 되는 것입니다. 이제 형제도 "주와 같은 신이 어디 있으리이까"하고 기뻐하며 찬양하며 자랑하게 되었습니까? 이것이 미가서가 우리에게 주는 도전입니다. <미가서 강론 끝>

나훔

The Book of Nahum

나훔서 파노라마

주제 : 경건치 아니함과 불의에 임하는 하나님의 진노

"나훔서"를 아십니까? 나훔서를 통한 설교를 들으신 적이 있으십니까? 나훔서는 전체가 하나님의 진노(震怒)와 보응에 관한 두렵고 떨리는 심판(審判)의 말씀입니다. 이는 듣기에 좋은 말씀이 아닙니다. 사람들로부터 환영을 받지 못합니다. 그러므로 나훔서를 선포하는 설교자를 찾기 쉽지 않을 것입니다. 나훔 선지자의 예언은 1차적으로는 "니느웨에 대한 중한 경고"(1:1)입니다. 1:2절에는 "여호와는 질투하시며 보복하시는 하나님이시니라 여호와는 보복하시며 진노하시되 자기를 거스르는 자에게 보복하시며 자기를 대적하는 자에게 진노를 품으시는"(1:2) 하나님으로 계시되어 있습니다. 이는 나훔서가 어떠한 책인가를 단적으로 말씀해주고 있습니다. 그리고 나훔 선지자의 니느웨에 대한 이 경고는 역사적으로 성취되고 말았던 것입니다. 그렇다면 나훔서가 현대 교회에는 어떤 의미가 있는가? 오늘의 "니느웨"는 어디에 있는가? 이런 뜻에서 캠벨 몰간은 "참으로 엄숙한 마음가짐이 없이는 나훔서를 읽는다는 것은 거의 불가능한 일"이라고 말하고 있습니다.

현대교회는 진노의 교리에 대해서 부인하거나 듣기 싫어합니다. 그런 것을 설교하면 교회가 부흥되지 않는다고 말합니다. 그런데 "진노"가 없다면 "복음"이 필요 없는 것입니다. 그러므로 진노를 부인하는 것은 복음을 부인하는 것과 다름이 없고, 예수 그리스도께서 담당하신 십자가를 헛된(갈 2:21) 것으로 만드는 것입니다. 어찌하여 "하나님이 세상을 이처럼 사랑하사 독생자"를 주셨습니까? "이는 저를 믿는 자마다 멸망하지 않고 영생을 얻게 하려 하심이니라" 하고 말씀합니다. 성경 전체의 요절이라고 말하는 요한복음 3:16절에는 "영생과 멸망"이 함께 계시되어 있습니다. 거기에는 하나님의 "사랑과 진노"가 함께 나타나 있습니다. 그렇습니다. 갈보리 십자가를 바라보면서 하나님의 사랑과 진노를 함께 보지 못한다면 그는 하나님도 복음도 모르고 있는 것입니다. 왜 원수들을 위하여 자기 아들을 죽음에 내어주셨습니까? 그렇게까지 우리를 사랑하셨기 때문입니다. 어찌하여 우리 죄를 그냥 용서해주지 않으시고 자기 아들에게 대신 정죄하시고야 우리를 받아주실 수 있으셨습니까? 하나님은 사랑의 하나님이실 뿐만이 아니라 죄를 묵과할 수 없는 공의(公義)의 하나님도 되시기 때문입니다.

십자가를 통해서 사랑의 높이를 봅니다. 십자가를 통해서 죄를 얼마나 미워하시는가 하는 진노의 깊이를 봅니다. 사랑은 아름다운 것입니다. 그러나 그 사랑에 진실성이 없다면 그것은 거짓입니다. "진노"는 하나님의 진실하심과 거룩하심을 나타내줍니다. 그러므로 "사랑과 진노"는 동전의 앞뒤 면과도 같습니다. 이 둘을 함께 전해야 합니다. 바울은 로마서 1:17절에서 "복음에는 하나님의 의가 나타나서" 하고 복음을 전합니다. 그리고 18절에서는 "하나님의 진노가, 나타나나니" 하고 "복음과 진노"를 함께 전하고 있습니다. 그들에게 복음이 왜 필요한가? 복음을 전하지 않으면 그들은 어떻게 된다는 말인가? 이를 떼어놓을 수 없습니다. 그래서 "좋으신 하나님, 하나님은 당신을 사랑하십니다" 하고 "사랑"만을 강조하고 있는 현대교회에 나훔서가 절실히 필요한 이유가 여기에 있습니다.

복음과 진노

나훔서는 크게 두 부분으로 나누어집니다. 앞부분(1장)은 주로 하나님은 어떤 분인가 하는 하나님의 자기계시입니다. "여호와"라는 말이 아홉 번, 하나님을 가리키는 "그"라는 대명사가 열 번 이상 나옵니다. 뒷부분(2-3장)에서는 주로 하나님께서 니느웨에 행하실 일 즉 심판을 말씀하십니다.

먼저 하나님은 어떤 하나님이신가? 첫 말씀이 "여호와는 투기"(2상)하시는 하나님이라고 말씀합니다. 자기 백성들에게 십계명을 주실 때에도 우상을 만들지 말고 그것들을 섬기지 말라 하시면서 "나 네 하나님 여호와는 질투하는 하나님이라"(출 20:5) 하신 말씀을 기억하십니까? 어찌하여 질투하시는가? 우리를 사랑하시기 때문입니다. 야고보서는 "너희는 하나님이 우리 속에 거하게 하신 성령이 시기하기까지 사모한다 하신 말씀을 헛된 줄로 생각하느냐"(약 4:5) 하고 묻고 있습니다. "질투 · 진노"란 사랑을 배신당했을 때 일어나는 분노(憤怒)입니다. 그러므로 하나님의 진노는 사랑을 배반한 죄에 대한 보응임을 잊어서는 안 됩니다.

3절에서 "여호와는 노하기를 더디 하시며" 합니다. 이는 2절의 진노가 얼마나 오래 참으시던 끝에 발하여지는 진노인가를 말씀해줍니다. 그런데 사악한 인간은 하나님의 오래 참으심에 대해 얼마나 멸시하고 있습니까? "혹 네가 하나님의 인자하심이 너를 인도하여 회개하게 하심을 알지 못하여 그의 인자하심과 용납하심과 길이 참으심이 풍성함을 멸시하느냐"(롬 2:4).

다음은 니느웨가 무엇 때문에 심판을 당하게 되는가 하는 것을 말씀하십니다. "니느웨"는 앗수르의 수도(首都)입니다. 하나님의 심판은 언제나 "경건하지 않음과 불의"(롬 1:18) 위에 임합니다. "경건하지 않음"은 하나님과의 관계에서의 죄입니다. "여호와께 악을 꾀하는 한 사람이 너희 중에서 나와서"(11) 합니다. 이 사람이 누구인가? 열왕기하 18-19장에 나오는 앗수르 왕 산헤립을 가리킵니다. 그는 예루살렘을 포위하고 군대장관 랍사게로 하여금 하나님을 대적하며 비방하게 했습니다. 하나님께서는 "네가 누구를 꾸짖었으며 비방하였느냐 누구를 향하여 소리를 높였으며 눈을 높이 떴느냐 이스라엘의 거룩한 자에게 그리하였도다"(왕하

19:22) 하고 꾸짖으셨습니다. 또한 그들은 “새긴 우상과 부은 우상”(1:14)을 숭배했습니다. 그리하여 이스라엘을 정복하고는 자기의 신이 이겼다고 자랑했습니다. 이것이 “경건하지 아니함”입니다. 하나님의 진노는 그 위에 임합니다.

“불의”(不義)란 이웃과의 관계에서의 죄입니다. 니느웨를 가리켜 “화 있을진저 피 성이여”(3:1) 합니다. 얼마나 많은 무죄한 자의 피를 흘렸으면 “피 성”이라 하시겠습니까? 나훔서는 “네 소식을 듣는 자가 다 너를 보고 손뼉을 치나니 이는 그들이 항상 네게 행패를 당하였음이 아니더냐”(3:19) 하고 마치고 있습니다. 이것이 “불의”입니다. 죄는 억만 가지가 있어도 크게는 “경건하지 않음과 불의” 두 가지 뿐입니다. 그리고 하나님의 진노는 언제나 “경건하지 않음과 불의”에 부어지는 것입니다.

하나님의 진노는 어디에 임하는가?

나훔 선지자가 예언할 당시는 앗수르의 전성시대(1:12, 3:16-17)라 할 수 있습니다. 북쪽 이스라엘은 앗수르에 의해서 이미 멸망 당했고, 남쪽 유다도 극심한 위협을 받고 있던 때입니다. 이런 시기에 하나님께서는 나훔 선지자를 세우셔서 하나님을 대적하는 앗수르에 대한 심판을 선언하게 하셨습니다. 예레미야 선지자를 들어서 바벨론의 심판을 경고하신 시점도 예루살렘을 정복한 전성시대(렘 50:1)였습니다. 이처럼 하나님은 대적자가 영구히 영화를 누릴 줄로 알고 기세가 등등할 때 심판을 선언하시며, 그 예언은 문자적으로 응하였음을 역사가 증언하고 있습니다.

나훔서 1:5-6절에 나오는 "그의 앞에"라는 말씀을 유념하시기를 바랍니다. 이는 하나님의 존전을 가리킵니다. "누가 능히 그 분노 앞에 서며 누가 능히 그의 진노를 감당하랴"(6) 합니다. 성경 마지막 책에서도 "그들의 진노의 큰 날이 이르렀으니 누가 능히 서리요 하더라"(계 6:17) 합니다. 누가 능히 설 수 있는가? 우리에게 설 자격이나 공로가 있단 말인가? "의인은 없나니 하나도 없도다" 합니다. 그때 "볼지어다 아름다운 소식을 알리고 화평을 전하는 자의 발이 산 위에 있도다"(15)하고 기쁜 소식이 들려옵니다. 이 아름다운 소식이 당시로는 앗수르가 멸망했다는 소식을 가리킨다 하여도 궁극적으로는 사도 바울이 "아름답도다 좋은 소식을 전하는 자들의 발이여"(롬 10:15) 한 복음입니다. 복음이 무엇인가? 하나님 앞에 나아갈 수 있는 그리하여 담대히 설 수 있는 길이 열렸다는 소식입니다.

나훔서를 통해서 말씀하시고자 하는 불변의 진리는 행악하는 자가 한때 흥왕하는 듯하나 종국에는 심판으로 갚으시고, 경건한 자가 한때 고난을 당하나 결국에는 영광과 위로로 갚으시는 공의의 하나님이심을 계시해주고 있습니다. 사도 바울은 이점을 "너희로 환난을 받게 하는 자들에게는 환난으로 갚으시고 환난을 받는 너희에게는 우리와 함께 안식으로 갚으시는 것이 하나님의 공의시니"(살후 1:6-7) 합니다. 이는 나훔서에 대한 좋은 해설이라 할 것입니다. 지금 지구상에는 앗수르라는 나라는 없습니다. 그러나 "경건하지 않음과 불의"는 지금도 기승을 부리고 있습니다. 그렇다면 오늘날도 "니느웨"는 있다는 말씀입니다. 이것이 사실이라면 오늘날도 “나훔서”는 힘있게 선포되어야 마땅한 것입니다. 뿐만 아니라 교회 내에도 하나님의 “사랑”만 알고 공의는 모르는 사람들이 주류를 이루고 있습니다. “오냐, 오냐”하고 키운 자식은 자기밖에 모릅니다. “아비 없는 후레자식” 같이 됩니다. 이는 우려가 아니라 증상이 아주 깊은 상태라 하겠습니다. 그들을 균형 있게 양육하기 위해서 나훔서를 선포하지 않으시렵니까?

나훔 1장 개관도표

주제 : 여호와의 공의와 사랑

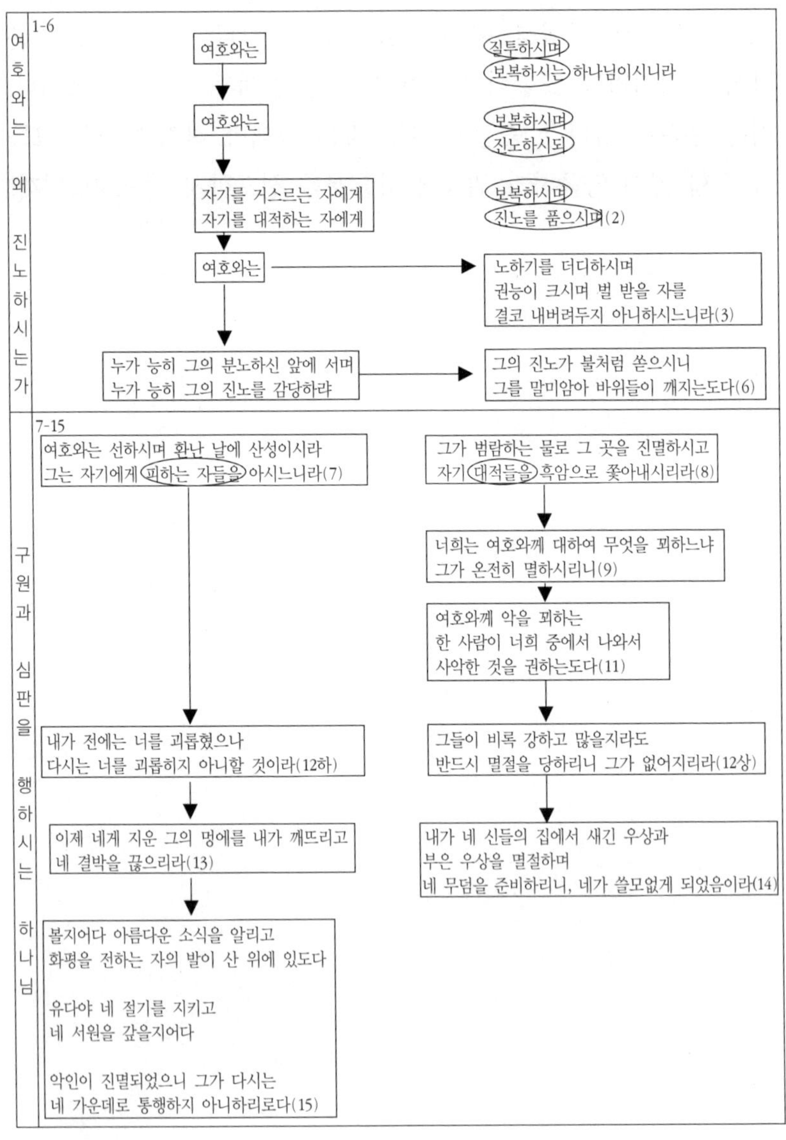

1장

여호와의 공의와 사랑

[7] 여호와는 선하시며 환난 날에 산성이시라 그는 자기에게 피하는 자들을 아시느니라

1장의 중심점이 도표에 잘 나타나 있습니다. 도표(圖表)의 유익함이 여기에 있습니다. 설교자에게는 본문선택만이 허용될 뿐입니다. 본문이 선택되고 나면 설교자는 그 말씀에 매임을 받아야 합니다. 도표작성의 유익은

㉠ 첫째, 본문을 한 눈에 파악하게 합니다.
㉡ 둘째는, 길을 잃고 헤매지 않도록 잡아줍니다.
㉢ 셋째, 오락가락하지 않고 조리 있게 전하게 합니다.
㉣ 넷째, 설교를 듣는 자들의 이해를 도와줍니다.
㉤ 다섯째, 오랜 후에도 도표를 보기만 하면 말씀을 상기하게 해줍니다.
㉥ 여섯째, 도표에 의하여 다른 사람에게 전할 때에 효과적으로 전달해

줄 수 있습니다.

이 외에도 도표를 작성하는 과정에서 전혀 예기(豫期)하지 못한 가려져 있던 심오한 말씀들을 발견하게 되는 등 도표의 유익함은 경험해본 사람만이 안다고 해도 과언이 아닙니다. 우선 도표를 훑어보시기 바랍니다. 그리고 본문을 읽으신 후에 다시 한 번 도표를 살펴보신다면 의미가 전달될 것입니다.

나훔서는 "니느웨에 대한 경고라"(1:1) 하신 대로 니느웨에 대한 심판 예언입니다. 도표에서 보시는 바대로 1장은 크게 두 단원으로 나누어집니다. 중심주제는 "여호와의 공의와 사랑, 심판과 구원"이라는 상반된 두 주제입니다. 성경은 심판의 책이 아니라 구원계시입니다. 그런데 이를 대적하는 자에게는 심판이 불가피한 것입니다.

㉠ 첫째 단원에는 항거할 수 없는 하나님의 절대주권이 강조되어 있습니다. 1장 속에 "여호와, 하나님, 그는, 그가"(대명사) 등이 몇 번이나 등장하는가 관찰해보시기 바랍니다.

㉡ 둘째 단원에는 "구원과 심판"이 확연히 대조되어 있습니다. 우리가 믿는 하나님은 "공의로우신 하나님"만이 아니라 "사랑이 풍성하신 하나님"(첫째 단원)이십니다. "대적을 심판하시는 하나님"만이 아니라 "자기 백성을 구원하시는 하나님"(둘째 단원)이십니다.

첫째 단원(1–6) **공의와 사랑의 하나님**

둘째 단원(7–15) **심판과 구원의 하나님**

첫째 단원(1–6) **공의와 사랑의 하나님**

"니느웨에 대한 경고 곧 엘고스 사람 나훔의 묵시의 글이라"(1).

① 첫째 단원의 중심점은 하나님이 어떤 분이신가 하는 자기계시(自己啓示)에 있습니다. 하나님을 아는 것, 이것이 신학(神學)입니다. 그런데 인간은 하나님께서 자기를 계시해주셔야만 하나님을 알 수 있는 것입니다. 또한 하나님을 알아야만 비로소 자신의 정체(正體)를 알 수 있습니다. 인간은 아무리 잘난 척 해봐야 피조물(被造物)에 지나지 않습니다. 피조물은 지은 자(창조주)를 통해서만 존재 이유를 알 수 있는 것입니다. 창조주는 없다는 것을 전제(前提)로 해놓고, 모든 학문을 총동원하여 우주의 기원과 자신의 존재의미를 알려고 노력을 하지만 성경은 "어리석은 자"(시 14:1)라고 말씀합니다. 그런데 하나님을 믿는다고 하면서도 하나님이 어떤 분인가를 모르고 있거나 잘못 알고 있다면 얼마나 부끄러운 일입니까? "벌 받은 자를 결코 내버려두지 아니하시는"(3) 공의의 하나님이시며, 죄인을 구원하시는 사랑의 하나님이십니다. 하나님의 공의가 "진노로 나타나고, 하나님의 사랑은", "여호와는 질투하시며"(2상) 라는 "질투" 속에 암시되어 있습니다. 하나님은 우리를 너무너무 사랑하시기에 "질투"하시는 것입니다.

② "여호와는 질투하시며 보복하시는 하나님이시니라 여호와는 보복하시며 진노하시되 자기를 거스르는 자에게 보복하시며 자기를 대적하는 자에게 진노를 품으시며"(2하) 합니다. "질투 · 보복 · 보복 · 진노 · 보복 · 진노"라는 말이 속사포처럼 연발하고 있습니다. 이를 음미하면서 두 가지 이미지를 떠올릴 수 있습니다.

㉠ 이분은 아주 폭군과 같은 분이거나,

㉡ 아니면 엄청난 배신을 당하여 분과 한이 쌓여있는 분일 거다, 하는 이미지입니다.

③ 이에 대한 열쇠가 "질투하시며"라는 묘사 속에 나타납니다. 사랑 노래인 아가(雅歌)에서 하나님은 이렇게 말씀하십니다.

> 너는 나를 도장같이 마음에 품고 도장같이 팔에 두라
> 사랑은 죽음같이 강하고
> 질투는 스올같이 잔인하며 불길 같이 일어나니
> 그 기세가 여호와의 불과 같으니라
>
> 많은 물도 이 사랑을 끄지 못하겠고
> 홍수라도 삼키지 못하나니
> 사람이 그의 온 가산을 다 주고 사랑과 바꾸려 할지라도
> 오히려 멸시를 받으리라(아 8:6-7).

하나님은 이런 사랑을 인간에게 쏟으셨습니다. 성경은 사랑 노래입니다. 그런데 그 사랑은 짝사랑이요, 배신당한 사랑입니다. 그리하여 "질투는 스올같이 잔인하며 불길 같이 일어나니 그 기세가 여호와의 불과 같으니라" 하는 것입니다.

④ 우리가 명심할 점은 하나님은 "니느웨"를 향해서만 진노하시는 하나님이 아니시라는 점입니다. 먼저 자기 백성들을 향하여 질투하시고 진노하셨음을 명심해야 합니다. "이 성(예루살렘)이 건설된 날부터 오늘까지 나의 노여움과 분을 일으키므로 내가 내 앞에서 그것을 옮기려 하노니 이는 이스라엘 자손과 유다 자손이

모든 악을 행하여 내 노여움을 일으켰음이라 그들과 그들의 왕들과 그의 고관들과 그의 제사장들과 그의 선지자들과 유다 사람들과 예루살렘 주민들이 다 그러하였느니라 그들이 등을 내게로 돌리고 얼굴을 내게로 향하지 아니하며 내가 그들을 가르치되 끊임없이 가르쳤는데도 그들이 교훈을 듣지 아니하며 받지 아니하고"(렘 32:31-33) 가증한 물건 즉 우상을 숭배했다고 말씀합니다. "그러므로 주 여호와께서 이와 같이 말씀하시니라 보라 나의 진노와 분노를 이곳과 사람과 짐승과 들 나무와 땅의 소산에 부으리니 불같이 살라지고 꺼지지 아니하리라"(렘 7:20) 하십니다. 질투하시는 하나님은 노여움과 분을 자기 백성에게 먼저 부으셨음을 유념해야 합니다.

먼저 자기 백성에게 진노하신 하나님

① "여호와는 노하기를 더디하시며 권능이 크시며 벌 받을 자를 결코 내버려 두지 아니하시느니라"(3상) 합니다. 2절의 핵심이 "질투하시는 하나님"이라면, 3절의 핵심은 "노하기를 더디 하시는 하나님"에 있다 하겠습니다. 폭군들의 진노는 사려 깊지 아니한 감정적이고 즉흥적인 것입니다. 그러나 하나님의 진노는 오래 참으심에 있습니다. 나훔 선지자를 통해서 "니느웨에 대한 경고"(1)를 하시기 약 1백년 전에 하나님은 선지자 요나를 니느웨에 보내셔서 "40일이 지나면 니느웨가 무너지리라" 하고 외치게 하셨습니다(요나서 파노라마, 참고). 이 말을 듣고 왕과 온 백성들이 금식하며 회개하고 "하나님이 뜻을 돌이키시고 그 진노를

그치사 우리가 멸망하지 않게 하시리라 그렇지 않을 줄을 누가 알겠느냐"(욘 3:9) 하고 부르짖었습니다. 하나님은 뜻을 돌이키셨습니다. 요나 선지자는 "주께서는 은혜로우시며 자비로우시며 노하기를 더디하시며 인애가 크시사 뜻을 돌이켜 재앙을 내리지 아니하시는 하나님이신 줄을 내가 알았음이니이다" 하고 불평합니다. 그를 향해 하나님은 "내가 어찌 아끼지 아니하겠느냐"(욘 4:11) 하십니다.

② 하나님께서 뜻을 돌이켜 40일이 지나도 재앙이 내리지 않자 니느웨 사람들은 이를 우연으로 돌렸단 말인가? 성경은 말씀합니다. "혹 네가 하나님의 인자하심이 너를 인도하여 회개하게 하심을 알지 못하여 그의 인자하심과 용납하심과 길이 참으심의 풍성함을 멸시하느냐 다만 네 고집과 회개하지 아니한 마음을 따라 진노의 날 곧 하나님의 의로우신 심판이 나타나는 그 날에 임할 진노를 네게 쌓는도다", 니느웨가 그러했습니다. 니느웨 사람들이 100년 동안 한 일이라고는 하나님의 진노만을 "쌓은" 셈입니다. "하나님의 진노"는 구약성경에만 있는 것이 아닙니다. 신약성경에서도 "진노 · 보응 · 노여움 · 분"을 말씀하고 있습니다. "하나님께서 각 사람에게 그 행한 대로 보응하시되 참고 선을 행하여 영광과 존귀와 썩지 아니함을 구하는 자에게는 영생으로 하시고 오직 당을 지어 진리를 따르지 아니하고 불의를 따르는 자에게는 진노와 분노로 하시리라"(롬 2:4-8). 다만 그 진노는 "용납하심과 길이 참으심" 후에 쏟으신다고 말씀합니다.

③ 3절에 계시된 하나님은 얼른 보기에 상호 모순되는 듯한 면이 있습니다.

㉠ "노하기를 더디 하신다"는 말씀은 사랑 많으신 하나님의 "인자"(仁慈)를 나타냅니다.

㉡ 그런데 "벌 받은 자를 결코 사하지 아니하시느니라"는 말씀은 법대로 하시는 공의의 하나님을 나타내기 때문입니다. 이 두 속성을 충족시키기 위해서 자기 아들을 십자가에 내어주실 수밖에 없으셨던 것입니다. 이를 알았기에 바울은 "하나님의 인자와 준엄하심을 보라"(롬 11:22)고 말씀했던 것입니다. "사랑, 사랑"하고 사랑만을 강조하는 현대교회는 나훔서를 통해서 하나님의 준엄하심을 배워야 합니다.

④ "여호와의 길은 회오리바람과 광풍에 있고 구름은 그의 발의 티끌이로다"(3하), 3절 하반절부터 5절까지는 진노하시는 하나님의 권능과 준엄하심이 묘사되어 있습니다. 그런 후에 "누가 능히 그의 분노 앞에 서며 누가 능히 그의 진노를 감당하랴 그의 진노가 불처럼 쏟아지니 그로 말미암아 바위들이 깨지는도다"(6) 합니다.

"누가 능히 그의 분노 앞에 서며" 이 장면을 깊이 묵상해야 합니다. 왜냐하면 이 문제는 니느웨에 국한된 것이 아니라 "이는 우리가 다 반드시 그리스도의 심판대 앞에 나타나게 되어 각각 선악 간에 그 몸으로 행한 것을 따라 받으려 함이라"(고후 5:10) 말씀하고 있기 때문입니다. 그러므로 내일 끼니 걱정하는 것보다 최우선적으로 풀어야 할 긴급한 숙제인 것입니다. 이 장면이 계시록에 나옵니다.

⑤ "내가 보니 여섯째 인을 떼실 때에 큰 지진이 나며 해가 검은 털로 짠 상복같이 검어지고 달은 온통 피같이 되며 하늘의 별들이 무화과나무가 대풍에 흔들려 설익은 열매가 떨어지는 것같

이 땅에 떨어지며 하늘은 두루마리가 말리는 것같이 떠나가고 각 산과 섬이 제 자리에서 옮겨지매 땅의 임금들과 왕족들과 장군들과 부자들과 강한 자들과 모든 종과 자유인이 굴과 산들의 바위 틈에 숨어 산들과 바위에게 말하되 우리 위에 떨어져 보좌에 앉으신 이의 얼굴에서와 그 어린 양의 진노에서 우리를 가리우라 그들의 진노의 큰 날이 이르렀으니 누가 능히 서리요 하더라"(계 6:12-17), 길게 인용한 것은 나훔서에 대한 이보다 더 적절한 해설이 없기 때문입니다. 복음이란 "진노의 큰 날이 이르렀으니 누가 능히 서리요"에 대한 해답이라 해도 과언이 아닙니다. 우리가 믿는 하나님은 "공의로우시고, 사랑 많으신 하나님"이십니다.

둘째 단원(7-15) **심판하시며, 구원하시는 하나님**

"여호와는 선하시며 환난 날에 산성이시라 그는 자기에게 피하는 자들을 아시느니라 그가 범람하는 물로 그 곳을 진멸하시고 자기 대적들을 흑암으로 쫓아내시리라"(7-8).

① 둘째 단원의 열쇠는 7-8절에 등장하는

㉠ "자기에게 피하는 자(7)와 자기 대적"(8)의 대조

㉡ "산성과 진멸"이라는 상반(相反)된 대조(對照)를 파악하는 데 있습니다.

"여호와는 선하시며 환난 날에 산성이시라"(7상) 합니다. 이 말씀은 이제까지의 장면과는 정반대되는 급변하는 장면입니다. "환난 날에 산성"이 되신다면 거기가 피난처요, 도피성인 것입니다.

나훔서만이 아니라 선지서의 공통점은 "절망과 소망"이 교차(交叉)하고 있다는 점입니다. 인간의 행위로는 절망일 수밖에 없으나 "그는 자기에게 피하는 자들을 아시느니라"(7하) 합니다. "자기에게 피하는 자"란 "믿는 자"를 가리킵니다. 사도 바울은 "내가 믿는 자를 내가 알고 또한 내가 의탁한 것을 그날까지 그가 능히 지키실 줄을 확신"(딤후 1:12)한다고 고백하고 있습니다. 그러했기에 본 절을 인용하여 이단들이 독한 창질의 썩어져감과 같이 미혹할지라도, "그러나 하나님의 견고한 터는 섰으니 인침이 있어 일렀으되 주께서 자기 백성을 아신다"(딤후 2:19) 하고 하나님이 아시는 자를 무너뜨릴 수 없음을 말씀했던 것입니다.

② "그가 범람하는 물로 그 곳을 진멸하시고 자기 대적들을 흑암으로 쫓아내시리라"(8) 합니다. 다시 한번 7절과 8절의 대조(對照)를 상기하시기를 바랍니다. 자기에게 피하는 자들에게는 "산성"이 되시지만 대적하는 자는 "진멸" 하신다고 말씀합니다. 여기 통찰력이 필요합니다. 왜냐하면 이 말씀의 표면만을 보는 자에게는 하나님을 극도의 이기주의자(利己主義者)(참고, 마 5:46)로 여길 위험이 있기 때문입니다. 그들이 누구를 "대적"(對敵)하고 있단 말인가? 이를 점(點)으로 보면 하나님이라고 말할 것입니다. 그런데 성경을 구속사(救贖史)라는 선(線)으로 보게 되면 의미는 명백해집니다.

하나님께서는 지금 "여자의 후손은 네 머리를 상하게 할 것이요"(창 3;15), "네 씨가 그 대적의 성문을 차지하리라"(창 22:17) 하신 원 복음(福音)과 아브라함에게 세워주신 언약(言約)을 이루어나가고 계시는 중입니다. 그렇다면 "원복음과 언약"이 무엇인가? 아브라함의 자손으로 그리스도를 보내셔서 사탄을 정복하고 인류를 구원하여주시겠다는 하나님의 나라건설입니다. 그들은 다름 아닌 이 구원계획을 대적하고 있다는 말씀입니다. 성경은 말씀합니다.

어찌하여 이방 나라들이 분노하며 민족들이 헛된 일을 꾸미는가
세상의 군왕들이 나서며 관원들이 서로 꾀하여
여호와와 그의 기름 받은 자를 대적하며
우리가 그들의 맨 것을 끊고 그의 결박을 벗어버리자 하는도다
하늘에 계신 이가 웃으심이여 주께서 그들을 비웃으시리로다
그 때에 분을 발하며 진노하사 그들을 놀라게 하여 이르시기를
내가 나의 왕을 내 거룩한 산 시온에 세웠다 하시리로다

그런즉 군왕들아 너희는 지혜를 얻으며
세상의 재판관들아 너희는 교훈을 받을지어다
여호와를 경외함으로 섬기고
떨며 즐거워할지어다
그의 아들에게 입맞추라
그렇지 아니하면 진노하심으로 너희가 길에서 망하리니
그의 진노가 급하심이라
여호와께 피하는 모든 사람은 다 복이 있도다.(시편 2편)

여호와를 대적하는 자

① "너희는 여호와께 대하여 무엇을 꾀하느냐 그가 온전히 멸하시리니 재난이 다시 일어나지 아니하리라"(9) 하십니다. "너희

가 여호와께 대하여 무엇을 꾀하느냐"(9상) 하고 힐책하십니다. 11절에서도 "악을 꾀하는 한 사람"이 일어날 것을 말씀합니다. "꾀한다"는 말은 음모(陰謀)를 꾸미는 것을 가리킴인데, "세상의 군왕들이 나서며 관원들이 서로 꾀하여 여호와와 그 기름 받은 자를 대적"함을 뜻합니다. "대제사장들과 서기관들이 듣고 예수를 어떻게 죽일까 하고 꾀하는"(막 11:18) 것을 봅니다. 그것을 "허사를 경영"하는 것이라 말씀하면서, "하늘에 계신 이가 웃으심이여 주께서 그들을 비웃으시리로다"(시 2:4) 합니다.

② "여호와께 악을 꾀하는 한 사람이 너희 중에서 나올"(11) 것이라 말씀합니다. 이 "한 사람"은 1차 적으로 앗수르 왕(3:18) 산헤립(왕하 18:13)을 가리킵니다. 그는 군대장관 랍사게를 통해서 "네가 믿는 네 하나님이 예루살렘을 앗수르 왕의 손에 넘기지 아니하겠다 하는 말에 속지 말라 앗수르의 여러 왕이 여러 나라에 행한바 진멸한 일(정복한 일)을 네가 들었나니 네가 어찌 구원을 얻겠느냐"(왕하 19:10-11) 하고 하나님을 비방했던 것입니다. 그런데 이제 산헤립은 없습니다. 그런데 사도 바울은 성령의 감동으로 "저 불법의 사람 곧 멸망의 아들이 나타나기 전에는 그 날이 이르지 아니하리니" 하고 "불법의 사람"이 나타날 것을 말씀합니다. "그 때에 불법한 자가 나타나리니 주 예수께서 그 입의 기운으로 그를 죽이시고 강림하여 나타나심으로 폐하시리라"(살후 2:3-8) 합니다. 그렇다면 "불법의 사람"은 누구인가? 그리스도를 대적하는 "적그리스도"를 가리킵니다. 그러므로 지금도 니느웨는 있고 "여호와께 악을 꾀하는 한 사람"은 있다는 말씀입니다.

③ "그가 온전히 멸하시리니"(9중) 합니다. 8절에서도 "그 곳을 진멸하신다"고 말씀하고, 12절에서는 "그들이 비록 강하고 많을지라도 반드시 멸절(滅絶)을 당하리니" 하십니다. 어떤 방법으로 멸하시는가? "그가 범람하는 물로 그곳을 진멸하시고"(8상) 합니다. 니느웨는 티그리스 강과 운하에 둘러싸여 있어서 난공불락(難攻不落)을 호언장담(豪言壯談)했다고 합니다. 그런데 하나님께서는 노아 때처럼 홍수를 내리셔서 그 강을 "범람"하게 하여 쓸어버리셨던 것입니다. 속담에 불보다 물이 더 무섭다는 말이 있습니다. 불은 터는 남기는데 물은 터마저 남김이 없이 쓸어버리기 때문입니다. 니느웨의 멸망은 "다시 일어나지 아니하리라(9하), 그가 없어지리라"(12하) 하신 문자대로 유적(遺蹟)의 흔적도 남김이 없이 역사에서 사라지고 말았던 것입니다.

아름다운 소식을 전하는 자

① 이제까지 말씀한 심판과는 대조(對照)되는 도표의 왼쪽에 나타난 구원(救援)의 하나님을 보십시오.

㉠ "내가 전에는 너를 괴롭혔으나 다시는 너를 괴롭히지 아니할 것이라"(12하) 하십니다. 이는 자기 백성들에게 하시는 말씀입니다. 하나님께서 자기 백성들을 언제, 어떻게 괴롭히셨단 말인가? 이는 "주께서 그 사랑하시는 자를 징계하시고 그가 받아들이시는 아들마다 채찍질하심이라"(히 12:6) 하신 "징계와 채찍"을 가리키는 말씀입니다. 철없는 자식들은 이를 "괴롭히는" 것으로 여기는 법입니다.

㉡ "이제 네게 지운 그의 멍에를 내가 깨뜨리고 네 결박을 끊으리라"(13) 하십니다. 이는 대적의 압제에서 해방시켜 주시겠다는 말씀

입니다. 이렇게 말씀하시는 의도가 무엇인가? "여호와께서 내게 말하는 천사에게 선(善)한 말씀, 위로(慰勞)하는 말씀으로 대답하시더라"(슥 1:13) 한 환난 중에 있는 자기 백성들을 "위로"하시기 위해서입니다.

② "볼지어다 아름다운 소식을 알리고 화평을 전하는 자의 발이 산 위에 있도다"(15상) 합니다. "아름다운 소식"이 무엇인가? 이 말씀이 1차 적으로는 앗수르가 패망했다는 소식을 가리킨다 하여도 그것이 전부라면 이 말씀이 우리에게 무슨 유익이 되겠습니까? 이점에서도 표면만 보시지 말고 이면을 보시고(롬 2:28-29), 점으로 보시지 말고 선으로 보시기를 바랍니다. "아름다운 소식"이란 13절에서 말씀한 "네게 지운 멍에, 너의 결박"과 결부되는 말씀입니다. 앗수르의 멍에, 결박이 문제가 아닙니다. 근본적인 문제해결은 사탄의 멍에를 깨뜨리고 결박을 끊으셨다는 소식이 진정 "아름다운 소식"인 것입니다. 이것은 복음입니다.

사람이 흑암과 사망의 그늘에 앉으며 곤고와 쇠사슬에 매임은
하나님의 말씀을 거역하며 지존자의 뜻을 멸시함이라
그러므로 그가 고통을 주어 그들의 마음을 겸손하게 하셨으니
그들이 엎드러져도 돕는 자가 없었도다
이에 그들이 그 환난 중에 여호와께 부르짖으매
그들의 고통에서 구원하시되
흑암과 사망의 그늘에서 인도하여 내시고
그들의 얽은 맨 줄을 끊으셨도다
여호와의 인자하심과 인생에게 행하신 기적으로 말미암아
그를 찬송할지로다
그가 놋문을 깨뜨리시며 쇠빗장을 꺾으셨음이로다(시 107:10-16).

③ 이사야 선지자도 “좋은 소식을 전하며 평화를 공포하며 복된 좋은 소식을 가져오며 구원을 공포하며 시온을 향하여 이르기를 네 하나님이 통치하신다 하는 자의 산을 넘는 발이 어찌 그리 아름다운가”(사 52:7) 하고 노래했습니다. 사도 바울은 이를 인용하여 “보내심을 받지 아니하였으면 어찌 전파하리요 기록된 바 아름답도다 좋은 소식을 전하는 자들의 발이여 함과 같으니라”(롬 10:15) 하고 이를 복음증거로 적용합니다. 오늘날은 “아름다운 소식”을 전파하며 “화평”을 전하는 날입니다. 우리는 이 복음을 “하나님의 진노”와 함께 전해주어야 하는 것입니다. 우리가 믿는 하나님은 공의의 하나님이시며, 사랑의 하나님이십니다. 심판하시는 하나님이시며, 구원하시는 하나님이십니다. “하나님을 의뢰”(7)하느냐, 대적(8)하느냐, 이것이 “심판과 구원”의 갈림길입니다.

나훔 2-3장 개관도표

주제 : 니느웨의 심판과 그 원인

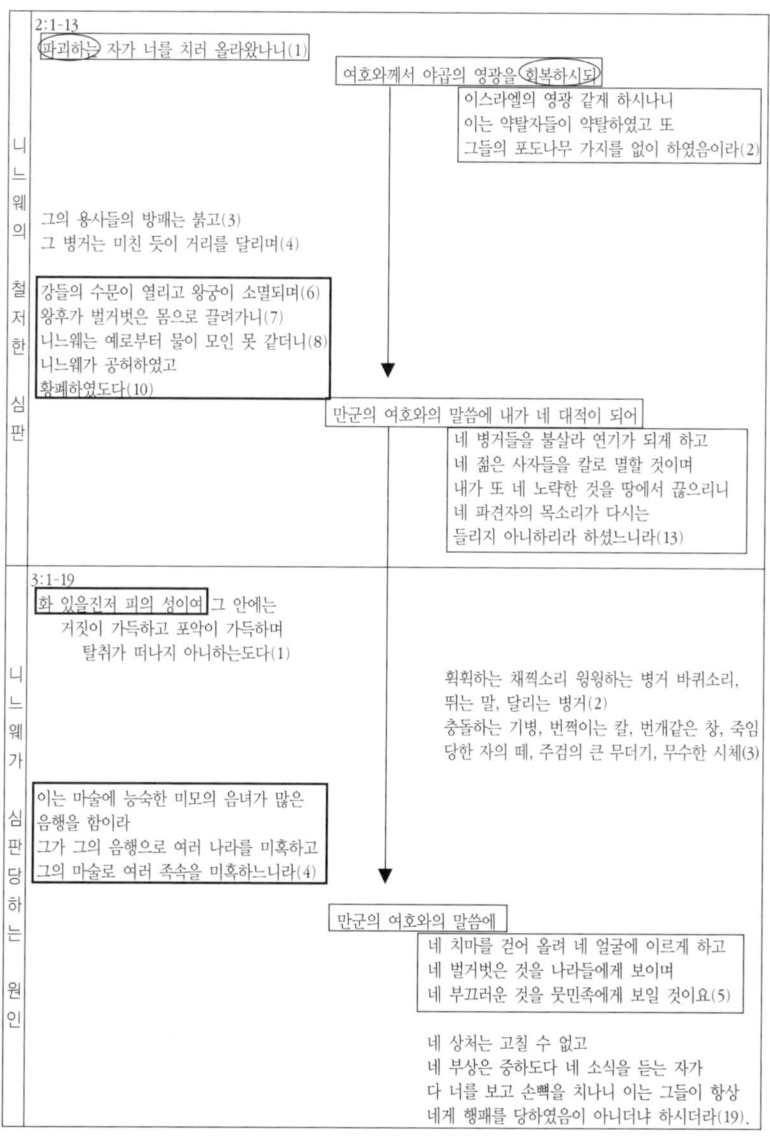

2장

니느웨의 철저한 심판

[13] 만군의 여호와의 말씀에 내가 네 대적이 되어 네 병거들을 불살라 연기가 되게 하고 네 젊은 사자들을 칼로 멸할 것이며 내가 또 네 노략한 것을 땅에서 끊으리니 네 파견자의 목소리가 다시는 들리지 아니하리라 하셨느니라.

2장의 내용은 "니느웨의 철저한 심판"입니다. 하나님은 약 80년 전에 앗수르를 들어서 패역한 이스라엘을 심판하셨습니다. 이제 때가 찬 경륜 가운데 바벨론을 들어서 앗수르를 심판하시려는 것입니다. 훗날 바사를 들어서 바벨론을 심판하시는 것을 보게 됩니다.

① "파괴하는 자가 너를 치러 올라왔나니"(1상) 합니다. 나훔 선지자가 이렇게 예언할 당시는 "그들이 비록 강하고 많을지라도

(1:12), 네 상인을 하늘의 별보다 많게, 네 방백은 메뚜기 같고"(3:16-17) 한데서 알 수 있듯이 앗수르의 막강한 부와 세력을 과시하던 때였습니다. 그들을 향해서 "파괴하는 자가 너를 치러 올라왔나니 너는 산성을 지키며 길을 파수하며 네 허리를 견고히 묶고 네 힘을 크게 굳게 할지어다"(1) 합니다. 어디 한 번 떨치고 일어나 방비해 봐라 하고 풍자적으로 말하는 것입니다. 앗수르는 바벨론 왕 느부갓네살의 부친 나보폴라살에 의하여 멸망 당했습니다.

② 1-5절은 파괴하러 올라온 침략자의 모습을 예언하고 있습니다. "그의 용사들의 방패는 붉고 그의 무사들의 옷도 붉으며 그 항오를 벌이는 날에 병거의 쇠가 번쩍이고 노송나무 창이 요동하는도다"(3) 합니다. 이것이 바벨론 군대의 모습입니다.

③ 그런데 1절과 3절 사이에 놀라운 말씀이 끼어있습니다. "여호와께서 야곱의 영광을 회복"(2상)하여 주신다는 말씀입니다. 그렇습니다. 대적 앗수르를 심판하시는 것은 그 자체에 목적이 있는 것이 아니라, "야곱의 영광을 회복"하시려는데 목적이 있음을 유념해야 합니다. 그러므로 앗수르의 입장에서 보면 "심판이고 멸망"이지만, 이스라엘의 입장에서 보면 영광을 회복하게 되었다는 "아름다운 소식"(1:15)이 전해지는 "구원의 날"임을 명심해야 합니다. 노아 홍수도 멸망하는 자들에게는 심판으로 작용하였으나, "겨우 여덟 명이라"(벧전 3:20)한 남은 자의 입장에서 보면 "구원의 날"이었던 것입니다. 이점이 극명하게 나타나는 날이 "한 사람은 데려감을 당하고 한 사람은 버려둠을 당하리라" 하신 최후심판의 날입니다.

이런 맥락에서 나훔서는 옛날이야기가 아닙니다. 앗수르 · 바벨론의 심판 등은 하나의 예표에 불과합니다. 최후의 심판 날이야말로 훼손당했던 "영광을 회복"하는, 즉 하나님의 나라를 회복하는 날인 것입니다.

④ 6-9절은 심판 당하는 니느웨의 참상을 예언하고 있습니다. "정한 대로 왕후가 벌거벗은 몸으로 끌려가니 그 모든 시녀들이 가슴을 치며 비둘기같이 슬피 우는도다"(7) 합니다. "니느웨는 예로부터 물이 모인 못 같더니 이제 모두 도망하니 서라 서라 하나 돌아보는 자가 없도다"(8) 합니다. 3:2-3절에는 정복자들의 모습이 생생하게 눈으로 보는 듯이 묘사되어 있습니다. "휙휙 하는 채찍 소리, 윙윙 하는 병거 바퀴 소리, 뛰는 말, 달리는 병거, 충돌하는 기병, 번쩍이는 칼, 번개 같은 창, 죽임 당한 자의 떼, 주검의 큰 무더기, 무수한 시체여" 합니다.

⑤ 10-13절은 폐허가 될 니느웨의 모습을 예언하고 있습니다. "니느웨가 공허(空虛)하였고 황무(荒蕪)하였도다" 합니다. "주민이 낙담하여 그 무릎이 서로 부딪히며 모든 허리가 아프게 되며 모든 낯이 빛을 잃도다"(10) 합니다. 나훔 선지자는 어디서 누구를 향하여 이 예언을 하고 있는가? 니느웨에 가서 니느웨 사람들을 향해서 외치고 있는 것이 아닙니다. 환난 중에 있는 하나님의 백성들을 위로하기 위해서 그들을 향해 예언하고 있는 것입니다. 이 예언의 말씀을 듣는 사람 중에 하나님의 말씀으로 받아 "하늘의 하나님께 감사하며", "참음으로 기다린"(롬 8:25) 성도가 얼마나 될 것인가?

⑥ 성경은 말씀합니다. "성도들의 인내가 여기 있나니 그들은

하나님의 계명과 예수에 대한 믿음을 지키는 자니라"(계 14:12, 13:10). "야곱의 영광을 회복"하시는 일은 아직 완성된 것이 아닙니다. 계시록 마지막에서 "이루었도다 나는 알파와 오메가요 처음과 마지막이라"(계 21:6) 선언하실 때 완성되는 것입니다. 그러므로 사도 바울은 "그러므로 우리가 낙심하지 아니하노니, 우리의 잠시 받는 환난의 경한 것이 지극히 크고 영원한 영광의 중한 것을 우리에게 이루게 함이니 우리가 주목하는 것은 보이는 것이 아니요 보이지 않는 것이니 보이는 것은 잠깐이요 보이지 않는 것은 영원함이라"(고후 4:16-18) 하고 격려합니다.

3장

니느웨가 심판 당하는 원인

[4] 이는 마술에 능숙한 미모의 음녀가 많은 음행을 함이라 그가 그의 음행으로 여러 나라를 미혹하고 그의 마술로 여러 족속을 미혹하느니라

3장의 주요 내용은 니느웨가 어찌하여 심판을 받게 되는가 하는 그 원인(原因)을 말씀함에 있습니다. 이 원인은 나훔 선지자 당시보다 최후심판에 매우 가까이 다가선 현대교회에도 거울이 된다고 하겠습니다.

① "화 있을진저 피의 성이여 그 안에는 거짓이 가득하고 포악이 가득하며 탈취가 떠나지 아니하는도다"(1) 합니다. 이것이 첫째 원인입니다. 이는 이웃과의 관계 즉 이웃 사람, 이웃 나라, 특

히 하나님의 백성들인 이스라엘에 범한 죄악인데 성경은 이를 가리켜 "불의"(不義)라고 말씀합니다. 그런데 이보다 더 중하고 우선하는 심판 당할 죄가 있습니다.

② "이는 마술에 능숙한 미모의 음녀가 많은 음행을 함이라 그가 그의 음행으로 여러 나라를 미혹하고 그의 마술로 여러 족속을 미혹하느니라"(4) 한 죄입니다. 이 한 절 안에는 "음행 · 미혹 · 마술"이라는 말이 각각 두 번씩 강조되어 있음을 주목하시기 바랍니다.

③ 첫째, "음행"입니다. 음행은 자기 남편을 버리고 다른 사람을 쫓음을 가리킵니다. 그러므로 성경이 말씀하는 궁극적인 음행은 하나님을 배신하고 다른 신, 즉 우상을 숭배하는 것을 뜻합니다. 1:14절에서 "내가 네 신들의 집에서 새긴 우상과 부은 우상을 멸절하며" 하십니다. 성경은 이를 가리켜 "경건하지 아니함"이라고 말씀합니다. 어느 시대를 막론하고 하나님의 진노는 "경건하지 않음과 불의에 대하여 하늘로부터 나타나는"(롬 1:18) 것입니다. "그가 그 음행으로 여러 나라를 미혹했다"(4중)는 의미가 무엇인가? 앗수르가 섬긴 신은 여신(女神)입니다. 그래서 "미모의 음녀"에 비유하고 있습니다. 앗수르는 많은 나라를 정복했는데, 그들은 무력으로 정복한 후에 자기들의 신을 믿게 하는 종교로 정복했던 것입니다.

④ "음행으로 여러 나라를 미혹"하는 것은 앗수르에 한한 것이 아닙니다. 계시록에서는 바벨론을 "큰 음녀"라고 말씀하면서 "땅의 임금들도 그와 더불어 음행하였고 땅에 사는 자들도 그 음행의 포도주에 취하였다"(계 17:1-2)고 말씀하십니다. 현대판 우상

즉 음녀는 그 옷을 "Sex, 쾌락, 유혹하는 음악이나 영상(映像), 물질만능" 등으로 갈아입고 온 세계를 뒤흔들며 미혹하고 있는 것입니다. 오늘날 "땅에 사는 자들도 그 음행의 포도주에 취해서"(계 17:2) 비틀거리고 있다 해도 과언이 아닙니다. 본문에는 "마술"이라는 말이 두 번 등장하는데 온 지구촌이 마술에 걸려있는 것이 아닌가 싶을 정도입니다. 그러므로 오늘의 앗수르나 바벨론은 세속주의를 총칭(總稱)하는 이름이 될 수 있습니다.

음행, 미혹, 마술

① 그런데 이 말씀이 경종이 되는 것은 이것이 남의 이야기가 아니라 교회를 향해서도, "자칭 선지자라 하는 여자 이세벨을 네가 용납함이니 그가 내 종들을 가르쳐 꾀어 행음하게 하고 우상의 제물을 먹게 하는도다"(계 2:20)하고 책망하고 있기 때문입니다. 교회의 "행음"은 "비진리, 다른 복음"을 용납하는 일입니다. 본문에는 "미혹"(迷惑)이라는 말이 두 번 등장하고 있는데 이는 불신 세계보다는 더욱 거짓 선지자와 결부되는 용어(用語)입니다. 계시록 14:4절은 "이 사람들은 여자와 더불어 더럽히지 아니하고 순결한 자라 어린양이 어디로 인도하든지 따라가는 자며 사람 가운데서 속량함을 받아 처음 익은 열매로 하나님과 어린 양에게 속한 자라" 하고 말씀합니다. 오늘날 진리 면에서 나는 단 한 번도 더럽히지 아니하고 정절을 지켰노라 말할 수 있는 자가 몇이나 될 것인가?

② "만군의 여호와의 말씀에 네 치마를 걷어 올려 네 얼굴에

이르게 하고 네 벌거벗은 것을 나라들에게 보이며 네 부끄러운 곳을 뭇 민족에게 보일 것이요"(5) 하십니다. 이것이 "음녀"에게 내리는 형벌입니다. 여기서 주목하게 되는 것은 "내가 네 대적이 되겠다"는 말씀입니다. 2:13절에서도 "만군의 여호와의 말씀에 내가 네 대적이 되어"라고 말씀합니다. 우리는 이보다 더한 두려운 말씀을 알지 못합니다. 그런데 저는 예레미야서를 상고하는 중에 "나는 네 대적이라"(렘 21:13)는 말씀을 발견하고는 깜짝 놀랐습니다. 왜냐하면 이는 하나님께서 사랑하는 자기 백성 유다를 향해서 하신 말씀이기 때문입니다. 하나님께서는 예레미야 선지자를 통해서 심판을 경고하면서 회개를 촉구하셨습니다. 그러나 그들은 "누가 내려와서 우리를 치리요 누가 우리의 거처에 들어오리오" 하고 조롱했습니다. 누가 이렇게 말하고, 이렇게 백성들을 미혹했는가? 거짓 선지자들입니다. 그들은 "평강하다, 평강하다" 하고 거짓말을 했고, 백성들은 이를 좋게 여겼습니다(렘 5:30-31). 그들을 향해서 하나님은 "나는 네 대적이라" 말씀하시는 것입니다. 그리고 마침내 심판받아 멸망했습니다. 오늘날도 되풀이될 수 있다는 점에서 이 말씀은 경종이 되는 것입니다.

③ "네 상처는 고칠 수 없고 네 부상은 중하도다"(19상) 합니다. 이를 두 방면으로 생각할 수 있습니다.

㉠ 첫째는, 니느웨가 심판을 면하기에는 상처가 너무 중해서 치료 불가능한 상태라는 의미입니다. 왜냐하면 하나님은 자기 백성 유다를 향해서도, "여호와께서 이와 같이 말씀하시니라 네 상처는 고칠 수 없고 네 부상은 중하도다"(렘 30:12) 하고 말씀하고 있기 때문입니다. 즉 "만회할 수 없는"(대하 36:16) 상태가 되었다는 말씀입니다.

㉡ 둘째는, 이를 문맥적으로 보면 심판당한 니느웨가 다시 일어난다는

것은 불가능하다는 뜻이 됩니다. 그리하여 "네 소식을 듣는 자가 다 너를 보고 손뼉을 치나니 이는 그들이 항상 네게 행패를 당하였음이 아니더냐"(19하) 하시는 것입니다. 이점은 어느 국가에만 해당되는 것이 아니라 개인(個人)의 경우도 마찬가지입니다. 성경은 악행을 한 여호람 왕의 죽음을 "아끼는 자 없이 세상을 떠났으며 무리가 그를 다윗성에 장사하였으나 열왕의 묘실에는 두지 아니하였더라"(대하 21:20) 하고 말씀합니다. "아끼는 자 없이 세상을 떠났다"는 말은 우리를 숙연하게 합니다.

④ 이제 나훔서를 마쳐야 하겠습니다. 나훔 선지자를 통해서 말씀하시고자 하는 불변의 진리는,

㉠ 첫째, 하나님은 사랑의 하나님만이 아니라 공의의 하나님이시라는 점입니다. 불의를 당하는 형제를 보고 분노치 않는 비겁한 자는 어려움에 처한 이웃을 사랑하지도 않는 자입니다.

㉡ 둘째, 심판이란 "야곱의 영광"을 회복하시기 위한 구원의 방편이라는 점입니다.

㉢ 셋째, 하나님은 불같은 "진노"의 몇 억 배보다 더한, 이는 무엇에도 비할 수 없는 "사랑"을 먼저 쏟으셨다는 점입니다. "곧 우리가 원수 되었을 때에 그의 아들의 죽으심으로 말미암아"(롬 5:10), 이제 아셨습니까? 그런 하나님이시기 때문에 "질투와 진노"는 정당한 것입니다.

㉣ 넷째, 심판은 앗수르만이 아니라 "이 날은 온 지구상에 거하는 모든 사람에게 임한다"(눅 21:35)는 심판의 보편성(普遍性)입니다. 그러므로 나훔서는 오늘도 선포되고 있는 이 시대를 향한 경고입니다.